Une réalisation de
Publi-Relais
groupe-conseil
en information et en édition

Direction
Pierrette Gagné
Michel Lefèvre

Rédaction
Carole Marcil
Jeanne Morazain
Anne Pélouas
Jean-Marc Salvet

Recherche
Marie-Hélène Dubé
Fabrice Vinet

Révision
Première Ligne Communication

Conception et réalisation graphique
Bélanger Legault Communications Design

Correction d'épreuves
Monique Pratte

Photographies en page couverture
Communauté urbaine de Montréal
Le Groupe Mallette Maheu
Ministère de l'Agriculture, des Pêcheries et de l'Alimentation
Ministère de l'Industrie, du Commerce et de la Technologie
Ordre des comptables agréés
Poissant Thibault-Peat Marwick Thorne

© Copyright Publi-Relais
3983, rue Lacombe
Montréal (Québec) H3T 1M7

Dépôt légal : 2e trimestre 1993
ISBN 2 89111 571 6

L'entreprise à valeur ajoutée

à valeur ajoutée

Le modèle québécois

L'entreprise à valeur ajoutée
Le modèle québécois

sous la direction de
Pierrette Gagné et Michel Lefèvre

Préface de Gérald Tremblay

Remerciements

Une équipe-réseau a contribué par ses talents à donner de la valeur ajoutée à ce livre. Ainsi nous voulons remercier :

■ Jeanne Morazain, qui a su nous livrer un bilan régional éloquent et vibrant ;

■ Anne Pélouas, qui a dynamisé la production à valeur ajoutée ;

■ Jean-Marc Salvet, qui a su une fois de plus mettre le cap sur le monde ;

■ Fabrice Vinet, qui a plongé sans hésitation dans un monde sans frontières ;

■ Carole Marcil, qui a fait preuve d'une disponibilité hors pair ;

■ Diane Angers, qui s'est encore une fois révélée une alliée indispensable dans les aléas de la production ;

■ Claude Brabant, Michel Beauchamp et Monique Pratte, qui ont fait montre d'une infinie patience jusqu'à la toute dernière heure ;

■ André Bastien, qui a su s'ajuster avec souplesse aux affres du juste-à-temps ;

■ Marc Ferland, Jean-Luc Trahan, Richard Thériault et Erik Ryan, le quatuor infernal mais combien indispensable ;

■ Marie-Hélène Dubé qui a pris à coeur son rôle d'adjointe ;

■ Thierry Lefèvre, qui a démontré une compréhension exemplaire du début à la fin de ce projet monopolisant ;

■ Marie-Eve Fortin, Karine Fortin et Geneviève Lefèvre, qui ont su comprendre les exigences imposées par cette période de travail intensif.

Des partenaires nous ont fait confiance et ont apporté leur soutien à la réalisation de cet ouvrage. Nous voulons leur témoigner notre reconnaissance.

■ les représentants du ministère de l'Industrie, du Commerce et de la Technologie (MICT), qui ont fait preuve d'une grande disponibilité ;

■ les sociétés-partenaires qui ont apporté l'indispensable appui financier : CAE, Canadair, Ericsson, CGI, Coscient, Marconi, Merck Frosst, Pfizer, Rolls-Royce et Spar ;

■ les associations professionnelles qui ont appuyé et facilité la diffusion de cet ouvrage : l'Ordre des ingénieurs du Québec, l'Association des banquiers canadiens et l'Ordre des comptables agréés du Québec.

Des conseillers nous ont permis d'enrichir le contenu de cet ouvrage. Nous tenons à souligner leur participation.

■ Georges Corriveau et André Roy, de la Direction de la promotion des technologies de production du MICT ;

■ Annie Sébastien, ingénieure au cabinet-conseil Andersen Conseil ;

■ Yves Trépanier, conseiller senior chez Towers Perrin ;

■ Jean Matuszewski, de la firme Price Waterhouse ;

■ Denis Proulx, professeur au département de génie mécanique de l'Université de Sherbrooke.

Enfin, mais non le moindre, Gérald Tremblay, ministre de l'Industrie, du Commerce et de la Technologie qui nous a épaulé à chaque étape et qui a joué un rôle de premier plan dans la concrétisation de ce projet d'édition.

*À la
relève
québécoise*

Partenaires d'une société à valeur ajoutée

À titre de partenaires, nous sommes heureux de nous associer à la publication de l'Atlas industriel du Québec et de l'Entreprise à valeur ajoutée : le modèle québécois. Nous jugeons que la réalisation de ces deux ouvrages constitue un apport essentiel à l'intégration de la stratégie industrielle des grappes et favorise la synergie nécessaire à une croissance durable. Cette perspective doit rallier intervenants patronaux, syndicaux et gouvernementaux. C'est ensemble que nous nous donnerons une société à valeur ajoutée.

Robert E. Brown
Président
Groupe Aéronautique
Amérique du Nord
Bombardier

N.B. Cavadias
Vice-président senior
Groupe Aérospatiale et Électronique
CAE Industries

Lionel P. Hurtubise
Président et chef de la direction
Communications Ericsson

Serge Godin
Président et chef de la direction
Le Groupe CGI

Richard Laferrière
Président et chef de la direction
Le Groupe Coscient

Barry Eccleston
Président-directeur général
John Cheffins
Président sortant
Industries Rolls-Royce Canada

John H. Simons
Président et chef de la direction
Marconi Canada

Michael M. Tarnow
Président
Merck Frosst Canada

Alan Bootes
Président
Pfizer Canada

John D. MacNaughton
Président et chef de la direction
Spar Aérospatiale

Avant-propos

Priorité à l'information

La mise en œuvre de la stratégie de développement économique du Québec axée sur les grappes industrielles a eu pour effet de révéler l'ampleur des besoins en matière d'information managériale et économique. Elle a ainsi confirmé chez la majorité des entrepreneurs un vif intérêt pour tout ce qui les aidera à mieux comprendre l'environnement industriel et économique dans lequel ils évolueront désormais. Jusqu'à présent, aucune publication n'avait fait la synthèse des nouveaux principes de gestion qu'il leur faut appliquer au quotidien en vue de réaliser la nécessaire métamorphose qui leur assurera d'offrir sur les marchés mondiaux des produits à valeur ajoutée. C'est maintenant chose faite.

Pourtant, il existe déjà une abondante documentation sur la question, à tel point qu'il arrive aux chefs d'entreprise et à leurs conseillers d'être inondés d'ouvrages de toutes sortes. Pour s'y retrouver, ils doivent donc en consulter plusieurs avant de faire le tour d'une question, saisir l'ensemble d'un problème et retenir les éléments qui seront vraiment utiles à leur démarche.

L'Entreprise à valeur ajoutée, le modèle québécois veut remédier à cette situation en regroupant dans une même publication et en les adaptant à la réalité québécoise tous les concepts et toute l'information nécessaires aux entreprises déterminées à négocier le virage de la concertation, du partenariat et de la qualité totale.

Après avoir situé la position du Québec dans le nouvel environnement mondial, l'ouvrage s'attache ainsi à définir l'entreprise-réseau, cette entreprise renouvelée qui, pour relever les défis posés par la globalisation des marchés, adhère aux principes de la production à valeur ajoutée en s'appuyant sur son capital humain, technologique et régional.

En plus d'expliquer en détail les modalités d'application des préceptes sur lesquels repose ce nouveau mode de production, nous proposons aussi des cas concrets et des outils pratiques qui faciliteront la réalisation d'un projet d'entreprise gagnant, tout en donnant accès à une foule de documents susceptibles d'enrichir la réflexion des entrepreneurs.

L'Entreprise à valeur ajoutée, le modèle québécois existe grâce aux efforts conjugués d'une équipe aguerrie de rédacteurs et de recherchistes qui a réussi le tour de force d'accomplir la synthèse d'une somme impressionnante de documentation utile parue sur le sujet de la valeur ajoutée et de l'entreprise-réseau.

Cet ouvrage est le complément indispensable de l'*Atlas industriel du Québec,* lui-même un guide de référence unique en ce qu'il collige toute l'information existante sur les grappes industrielles québécoises. L'un comme l'autre sont d'ailleurs le fruit du travail collectif de nombreuses personnes-ressources et de plusieurs responsables sectoriels du ministère de l'Industrie, du Commerce et de la Technologie, notamment à la Direction de la promotion des technologies de production et à la Direction des grappes industrielles.

Nous voulons également souligner le généreux appui financier de dix grandes entreprises du secteur privé qui, convaincues de la validité du projet et animées d'un esprit d'entraide qui les honore, ont aidé à fournir aux PME québécoises un outil de référence adapté à leurs besoins en matière de gestion. Enfin, nous ne pouvons passer sous silence la collaboration du ministre québécois de l'Industrie, du Commerce et de la Technologie, M. Gérald Tremblay, dont l'appui indéfectible nous a permis de mener à bien ce projet d'une ampleur considérable.

Voici donc un ouvrage d'information sans équivalent sur le marché de l'édition d'affaires qui, nous l'espérons, vous sera une source précieuse d'inspiration. Il ne nous reste plus qu'à vous souhaiter la plus tonifiante des lectures.

Pierrette Gagné
Michel Lefèvre

Témoignages

À l'ère
du changement

« Plus que jamais, nous devons adopter des stratégies nouvelles et des créneaux économiques différents pour que le Québec se taille une place de choix dans une économie mondiale en pleine mutation.

C'est pour relever ce défi que le gouvernement du Québec a mis de l'avant une politique de développement industriel qui mise avant tout sur nos propres forces, sur notre volonté collective de créer un modèle modérateur et intégrateur adapté à nos besoins, à nos moyens et à nos ambitions.

Cette stratégie de développement industriel, axée sur le principe des grappes, cherche à renforcer la vigueur de l'économie du Québec dans la continuité des politiques économiques poursuivies avec détermination au cours des dernières années par l'équipe ministérielle. Son succès repose d'abord sur la collaboration étroite des Québécois et Québécoises qui, au sein de leur entreprise, de leur secteur d'activité et dans chacune de leurs régions, souhaitent relever le défi de l'excellence. Cette mobilisation autour d'un projet commun demeure notre meilleur gage de réussite.

La qualité des ressources humaines est sans contredit la condition essentielle à une performance accrue en matière de production de haute valeur ajoutée. L'éducation et la formation, la compétence et la motivation des travailleurs et travailleuses feront la différence dans un environnement d'innovation technologique et d'ouverture sur le monde.

J'invite par conséquent tous ceux et celles qui ont à cœur la force économique du Québec à s'inspirer de ce modèle qui occupe désormais une place centrale dans notre politique de développement économique. »

Robert Bourassa
Premier ministre du Québec

« L'expérience nous a appris que des années particulièrement difficiles succèdent parfois aux périodes économiques les plus prospères. C'est alors qu'une saine capitalisation devient une condition essentielle de survie, et par la suite, un atout indispensable dans le développement de l'entreprise. »

Robert R. Laverdure
Président
Comité du Québec
Association des banquiers canadiens

« La création de richesse dans le nouvel ordre économique mondial passe nécessairement par la capacité de nos entreprises manufacturières de maximiser la valeur de leurs produits grâce à un processus de production pleinement efficace, et par une stratégie qui les amène à privilégier la qualité totale et à s'intégrer aux grappes industrielles susceptibles de favoriser entre elles une synergie indispensable à la conquête de nouveaux marchés. »

Richard Le Hir
Vice-président et directeur général
Association des manufacturiers du Québec

« L'entreprise à valeur ajoutée, c'est une entreprise à formation ajoutée. Une entreprise qui recherche la qualité totale, y compris dans le climat de travail. »

Lorraine Pagé
Présidente
Centrale de l'Enseignement du Québec (CEQ)

« Le défi qui consiste à miser sur la valeur ajoutée de nos produits et services met en lumière l'importance primordiale des ressources humaines. La mondialisation de l'économie doit élargir notre vision des enjeux en cause et provoquer un changement en profondeur des rapports entre travailleuses, travailleurs et employeurs. Pour la CSD, accroître la valeur ajoutée exige la mobilisation des intelligences, réunies dans un effort collectif visant à obtenir le résultat le plus méritoire qui soit : développer des emplois de qualité qui permettront d'améliorer notre qualité de vie.

Travailleuses, travailleurs et employeurs doivent bâtir en concertation le plan d'entreprise et œuvrer à sa réalisation, en misant à fond sur l'épanouissement de l'être humain, sa formation et sa pleine participation. »

Claude Gingras
Président
Centrale des syndicats démocratiques (CSD)

« Les entreprises gagnantes doivent relever le défi d'une production à valeur ajoutée dans le nouvel ordre économique mondial. Les orientations proposées par le ministre Gérald Tremblay appuient cette démarche essentielle à la croissance de notre richesse collective. Nous saluons l'initiative ayant donné lieu à la publication d'un ouvrage qui stimule la réflexion et incite à l'action en fonction d'objectifs convergents. »

Yvon Marcoux
Président
Chambre de commerce du Québec

« Pour le Québec, cette proposition de stratégie économique globale mettant à contribution les travailleuses et les travailleurs constitue une nécessité absolue dont dépend notre avenir collectif. »

Gérald Larose
Président
Confédération des syndicats nationaux (CSN)

« Peu de livres ont paru au Québec ces dernières années qui rassemblent autant d'idées et de réflexions sur l'entreprise, son environnement, ses diverses composantes et les gages de son succès. Souhaitons que *L'entreprise à valeur ajoutée, le modèle québécois* soit une véritable source d'inspiration pour les managers d'aujourd'hui et de demain. »

Ghislain Dufour
Président
Conseil du Patronat du Québec

« Pour continuer à tirer son épingle du jeu dans le présent contexte de mondialisation des marchés, le Québec devra toujours offrir des produits et services de qualité, porteurs d'une touche originale ou innovatrice. Pour y arriver, la participation des travailleurs et des travailleuses et de leurs syndicats, dans chaque usine, dans chaque bureau, sur chaque chantier, sera indispensable. »

Fernand Daoust
Président
Fédération des travailleurs et travailleuses du Québec (FTQ)

« Le développement de l'emploi passe par la concertation et la création de partenariats du type de ceux proposés dans le cadre des grappes industrielles. »

Claude Béland
Président
Comité de parrainage
Forum pour l'emploi

« Le Groupement québécois d'entreprises partage les visées ambitieuses de Gérald Tremblay. Depuis plusieurs années déjà, il se consacre à promouvoir la force encore sous-développée du capital humain ; l'absolue nécessité de la compétence technique et humaine, d'un climat de travail épanouissant pour chacun, efficace pour tous, d'une saine capitalisation et de l'innovation technologique ; ainsi que de l'ouverture de l'entreprise sur le monde, orientée vers l'exportation, le développement durable, le respect de nos capacités et de l'environnement. Notre réussite personnelle et le succès de nos entreprises en dépendent. »

Raoul Moulinié
Président
Groupement québécois d'entreprises

« Il est impératif que toute la communauté des affaires se mobilise autour de projets misant sur l'entreprise à valeur ajoutée et l'innovation. La qualité totale, la planification stratégique, le partenariat et la vision à long terme sont des clés essentielles du développement de notre économie. En y souscrivant, les résultats ne peuvent qu'être bénéfiques pour l'évolution tant économique que sociale du Québec. »

Michel Bélanger, FCA
Président
Ordre des comptables agréés du Québec

« L'entreprise à valeur ajoutée doit prendre les bons moyens pour relever le défi technologique. La domination technologique, clé d'un avantage concurrentiel durable, requiert innovation et entrepreneurship. »

Jean-Pierre Brunet, ing., m.b.a.
Président
Ordre des ingénieurs du Québec

Préface

Le défi d'une société porteuse d'avenir

La prospérité du Québec passe obligatoirement par un changement en profondeur de perspective et d'attitude face au développement de notre économie. Pour se remettre solidement sur la voie de la réussite, il faut dès aujourd'hui se doter d'une vision à long terme fondée sur des valeurs collectives, des valeurs fondamentales qui, dans un monde en constante mutation, forment les assises d'une société d'avenir.

Notre succès des prochaines années dépend de notre ambition, des efforts et des sacrifices que nous sommes prêts à consentir dès maintenant pour atteindre à la fois croissance industrielle, croissance des revenus et croissance de l'emploi. Développement économique et développement social sont désormais indissociables, et seule la rencontre de l'un et de l'autre nous permettra d'atteindre l'objectif ultime du développement durable.

L'essor de la société québécoise passe par une renaissance de son tissu socio-économique. Il faut redonner à la population, aux travailleurs et travailleuses ainsi qu'aux entrepreneurs le goût d'investir dans leur propre avenir. La création d'emplois permanents de qualité dépend de l'émergence d'entreprises et de projets axés sur la valeur ajoutée. Le besoin est impérieux de tout mettre en œuvre, dans les meilleurs délais possibles, pour passer du mode de gestion traditionnelle, souvent basé sur les rapports de forces, à un mode inédit de gestion stratégique, qui repose sur une complicité favorisant la créativité et la participation du plus grand nombre.

Pour une réorganisation du travail

La valorisation du travail bien fait, la formation continue des travailleurs et travailleuses, le recours à l'innovation, la responsabilisation des ressources humaines et la transparence de l'information sont autant de facteurs indispensables au succès de la réorganisation du travail exigée par une économie à valeur ajoutée. Seul un engagement ferme de dirigeants et dirigeantes d'entreprise et de chefs syndicaux partageant une vision commune du développement de l'entreprise peut garantir la stabilité et la croissance de l'emploi.

Il va sans dire, cela nécessite de tous les intéressés une réelle ouverture d'esprit. Il faut trouver une façon équitable d'encourager la mobilité et la flexibilité de la main-d'œuvre. Il faut aussi revoir l'esprit et la durée des conventions collectives, sans parler de certains principes jusqu'ici considérés comme acquis dans une économie de production de masse, mais qui méritent d'être sérieusement repensés dans une production à valeur ajoutée qui place le travailleur au centre de l'amélioration de la productivité et du développement technologique.

Les ressources humaines constituant le capital le plus précieux de l'entreprise, la maîtrise de technologies bien adaptées aux impératifs de la concurrence mondiale devient un atout essentiel lorsqu'il s'agit de mettre sur le marché des produits distinctifs et novateurs, au meilleur coût possible.

Sans une main-d'œuvre compétente qui sache maîtriser des équipements à la fine pointe de la technologie, on ne peut envisager ni économie à valeur ajoutée ni développement de marchés, et par conséquent, ni développement durable ni société d'avenir.

Pour une entreprise à valeur ajoutée

Les entreprises doivent se doter d'une stratégie de croissance axée sur une vision globale du développement à moyen et long termes. Il faut dépasser la notion à courte vue d'une rentabilité immédiate pour investir dans des activités qui assureront une meilleure compétitivité. Bien capitaliser son entreprise, donner priorité au perfectionnement des ressources humaines, instaurer un climat de travail propice, implanter la qualité totale, accentuer les efforts de recherche et développement, produire dans le souci de l'environnement, voilà les fondements de l'entreprise à valeur ajoutée.

Un changement de culture est à l'ordre du jour auquel l'entreprise ne peut plus se soustraire. Elle doit agir aujourd'hui en pensant à moyen terme, et planifier les conditions de son avenir économique et technologique. C'est ainsi que l'on parviendra à créer les emplois dont le Québec a un urgent besoin. C'est un objectif réalisable. En effet, si les 175 000 PME québécoises créaient chacune trois nouveaux emplois d'ici l'an 2000, nous pourrions commencer à parler de plein emploi.

Pendant de nombreuses années, nos succès et notre qualité de vie ont principalement reposé sur l'abondance de nos ressources naturelles, la production de masse et un trop grand nombre de politiques protectionnistes. Nous avons abondamment distribué la richesse et insuffisamment géré le développement. Aujourd'hui que les règles du jeu ont changé et que nous avons choisi de nous ouvrir au marché mondial, il nous faut accélérer la mise en œuvre d'une stratégie offensive qui nous positionnera solidement dans nos créneaux d'excellence. Nous pouvons le faire, nous en avons fait la preuve par le passé.

C'est d'ailleurs ce que propose la stratégie de développement économique axée sur les grappes industrielles. Une stratégie de redéploiement toute entière bâtie sur nos acquis et sur le principe de la synergie. Une stratégie qui fait aussi appel à deux de nos plus grandes forces, soit notre capacité d'adaptation et notre pouvoir de concertation.

Il nous faut encourager plus fermement la complicité entre tous les partenaires concernés, l'interdépendance de tous les secteurs industriels et faire preuve de plus de souplesse, tout en se montrant responsable et généreux, avant-gardiste et fonceur. Il ne s'agit pas tant de faire la conquête de marchés que d'en développer de nouveaux dont tous sauront tirer profit. Bref, s'engager dans des alliances nationales et transnationales qui prennent racine dans une volonté d'entraide et de réussite collective. En réalité, dans ce nouveau mondialisme, conquérir signifie se dépasser en vue d'ouvrir de nouveaux marchés et d'assurer, à l'échelle du globe, une croissance durable.

Pour un gouvernement catalyseur

Dans ce nouveau contexte, les entreprises ne sont pas seules à devoir modifier leur approche du développement. Le gouvernement a aussi pour tâche de créer un environnement favorable à la réalisation des objectifs de chacun. En ce sens, il doit mobiliser, encourager, poser des défis, stimuler et ouvrir la voie. Il devient l'accompagnateur du développement, le catalyseur de la croissance, le facilitateur en matière d'internationalisation. Le gouvernement doit répondre aux besoins réels des entreprises, et par conséquent adopter une « approche entreprise », provoquer le maillage des intervenants, simplifier l'accès à l'information et donner l'envie à la population et aux entreprises d'investir dans notre avenir commun.

Tout cela passe bien sûr par une décentralisation, et même une déconcentration, des décisions et des activités gouvernementales, au profit de l'autonomie des individus, des entreprises et des régions. Déjà, plusieurs politiques mises de l'avant par les ministres responsables du Développement régional, de la Formation professionnelle, des Affaires internationales, du Développement du Grand Montréal, et, bien entendu, de l'Industrie, du Commerce et de la Technologie, vont dans ce sens. De même, les nouvelles orientations de la Société de développement industriel (SDI) et la création du Fonds de développement technologique (FDT) et d'Innovatech Montréal ont été pensées en fonction de ces nouvelles priorités.

Toutes ces stratégies gouvernementales en matière économique reposent sur un double constat : la nécessité de mieux redéployer notre économie vers des activités à plus forte valeur ajoutée et l'importance de soutenir les entreprises dans leur recherche d'une meilleure productivité. Deux facteurs clés d'une économie que l'on veut à moyen terme plus compétitive. Il s'agit finalement d'axer l'action sur des approches mobilisatrices qui rallient et responsabilisent l'ensemble des décideurs sociaux, économiques et politiques ainsi que la population en général.

Pour un changement de vision

Le défi est de taille, mais de nombreux signaux pointent à l'horizon et concourent à démontrer que la société québécoise a depuis quelque temps amorcé un changement de culture. De plus en plus de gens croient en effet qu'il est possible de changer les choses et consacrent leur talent, leur énergie et leurs ressources au développement et à la réussite d'une entreprise, ainsi qu'au partage équitable des bénéfices, contribuant de la sorte à l'édification d'une société porteuse d'avenir.

Des organismes ou groupes d'individus de tous les milieux ont énormément contribué à sensibiliser les entreprises aux conditions essentielles du succès. On sent partout un mouvement de fond de plus en plus accéléré, que ce soit chez les organismes patronaux et les centrales syndicales qui ont lancé le dialogue sur la qualité totale et le contrat social ; les banquiers qui exigent désormais des plans d'affaires ; les comptables qui proposent des notes aux états financiers pour qualifier les investissements en formation, en gestion ou en recherche ; les ingénieurs qui mettent l'accent sur le développement technologique ; les chercheurs qui se rapprochent des besoins des entreprises ; les établissements de formation qui adaptent leurs programmes aux exigences du marché du travail ; ou, enfin, la Brigade économique qui est partie prenante de l'ensemble de ces démarches.

Mais il faut aller plus loin et plus vite encore, comme l'exigent l'urgence et l'ampleur du défi. Il faut cerner les vrais problèmes qui agissent sur l'évolution de notre environnement économique. Autrement dit, accepter de reconnaître nos faiblesses les plus sérieuses et s'y attaquer à fond. Nous devons nous rendre compte qu'au moins la moitié de nos problèmes économiques sont le résultat de nos problèmes de société : chômage, pauvreté, décrochage scolaire, criminalité, délinquance et suicide, chez les jeunes en particulier.

À quoi servirait-il de mettre en place une économie qui réponde aux intérêts du tiers de la population au détriment des deux autres, qui désirent tout autant apporter leur juste contribution à une société porteuse d'avenir. Voilà le véritable défi de notre génération. C'est à nous de l'assumer et de proposer un partage équitable de la richesse qui profitera à chacun.

On ne le répétera jamais assez, pour mener à bien un projet de société mobilisateur et intégrateur, l'individualisme doit céder le pas à l'intérêt commun. Nous n'avons d'autre choix que de remplacer « l'ambition d'être » par « l'ambition de réaliser ». Gouvernements, élus, syndicats, patrons, travailleurs, étudiants, chercheurs, formateurs et parents : nous devons tous nous percevoir comme autant de maillons d'une même chaîne. Notre véritable force s'en trouvera décuplée.

Vers une société porteuse d'avenir

C'est en comprenant à fond la signification du concept de valeur ajoutée que le rôle de chacun prendra tout son sens. Cette mobilisation autour d'un projet commun axé sur des valeurs fondamentales est source de grands espoirs. Nous pouvons d'ores et déjà aspirer à l'édification d'une véritable société porteuse d'avenir, car notre fierté et notre potentiel nous donnent l'assurance de relever collectivement un défi à la mesure de nos ambitions.

Gérald Tremblay
Ministre de l'Industrie, du Commerce et de la Technologie

Table des matières

Première partie
L'entreprise à valeur ajoutée

Chapitre 1
L'organisation sans frontières　　　　**31**
L'avenir en point de mire
L'économie globale
Les blocs commerciaux
L'état-accompagnateur
L'entreprise-réseau
À l'ère de la compétitivité

Chapitre 2
La métamorphose de l'entreprise　　　**49**
L'éclatement des structures
La réorganisation du travail
Le défi technologique
Le défi environnemental

Chapitre 3
Le modèle québécois　　　**69**
Les grappes industrielles
Une culture de la formation
Le contrat social
La capitalisation des entreprises
Un modèle en émergence

Deuxième partie
Un capital régional à exploiter

Chapitre 4
La région au coeur de l'entreprise　　　**99**
Un survol mondial
Le cheminement du Québec
Les leçons du passé
L'entrepreneurship régional
Vers des objectifs communs

Chapitre 5
La régionalisation des structures et des moyens   **117**
Développer les régions
La grande région de Montréal
Le monde municipal en première ligne
Régionalisation de la formation
Régionalisation du capital
Régionalisation du tertiaire
Un appel aux gens d'affaires
Vers l'explosion du dynamisme régional

Chapitre 6
La synergie industrielle en action   **135**
Des régions et des grappes
Multiplication des alliances
Concertation et mobilisation
Agir collectivement
Vers un développement durable

Troisième partie
La production à valeur ajoutée

Chapitre 7
Le grand défi manufacturier   **155**
La production à valeur ajoutée
Le piège de l'automatisation
Miser sur la simplification

Chapitre 8
Gagner du temps dans les processus   **165**
L'ingénierie simultanée
La compression des cycles
La réorganisation par produit
La planification en flux tendu
Le maillage avec les fournisseurs
Un enjeu de premier plan

Chapitre 9
Produire plus à moindre coût   **183**
L'élimination du gaspillage
Les économies de gamme
Des avantages réels

Chapitre 10
De la théorie à la pratique   **199**
Les étapes de la mise en oeuvre
Le développement des produits
Des modèles québécois
Profiter des aides offertes
Le grand défi québécois

Quatrième partie
Le projet d'entreprise

Un guide d'action stratégique   **215**

Chapitre 11
La saine capitalisation et le plan d'affaires   **219**
Les sources de financement
Le rôle du plan d'affaires
Le contenu du plan d'affaires
Pour une croissance planifiée

Chapitre 12
Le bilan technologique   **231**
La veille technologique
Un outil stratégique
La préparation du bilan
L'innovation obligatoire

Chapitre 13
La gestion environnementale   **241**
Le cadre réglementaire
Impact sur l'entreprise
La vérification environnementale
Deux approches d'implantation

Chapitre 14
La démarche qualité   **253**
Des freins à l'implantation
Les voies de la transformation
La mise en oeuvre
L'assurance-qualité
La reconnaissance du mérite

Chapitre 15
La stratégie d'exportation   **273**
Un choix de trois stratégies
Une PME sans complexes
Pour vendre à l'étranger
Cap sur le monde

Première partie

L'entreprise à valeur ajoutée

PIERRETTE GAGNÉ
MICHEL LEFÈVRE

Il n'y a pas que les frontières nationales qui s'estompent, il y a aussi toutes les vieilles frontières qui limitaient jusqu'ici le développement des organisations. Au rythme accéléré où se succèdent les changements et les innovations, l'entreprise doit inévitablement s'adapter au nouveau cadre défini par le principe intégrateur des grappes industrielles. L'entreprise individualiste cède la place à l'entreprise-réseau, qui a fait du « maillagement » et de la qualité totale son credo de management. Bref, une entreprise métamorphosée qui aura su intégrer les nouvelles valeurs de gestion et de société, mobiliser ses ressources humaines et exploiter son capital régional.

Chapitre 1

L'organisation sans frontières

Un nouvel ordre économique prend forme à l'échelle de la planète. L'économie se globalise, les échanges s'internationalisent, les entreprises se mondialisent. Les organisations n'ont plus de frontières. Dans la foulée, le rôle des acteurs économiques se transforme. Avec l'appui des gouvernements et des syndicats, les entreprises sont appelées à assumer de plus en plus de responsabilités sur le plan social. Les anciens rapports de force cèdent la place à une nouvelle complicité. Le langage s'en ressent et l'on parle plus volontiers de vision commune, de projet collectif de société. Concertation : ce mot clé est sur toutes les lèvres. La société de l'information fraye la voie à une société de la connaissance. Dans ce contexte politique, social et économique bouillonnant, il faut être aveugle pour ne pas voir réunis tous les signes annonciateurs d'une nouvelle ère économique axée sur la valeur ajoutée.

Il y a 300 ans, Descartes affirmait : « Je pense, donc je suis. » Pour illustrer l'importance de se doter d'une vision d'avenir, on pourrait le paraphraser en disant : « Je vois, donc je suis. » Car les changements sont partout à l'œuvre et nul ne peut désormais feindre de les ignorer, se contenter de fermer les yeux. L'avenir peut sembler inquiétant alors que nos points de repère habituels s'évanouissent, mais il faut apprendre à vivre dans une nouvelle époque. Une époque, comme le dit Hervé Sérieyx dans *Le Big Bang des organisations*, où l'ordre ancien est bel et bien révolu, où il faudrait même hâter le « déverrouillage de nos conservatismes ».

« Les organisations d'hier sont notre prison mentale, dit Hervé Sérieyx, elles nous empêchent de voir que nous pouvons produire autrement, administrer autrement, mener des actions syndicales autrement, alors même que le monde de demain l'exige et que les changements d'aujourd'hui le permettent... Saisissons les clefs que ces mutations nous livrent. Des conquêtes aussi diverses et essentielles que l'emploi, la sécurité, l'harmonie sociale, le développement économique et la liberté sont sans doute à ce prix. »

L'avenir en point de mire

Le XXᵉ siècle a été marqué par deux krachs boursiers majeurs, en 1929 et en 1987. Chacun d'eux s'est produit au terme d'une longue période d'essor économique caractérisée par une progression stable, en dépit de quelques crises passagères. Bien sûr, le krach de 1987 fut de moindre ampleur que celui de 1929, en raison notamment des mécanismes de contrôle mis en place à la suite du premier Lundi noir. Mais dans les deux cas, on a assisté à la fin d'une époque pendant laquelle l'économie avait pu capitaliser sur un important boom technologique.

Dans *Recollecting the Future*, l'auteur Hugh Stewart montre d'ailleurs clairement la récurrence des cycles économiques et technologiques qui se sont succédé au cours des 150 dernières années. La première grande période de croissance, qui s'étend de 1895 à 1925, s'est appuyée sur de nouvelles industries créées dans la foulée des macro-innovations technologiques mises au point à partir du début des années 1880. Le même modèle a présidé à la naissance du second grand cycle, qui débute en 1950 et se termine en 1980, alors que de nouvelles industries apparaissent à la faveur d'innovations dont les premiers pas remontent aux environs de 1935. Et pour chaque cycle, la croissance économique atteint son sommet au cœur des deux périodes, soit en 1915 et 1970 respectivement.

L'expérience de l'histoire

Il est toujours étonnant d'observer l'évolution de l'économie par la lorgnette de l'histoire. Ainsi, chacune de ces grandes périodes de croissance a débuté par une phase marquante de développement technologique. Celle-ci ayant produit des innovations fondamentales, un boom économique s'en est suivi quelques années plus tard, favorisant la naissance d'industries nouvelles qui ont entraîné tous les secteurs de l'économie sur le chemin de la croissance. De même, chaque fois, le processus s'essouffle avant la chute annonciatrice d'un nouveau cycle, qui attend pour démarrer l'apparition sur le marché des technologies à l'étude dans les laboratoires.

Dans cet incessant tourbillon économique, des industries déclinent et meurent tandis que d'autres se forment et s'imposent. Prenons un exemple particulièrement éloquent. Qui ne se souvient, au début des années 60, de la grande popularité de l'acier. Des entreprises comme Stelco, entre autres, connaissaient alors une croissance que rien ne semblait pouvoir entamer. Tous les investisseurs boursiers se précipitaient sur ses actions et tous les portefeuilles équilibrés comprenaient des titres de Stelco, considérés comme aussi sûrs que ceux de Bell Canada. Or, depuis quelques années, les métaux légers comme l'aluminium ont détrôné l'acier, de sorte que Stelco a perdu la faveur du marché et que les investisseurs se sont départis de leurs actions. Tandis que l'ex-géant s'efforce de retrouver sa rentabilité, Alcan s'est transformée en multinationale. Et demain, des métaux plus légers encore, le magnésium par exemple, viendront à leur tour secouer des empires.

Le rythme des changements

Bref, le changement est sans cesse à l'œuvre, entraînant une succession de cycles économiques qui, en somme, ne font que refléter des transformations plus ou moins perceptibles sur le coup, et dont l'accumulation nous mène chaque fois un peu plus loin, inexorablement. À la grande différence qu'aujourd'hui, contrairement à ce qui se passait au début du siècle, les changements sont de plus en plus profonds et se succèdent à un rythme de plus en plus rapide. Pourtant, les signaux avertisseurs n'ont pas changé. Encore faut-il que les milieux économiques sachent les reconnaître. Huit mois avant le krach de 1987, le célèbre économiste américain John Kenneth Galbraith avait décelé les mêmes symptômes qui avaient annoncé la débandade de 1929. Et trois ans avant celle-ci, l'économiste russe Kondratieff, en analysant les fluctuations à long terme des niveaux de production, avait prédit la dépression économique des années 30.

Si l'on se tourne maintenant vers l'avenir, le modèle prévisionnel mis au point par Hugh Stewart indique que nous sommes d'ores et déjà entrés dans une troisième vague de macro-innovations technologiques, vague amorcée en 1980 et qui atteindra son apogée en l'an 2000. Selon cette analyse, les entreprises devront négocier un virage majeur pour profiter de la période de forte croissance qui, débutant en 1995-96, se prolongera jusqu'en 2020, en dépit des inévitables soubresauts qui la marqueront. Une croissance reposant sur un phénomène déjà perceptible, c'est-à-dire une forte poussée de l'économie tertiaire, qui sera responsable de 70 à 80 % du revenu national brut.

Les règles du jeu de cette phase de croissance extrêmement attendue sont les mêmes que par le passé : innovation technologique, sens aigu de l'entrepreneurship et hausse de la productivité. D'une époque à l'autre, les mêmes ingrédients de base demeurent indispensables si l'on veut donner à la croissance économique de solides assises. Plus ça change, plus c'est pareil ? Oui, en quelque sorte. Quoique...

La métamorphose économique

De nos jours, contrairement aux périodes antérieures de l'histoire économique, le changement n'est pas seulement le fait de macro-innovations technologiques. L'industrie doit aussi composer avec une réalité économique, politique et sociale en constante évolution. Le contexte s'est complexifié et l'entrepreneur désireux de réussir ne peut se permettre d'en ignorer les subtilités.

Sur le plan économique, ces changements ont pour noms globalisation de l'économie, mondialisation des marchés, internationalisation des échanges, concurrence mondiale. Sur le plan politique, nous assistons à la fin d'un siècle d'État-providence initié par Bismarck et au début d'un encadrement gouvernemental plus décentralisé. Enfin, sur le plan social, le rôle prépondérant de l'information, la priorité donnée à l'environnement, les nouvelles valeurs de consommation et l'attitude à l'égard du travail constituent autant de vecteurs de changement.

Il s'agit partout de tendances lourdes dont l'effet est profondément ressenti sur la façon de faire des affaires et, en bout de ligne, sur le type de relations, fondées sur le partenariat, qui doit nécessairement s'établir entre l'entreprise et la société.

L'économie globale

En soi, la mondialisation de l'économie et de la technologie n'est pas un phénomène nouveau. Tout au long du XXe siècle, le processus d'internationalisation s'est développé jusqu'à donner lieu à la multinationalisation des entreprises. Depuis, la mondialisation s'est poursuivie et elle se définit désormais dans un cadre global.

Des caractéristiques nouvelles

La globalisation est ainsi devenue une nouvelle étape sur le chemin de la mondialisation. Un phénomène naissant dont on commence à peine à découvrir les caractéristiques. Selon Ricardo Petrella, directeur du Programme prospective et évaluation de la science et de la technologie à la Commission des communautés européennes, la globalisation des économies à laquelle nous assistons se distingue par quatre grandes caractéristiques :

- un ensemble de processus qui permettent de produire, distribuer et consommer des biens et services à partir de structures qui valorisent les facteurs de production, matériels et immatériels, à l'échelle mondiale (brevets, bases de données, formation poussée des ressources humaines, etc.) ;
- des marchés mondiaux soumis, ou en voie de l'être, à des normes et des standards internationaux (ISO 9000, OSI, EDI, etc.) ;
- des organisations d'envergure mondiale, dotées d'une culture et de stratégies adaptées au contexte mondial ;
- et une notion de territorialité, qu'elle soit juridique, économique ou technologique, qui s'estompe en raison des multiples interrelations et intégrations des éléments en cause aux différentes étapes du processus de production, en amont et en aval.

Si, à la lumière de ce qui précède, on saisit bien la portée de la globalisation, on comprendra mieux l'importance accordée aujourd'hui aux concepts de qualité totale, de production à valeur ajoutée, de formation de la main-d'œuvre et de développement technologique. Ce sont eux qui dessinent le nouveau cadre de référence au sein duquel l'entreprise doit évoluer. Car les frontières nationales et les frontières des marchés ne sont pas seules à s'estomper. Sont aussi condamnées à disparaître les frontières qui caractérisent les modes de production et de fonctionnement, ainsi que les différentes cultures managériales.

Des normes universelles

Il faut donc, pour remporter quelque succès dans une économie globale, admettre la nécessité de modeler notre culture de gestion sur un mode de fonctionnement universel. « La globalisation, explique Marcel Côté, président de la société-conseil montréalaise Secor, c'est l'irruption, à l'échelle nationale, du phénomène de la concurrence mondiale. Que ce soit par la voie d'importations, d'investissements directs, de diffusion technologique ou d'alliances stratégiques, les termes de la concurrence, les standards et les caractéristiques des produits comme de la production sont désormais définis mondialement. »

Il précise : « La globalisation a deux effets. D'une part, elle impose un niveau de sophistication et d'ouverture à nos entreprises qui, directement ou indirectement, doivent se mesurer à ce qu'il y a de meilleur au monde. C'est ainsi, par exemple, que les entreprises d'ici ont dû se mettre à l'heure de la qualité totale, un standard initialement défini aux États-Unis et appliqué au Japon. D'autre part, elles doivent de plus en plus envisager des alliances stratégiques internationales pour accéder à la technologie et aux marchés. »

Une production à valeur ajoutée

Voilà posés clairement deux éléments essentiels de la nouvelle entreprise globale : l'adoption de moyens efficaces et de normes strictes pour réaliser une production à valeur ajoutée ; et la recherche d'alliances stratégiques propres à garantir à long terme le succès de ce type de production. En résumé, le véritable enjeu pour l'entreprise québécoise, américaine ou européenne qui veut se tailler une place au soleil consiste à fabriquer des produits à valeur ajoutée. La production de masse qui prévalait jusqu'aux années 70 est bel et bien dépassée puisqu'il n'y a tout simplement plus de consommation de masse.

Mais attention, globalisation n'est en rien synonyme, même en matière de biens de consommation, de produits standardisés déversés sur des marchés mondiaux homogènes. L'uniformisation de la consommation est carrément exclue du programme parce que le consommateur n'est plus uniforme. Dans un marché en voie de s'unifier, et précisément en raison de cette unification, le consommateur est plus que jamais multiple, il affirme plus que jamais sa différence. De sorte que si l'on consent à faire des affaires ensemble, comme il est inévitable de le faire, on continue de vivre chacun à sa manière. Au programme, selon plusieurs observateurs, on trouve donc une économie de l'hyper-choix et une culture de l'autonomie, deux manifestations d'une évolution inédite qui est en voie de refaçonner le monde.

Un cadre de référence inconnu

Cette évolution qui nous entraîne vers la globalisation est à certains égards inquiétante car elle nous introduit sans boussole dans un Nouveau Monde où l'ancienne logique économique de l'offre et de la demande a volé en éclats. « On s'éloigne, souligne Ricardo Petrella, d'un monde où les déterminismes de la rareté et du code social jouaient clairement et où l'on pouvait raisonner à partir de moyennes. On perçoit bien que la consommation se conjugue au pluriel justement parce que le consommateur se veut singulier. Là où il était encore possible de penser, certes de manière approximative, avec le singulier défini, il faut dès maintenant apprendre à le faire avec le pluriel indéfini. »

De prime abord, la mondialisation doit donc s'accommoder de marchés locaux distincts, ne serait-ce que pour tenir compte de facteurs réglementaires, culturels, historiques, économiques et climatiques. Pourtant, et surtout, la mondialisation porte en elle le germe de la décentralisation. Contrairement à ce qu'on peut penser, elle ne vise pas à « maximaliser » à tout prix la production, à niveler par le haut les produits. Elle fait « l'éloge du petit-dans-le-grand », pour reprendre les propos d'Alvin Toffler dans *La Troisième Vague*. De sorte que la régionalisation des économies à l'échelle nationale lui convient parfaitement ; peut-être même en sort-elle gagnante.

L'impératif de la compétitivité

Pour l'instant, la globalisation porte fondamentalement sur les flux d'échange des produits, les modes de production, les structures d'organisation, les processus de décision et de contrôle ainsi que la planification stratégique des entreprises. C'est l'impératif de la concurrence mondiale, la grande bataille de la compétitivité qui pousse les entreprises à nouer des alliances, à bâtir des réseaux de coopération. En un mot, c'est l'avènement de l'entreprise-réseau qui dame le pion à l'entreprise individualiste traditionnelle.

Dès lors, le cliché de la concurrence à tout prix sur le plan national prend un sérieux coup de vieux. Les lois anti-cartels s'effritent. L'heure est aux regroupements, aux ententes de commercialisation, aux alliances précompétitives. Le capitalisme national, en voie de disparition, est progressivement remplacé par un capitalisme transnational qui définit les termes de la nouvelle compétitivité à un niveau mondial. « En conséquence, explique Marcel Côté, les meilleures pratiques au monde sont en train de s'imposer à l'échelle locale. Aucun marché national n'est à l'abri de cette globalisation. En fait, il n'y a plus vraiment de marché national. »

Les blocs commerciaux

Le mouvement est enclenché, les marchés s'ouvrent, sans doute pas aussi rapidement qu'on le souhaiterait, mais on assiste à la formation de blocs commerciaux qui tournent autour d'une triade de régions développées : l'Europe occidentale, le Japon et les États-Unis.

La fédéralisation européenne

L'Europe a fait le pari de la fédéralisation à long terme. Son premier objectif : créer d'ici la fin de 1993 un marché intérieur unique. Mais elle veut aller plus loin en parachevant l'Union économique et monétaire ainsi que la constitution d'un gouvernement européen avant la fin du siècle.

Et rien n'indique que l'Europe s'en tiendra là. La chute en 1989 du mur de Berlin, qui a confirmé de façon retentissante l'échec du communisme, et la réunification des deux Allemagnes, ont ranimé le vieil espoir d'une Europe entièrement unifiée. Un espoir rudement mis à mal, certes, par les conflits interethniques qui ont éclaté depuis, mais auquel personne ne songe à renoncer. Du Traité de Rome à six en 1959 à l'Europe des 12 et bientôt des 15, la tendance à l'unification ne s'est jamais démentie. La disparition du Rideau de fer est une nouvelle étape dans cette voie.

Le libre-échange nord-américain

Un phénomène analogue se produit en Amérique. Depuis le 1ᵉʳ janvier 1989, le Canada et les États-Unis se sont engagés dans un processus de libre-échange qui devrait aboutir en 1998, alors que seuls certains secteurs comme la culture en resteront exclus. Bientôt, nous aurons libre accès aux produits des deux marchés tandis que sera confirmée la libre circulation des personnes. Entre-temps, le traité de l'ALENA a élargi au Mexique le cercle des échanges, de sorte que le marché nord-américain unifié totalise aujourd'hui le même nombre de consommateurs que celui de l'Europe, soit environ 360 millions de personnes. L'intégration économique de l'Amérique du Nord, qu'on avait pu croire circonscrite en 1988, s'est donc étendue à l'échelle continentale. Et tout indique qu'elle se consolidera encore puisque certains États de l'Amérique centrale envisagent de s'y joindre. Vraisemblablement, le libre-échange s'étendra à terme jusqu'à l'extrême-sud du continent.

Bien sûr, le processus a donné lieu à quelques accrochages et certains ont pu être tentés de faire volte-face. Dans l'actuel contexte de continentalisation des marchés et de globalisation de l'économie, ce serait toutefois une grave erreur. Certes, des manufacturiers américains ont rapatrié aux États-Unis une part de leur production canadienne pour cause de rationalisation, moins d'emplois que prévu ont été créés, et divers incidents relatifs aux pratiques canadiennes et québécoises en matière de subventions ou d'aide indirecte ont semblé indiquer que les Américains préfèrent donner priorité à leur penchant protectionniste plutôt qu'aux dispositions du traité. Toutefois le Tribunal bi-national mis en place semble donner de bons résultats.

Néanmoins, ces problèmes restent circonstanciels ou relativement bénins au regard du montant total des échanges entre nos deux pays. Seulement pour le Québec, le marché américain absorbe bon an mal an environ les trois quarts de nos exportations, soit quelque 19 des 26 milliards annuels qu'elles représentent. À lui seul, cet argument justifie la conclusion de l'accord de libre-échange. Le fait d'appartenir à un bloc commercial dominant est aujourd'hui d'une importance prépondérante. Par ailleurs, il était évident que, tôt ou tard, les États-Unis et le Mexique allaient conclure un accord bilatéral en vue de former un marché panaméricain.

Une mutation historique

Dans une conférence prononcée à l'École des Hautes Études commerciales, Lester Thurow, professeur au Massachusetts Institute of Technology (MIT), rappelait quelques vérités élémentaires. Dans la nouvelle ère où nous sommes entrés, les règles du jeu sont différentes et l'habileté des joueurs, sur le plan politique et économique, est garante de leur réussite. Surtout, il faut envisager ces bouleversements dans une perspective historique. Car il s'agit bien d'une profonde mutation historique au terme de laquelle la réalité économique du globe aura été complètement transformée.

« D'ici la fin du présent siècle, affirme Lester Thurow, les règles du jeu continueront à se clarifier pour être plus limpides en l'an 2000. Déjà, cependant, l'enjeu est clair et les blocs commerciaux presque formés. C'est probablement le Parlement européen, établi à Bruxelles, qui sera le nouveau meneur de jeu, comme l'ont été les États-Unis au cours des quarante dernières années, depuis l'Accord du GATT de Bretton Woods. Aujourd'hui, le GATT est virtuellement mort et c'est la formation de blocs commerciaux, d'alliances bilatérales et de zones de libre-échange qui en ont sonné le glas. »

La paix commerciale

Sur papier, le GATT reste en vigueur puisque les droits douaniers n'ont pas augmenté et que la guerre des subventions ne s'est pas intensifiée. Mais en réalité, une négociation officieuse et continue a pris forme. Selon Thurow, il s'agit toutefois d'un simple rapiéçage diplomatique étant donné qu'aucun accord global n'a été conclu et que les discussions piétinent sur les échanges agricoles. Le compromis achoppe notamment sur les exigences des États-Unis en matière de subventions agricoles, jugées démesurées et rejetées par la France, dont la position est déterminante en Europe.

Lester Thurow croit également qu'il ne faut pas surestimer le caractère de « forteresse » des blocs en formation qui, même s'ils favoriseront les échanges internes, sont loin d'être étanches et défensifs. Les acquis du GATT demeurent : droits de douanes minimes ou en voie de suppression, et « paix » relative touchant la question des subventions. Nulle part la tendance n'est à se réfugier derrière des frontières.

L'État-accompagnateur

Dans un monde en voie de globalisation, le pouvoir politique ne peut davantage s'exercer de la même façon. L'internationalisation des échanges et la transformation du capitalisme national en un capitalisme transnational axé sur la compétitivité mondiale modifient forcément les rapports entre le politique et l'économique. D'autant plus que les difficultés financières qui accablent la plupart des gouvernements des pays développés leur laissent une marge de manœuvre plus réduite que jamais.

L'acteur principal : l'entreprise

À la lumière de ces changements, l'acteur principal de la globalisation devient l'entreprise privée. Théoriquement, elle doit se lancer dans la mêlée sans aide de l'État, que ce soit directement sous forme de subventions, ou indirectement par le biais de rabais sur les matières premières ou les intrants. Autrement, des droits compensatoires ou des taxes supplémentaires pourront être exigés par les pays qui se sentent lésés.

Cette première règle de conduite modifie à la source la relation entre État et entreprises et pousse une fois de plus celles-ci à établir des alliances stratégiques pour supporter les frais engagés dans la recherche-développement ou pour suppléer aux amortissements toujours plus élevés qu'exige un cycle de produits de plus en plus court. La coopération entre entreprises nationales, régionales ou internationales s'impose dès lors comme un facteur de compétitivité crucial.

Dans la foulée, les gouvernements doivent remplacer leurs politiques protectionnistes par des politiques d'ouverture. En d'autres termes, chacun doit ouvrir son marché et accepter la concurrence étrangère. Voilà une deuxième règle qui contribue à modifier en profondeur le rôle de l'État confronté à une globalisation croissante. Celui-ci y perd d'ailleurs — et c'est là le troisième terme de l'équation — une grande partie de l'emprise qu'il possédait sur une activité économique qui, désormais, déborde largement ses frontières. L'espace économique ne correspond plus à l'espace politique.

La fin des doctrines libérales

La combinaison des trois éléments ci-haut n'élimine pas pour autant le pouvoir des gouvernements sur l'économie. Au contraire, il demeure considérable, mais il change de sphère, il fait appel à de nouveaux modes d'intervention. Simplement, l'époque est révolue où, face à un problème particulier, chacun s'en remettait à l'État dans l'espoir qu'il trouve une solution à sa place. Aujourd'hui, chaque entreprise est entièrement responsable de sa destinée.

En fait, le nouveau rôle de l'État a commencé à prendre forme dès 1973. C'est du moins ce que prétend Peter Drucker, éminent spécialiste du management, dans *The New Realities* : « La crise du pétrole, explique-t-il, est venue dès cette année-là changer les mentalités politiques et mettre un terme à près de cent ans de doctrine libérale ou social-démocrate à l'Ouest, et marxiste-socialiste ou nationaliste-socialiste à l'Est. » Quoi qu'on pense du rôle joué par la crise du pétrole en tant que révélateur de ce phénomène, il faut bien admettre avec Drucker que, vingt ans plus tard, les deux doctrines de l'État-salvateur et de l'État-providence ont perdu toute légitimité et appartiennent aux livres d'histoire.

Le globalisme économique

De privatisations en déréglementations à l'Ouest, et de perestroïka en glasnost à l'Est, l'État omniprésent a abdiqué sa volonté centralisatrice. Le balancier politique, après avoir flirté avec les deux extrêmes du libéralisme économique et du nationalisme économique, vient de s'arrêter sur un point médian qu'on pourrait qualifier de « globalisme économique ». Il est intéressant de noter à ce propos que c'est dans *The Wealth of Nations*, paru en 1776, qu'Adam Smith a lancé le premier l'idée du laisser-faire économique, et que c'est avec un autre ouvrage au titre autrement évocateur, *The Work of Nations*, paru en 1991 sous la plume de Robert Reich, l'actuel conseiller économique du président américain Bill Clinton, qu'est lancée l'idée de la complicité économique de l'entreprise-réseau. Sur la route qui nous a conduit de l'État-suiveur défini par Smith à l'État-directeur et salvateur du présent siècle, nous voici arrivé au modèle du prochain siècle, l'État-accompagnateur pensé par Reich.

La nouveauté de cette proposition réside dans le fait que, sous l'impulsion de la mondialisation, gouvernements et entreprises sont liés par une alliance nouvelle. La thèse de Ricardo Petrella est à cet égard intéressante, et surtout éclairante : « L'entreprise est en train de devenir l'organisation de "gouvernance" de l'économie mondiale avec l'appui des gouvernements locaux, qu'ils soient petits comme le Danemark ou le Québec ou grands comme les États-Unis. L'État joue en fait le rôle de complice volontaire afin d'assurer que ses acteurs clés, stratégiques, c'est-à-dire les entreprises "locales" multinationales, réussissent à opérer la mondialisation de l'économie nationale. » L'argument sur lequel repose cette thèse stipule bien sûr que la réussite des entreprises nationales sur la scène mondiale est une condition indispensable au succès et à la sauvegarde de l'autonomie technologique et économique ainsi que de l'accroissement de la richesse d'un pays.

Un nouveau contrat économique

De ce constat découle forcément un nouveau contrat économique qui lie désormais l'entreprise et l'État. De son côté, le gouvernement doit minimalement s'assurer de remplir les fonctions suivantes :

- contribuer à mettre en place toutes les infrastructures de recherche et de formation nécessaires à la réalisation des objectifs d'une économie à valeur ajoutée ;
- fournir les incitations fiscales propres à favoriser l'investissement en recherche et en formation ;
- garantir aux entreprises intérieures ou nationales une base industrielle suffisamment stable en leur donnant un accès privilégié — lequel se fonde sur des exigences de niveau international — au marché intérieur grâce aux marchés publics (défense, télécommunications, santé, transports, éducation, services publics) ;
- apporter tout le soutien nécessaire aux entreprises du pays dans leur stratégie visant à percer les marchés mondiaux.

En échange, les entreprises doivent maintenir ou développer leur compétitivité sur les marchés mondiaux et, grâce à une capacité d'innovation accrue, contribuer à l'indépendance technologique du pays, à la production de richesse et, de ce fait, à la création d'emplois.

À la source de cette alliance d'un nouveau genre : le besoin qu'ont les entreprises de l'appui du gouvernement pour se mondialiser ; le besoin d'entreprises mondialisées qu'a celui-ci pour assurer sa légitimité sur le plan social. En bout de ligne, l'entreprise se voit donc conférer des fonctions autrefois réservées à l'État : le bien-être économique et social de la société locale. Elle doit y parvenir en assurant sa propre réussite industrielle et commerciale sur la scène mondiale.

L'entreprise-réseau

Pour réussir son passage à la mondialisation et assumer son nouveau rôle social, l'entreprise doit déborder la sphère nationale. Ses principes d'organisation et de mise en valeur des ressources ne peuvent plus se fonder sur l'unicité et la cohérence du système dans lequel elle a toujours évolué. Elle doit désormais intégrer la diversité des systèmes internationaux. Dans le cadre d'un système national, et en quelque sorte protégé par celui-ci, toute entreprise pouvait espérer réussir par ses seuls moyens. Dans le nouveau contexte mondial, la partie s'annonce beaucoup plus difficile. En fait, elle est perdue d'avance pour l'entreprise qui s'entête à miser sur le jeu individuel ; aujourd'hui, seul le jeu d'équipe peut placer l'entreprise en position de marquer.

L'entreprise à valeur ajoutée

« Dans une économie qui se planétarise, dit Robert Reich, les économies d'échelle ne passent plus par des entreprises intégrées de grande taille, elles passent par la négociation d'alliances entre des

Les modèles danois et italien

Les grappes et les réseaux existent dans plusieurs pays industrialisés. Si leur développement est souvent plus avancé qu'au Québec, leur modèle convient parfois étonnamment bien à la réalité des PME québécoises, qui ont tout intérêt à s'en inspirer.

■ **Le modèle italien** - L'italie, longtemps aux prises avec de sérieuses diffi-cultés économiques, a connu ces dernières années une forte progression sans devoir investir massivement dans des équipements de pointe. Comment des régions entières ont-elles pu profiter des bienfaits de cette stratégie ?

En Émilie-Romagne, dans la région de Bologne, on compte 90 000 petites entreprises manufacturières, généralement de moins de 50 employés, pour une population de 4 millions d'habitants. Robert Howard a utilisé ce modèle en 1990 pour démontrer les avantages de la stratégie des réseaux. Ainsi la société FSM, installée à Modène, fabrique des robots pour l'industrie des moteurs diesel. Elle en réalise le design, l'assemblage, les tests et la mise en marché, tandis que cinq autres entreprises locales lui fournissent les disposi-tifs de contrôle électronique et les composants hydrauliques, en plus d'exé-cuter la soudure et l'usinage. Aucune d'elles n'a plus de vingt employés. Le seul géant mêlé à ce réseau est Siemens, qui fournit les moteurs électriques.

Le modèle italien ne se réduit bien sûr pas à cette seule région. Il a fait l'objet d'une étude attentive et a donné lieu à plusieurs expériences, notamment pour ce qui touche la notion de district industriel. Il s'agit d'un ensemble d'entreprises d'une même région qui collaborent entre elles en raison de fac-teurs historiques et géographiques, et selon une division inter-entreprises du travail. La croissance ne procède pas uniquement de la réussite de chaque entreprise, mais surtout de l'ajout de nouvelles entreprises au réseau. C'est ce qu'a conclu une étude de l'Institut italien pour le commerce extérieur.

Un tel système repose sur la spécialisation de chaque entreprise, que ce soit en matière de services ou de produits. La proximité des unes par rapport aux autres permet de réduire les coûts et les délais de transport, en plus de faciliter les communications et les échanges. Surtout, ce regroupement régional pro-duit une denrée rare, presque jamais mentionnée dans les études purement économiques : ce que Marshall appelle « l'atmosphère industrielle ». Un phénomène qui induit une solidarité accrue entre les entreprises et qui con-tribue à la culture industrielle d'une population, tournée vers un objectif com-mun de croissance.

Une série d'études a recensé au nord de l'Italie 99 districts actifs dans des secteurs comme le textile, l'habillement, le meuble, l'agro-alimentaire et la mécanique. Par exemple, le district de Sassuolo, toujours en Émilie-Romagne, regroupe 30 entreprises responsables de 60 % de la production de l'industrie céramique italienne. Le district de Carpi regroupe une bonne partie de l'indus-trie traditionnelle du tricot, dont l'organisation décentralisée permet de confier à différentes entreprises la réalisation de pièces distinctes. Ce même système a été adopté par des fabricants de meubles en Briance, et dans le secteur agro-alimentaire en Émilie.

Ce qui caractérise ce type d'organisation en réseau est le regroupement d'entreprises liées entre elles par un même cycle de production. Certains modèles nord-américains, Silicon Valley en Californie et la route 128 à Boston, sont de même nature. Le modèle italien, dont le spécialiste incontesté est Richard Hatch, a été implanté avec succès au Danemark, grâce aux conseils de l'auteur dont le gouvernement avait retenu les services.

■ **L'expérience danoise** - En 1988, l'économie danoise est en plein marasme. Le déficit commercial du pays ne cesse d'augmenter, tout comme son taux de chômage. Une étude poussée révèle que les entreprises danoises n'ont pas la masse critique nécessaire pour faire face à la concurrence mondiale. Sur les 1 000 plus importantes entreprises d'Europe, seulement 22 sont du Danemark. D'autre part, le pays n'avait aucune « locomotive industrielle » susceptible d'entraîner son industrie.

Le gouvernement lance donc un projet invitant les entreprises à fusionner, dans l'espoir que cela procure la masse critique désirée. La démarche se heurte cependant à l'individualisme des milieux d'affaires et le rythme des fusions est extrêmement lent. Comment tirer le meilleur parti de ces 7 300 entreprises de plus de cinq employés, dotées d'une main-d'œuvre compétente et d'équipements de bon niveau ?

En octobre 1988, Richard Hatch soumet une proposition au gouvernement danois. Il suggère de créer des réseaux d'entreprises tels qu'il en existe en Italie du nord. À ses yeux, le problème ne réside nullement dans la taille de ces entreprises, mais dans leur isolement. Pour ce spécialiste du phénomène des réseaux, ceux-ci n'ont pour ainsi dire que des avantages par rapport aux grosses entreprises. Pour favoriser la croissance, il est ainsi préférable de créer un réseau plutôt que de s'adjoindre un partenaire. En effet, la fusion risque de remplacer un problème par un autre, en l'occurrence la lourdeur d'une grande entreprise. À l'inverse, un réseau de petites entreprises est tout aussi performant puisque les liens entre ses membres créent un impact sur le marché, sans l'inconvénient d'une structure hiérarchique de gestion et de contrôle.

La petite taille d'une entreprise, qui peut sembler un handicap en ce qui concerne la capitalisation et la formation, se révèle très avantageuse sur le plan de la souplesse et de l'ouverture. À l'évidence, les dérives bureaucratiques et le phénomènes de sclérose risquent moins de se produire dans une entreprise de 15 employés. En revanche, une telle entreprise trouvera difficilement à se consacrer à la recherche et à développer son secteur commercial. Et c'est précisément là où elle peut tirer une grande force du réseau. Individuellement, les petites entreprises sont bien sûr plus vulnérables. Le réseau pallie ce problème, d'autant qu'il est bien plus simple d'en créer un avec de petites et moyennes entreprises en place que de convaincre les grandes. Il s'agit donc de le construire sur les bases existantes.

Moins de deux ans après que le gouvernement danois eut adopté et mis en œuvre cette politique, 3 000 des 7 300 entreprises désignées avait intégré un réseau, dont l'activité, à ce stade de développement, parvenait à s'alimenter sans besoin pour l'État d'intervenir.

entreprises "éclatées". L'accès à des marchés fragmentés et géographiquement dispersés entraîne des coûts exorbitants qui ne peuvent être contrôlés que par la multiplication d'unités autonomes et d'entreprises interdépendantes. Celles qui veulent réussir doivent penser réseau et établir des liens solides avec une multitude d'acteurs, y compris leurs concurrents, sous forme d'alliances stratégiques et de participations croisées. »

C'est ce que Reich appelle « the global web » : une véritable toile d'araignée qui se tisse et étend sans cesse ses ramifications à l'échelle du globe. La production à volume élevé a cédé le pas à la production à valeur ajoutée. L'entreprise à valeur ajoutée n'investit plus dans une multitude d'usines, d'équipements, de laboratoires, d'entrepôts ; elle n'emploie plus une armée de gestionnaires pour diriger des milliers de travailleurs entassés dans d'immenses manufactures. L'entreprise moderne est fractionnée, elle est souple, agile, capable de réagir promptement et de s'ajuster aux changements de la conjoncture.

La course à l'amaigrissement

Autrefois forteresses immuables et quasi aveugles, les grandes entreprises se sont lancées dans la course à l'amaigrissement, à la simplification et à la souplesse. Johnson & Johnson, avec des ventes annuelles de 12,4 milliards de dollars, en est un exemple éloquent. L'entreprise a réussi à se doter des avantages concurrentiels propres aux petites unités en pratiquant la déconcentration : elle est en fait constituée de 166 sociétés dont les présidents sont fortement encouragés à agir en toute indépendance, dans la mesure où ils atteignent les résultats attendus. Plusieurs de ces entreprises, lorsqu'elles ont une taille suffisante et qu'elles disposent d'une gamme de produits spécifiques, mènent leurs propres travaux de recherche-développement. Et l'innovation est au rendez-vous. En quatre ans, les ventes de nouveaux produits sont passées de 2 à 4 milliards de dollars. Johnson & Johnson aurait-elle adopté les principes à la mode ? Que non. L'entreprise fonctionne sous ce principe depuis bientôt 50 ans...

Aujourd'hui, c'est à un autre défi que s'attaque le président de Johnson & Johnson, Ralph S. Larsen. Possédant déjà ce que d'autres cherchent encore — des unités indépendantes qui innovent et répondent rapidement aux changements du marché —, il travaille à supprimer les dédoublements, à rassembler les vocations complémentaires et à faire partager des services communs par les différentes unités. Cela reflète une toute nouvelle philosophie : le dirigeant de la grande entreprise se voit davantage comme un chef d'orchestre cherchant l'harmonie que comme un officier commandant à ses troupes.

Il s'agit essentiellement de fournir direction et inspiration, en laissant la plus grande liberté de création. C'est ainsi qu'en l'espace de quatre ans, les profits de Johnson & Johnson sont passés de 900 millions à 1,5 milliard de dollars. Qui dit mieux ?

La fragmentation de l'entreprise

Les petites et moyennes entreprises n'ont donc pas le choix des armes. Pour pallier leur sous-capitalisation et concurrencer les services de recherche-développement des grandes entreprises tout en conservant l'avantage de leur petite taille, elles doivent obligatoirement se regrouper, que ce soit en réseau, en essaim ou selon toute autre configuration. Tandis que les grandes entreprises s'engagent dans la déconcentration, les petites doivent rechercher les regroupements stratégiques qui assureront leur croissance. Le nouveau visage de l'économie mondiale est désormais dominé par ces métastructures à géométrie variable, combinant les avantages de la taille et de la souplesse.

Cette philosophie repose d'abord et avant tout sur la notion d'équilibre. L'avènement des réseaux n'est pas une mode, un phénomène passager, mais bien l'expression d'une volonté d'optimiser les coûts et l'efficacité. C'est encore à l'intérieur d'une très grande entreprise qu'on voit le mieux ce qu'est un réseau. Le cœur de l'entreprise n'est plus national ; son siège social est une façade derrière laquelle œuvrent des entités de gestion distinctes et des unités de fabrication disséminées de par le monde, qui entretiennent entre elles diverses relations d'affaires. Bref, c'est la fragmentation globale de l'entreprise qui assure sa pérennité.

À l'ère de la compétitivité

Il est clair qu'une révolution est en marche et que rien ne l'arrêtera. « Nous sommes en train de décentraliser l'économie dans son ensemble », écrit Alvin Toffler. Et cette décentralisation est en voie de faire naître un tout nouveau type de société, rendant caduques du même coup toutes les règles qui nous guidaient jusqu'à maintenant. « Sur le plan des politiques publiques, souligne pour sa part Marcel Côté, il est clair que toutes ces alliances stratégiques internationales diminuent grandement l'efficacité des interventions gouvernementales traditionnelles. » En effet, la nouvelle gestion de l'économie mondiale passe par la compétitivité. Et comme se plaît à le répéter Michael E. Porter, ce ne sont pas les États qui sont compétitifs, seules les entreprises peuvent le devenir.

Il peut sembler paradoxal que l'on « privatise » ainsi en faveur du secteur privé le rôle de gestion de l'économie dont se réclamaient tant les gouvernements hier encore. Quoi qu'il en soit, un fait demeure, indéniable : l'État et l'entreprise sont désormais partenaires et doivent partager un but commun, celui d'accroître la richesse de l'économie nationale. C'est un profond changement d'orientation qui est attendu des gouvernements, eux qui ont toujours eu tendance à centraliser le pouvoir. Mais nous vivons peut-être désormais dans une nouvelle société pluraliste basée non plus sur la conquête du pouvoir, mais bien sur la coopération dans la recherche d'un projet de société collectif.

Une quatrième révolution industrielle

La révolution globale qui est en cours aura des conséquences majeures pour l'avenir. « Mais, affirme Peter Drucker, elle est, comme les trois précédentes révolutions industrielles de l'histoire, accompagnée d'une vague d'entrepreneurship. La société de l'information a engendré une nouvelle ère de pensée qui aura des répercussions bénéfiques tout autant sur le plan de l'innovation sociale, particulièrement dans les domaines de la politique, des gouvernements, de l'éducation et de l'économie, que sur le plan des macro-innovations technologiques qui s'annoncent. »

Voici donc conjugués au présent les trois grands éléments qui, selon Hugh Stewart que nous citions au début de ce texte, sont nécessaires à une relance économique : innovation, entrepreneurship et productivité. Il est désormais urgent de se mettre à l'heure du changement et de reconnaître que l'entreprise ne pourra véritablement remplir son rôle que dans la mesure où elle réussit sa métamorphose vers la valeur ajoutée. Pour l'ensemble de la société, le défi est de taille et les enjeux plus considérables encore.

Chapitre 2

La métamorphose de l'entreprise

Prendre le virage de la mondialisation, et par le fait même de la compétitivité, commande une véritable métamorphose de l'entreprise. Les défis sont nombreux : adoption d'une vision à long terme de la croissance, adhésion à de nouvelles valeurs sociales et commerciales, ouverture globale sur le monde, flexibilité maufacturière, innovation technologique, capacité de se dépasser constamment. La nouvelle entreprise-réseau, on l'a vu, doit dorénavant faire du maillage une véritable philosophie de gestion. Pour reprendre l'expression de Georges Archier, l'un des maîtres à penser du mouvement de la qualité totale en France, nous sommes à l'ère du « maillagement ».

L'éclatement des structures

Il aura fallu que des changements majeurs dans l'environnement économique viennent bousculer les entreprises pour que l'on se rende à l'évidence : dans un monde en perpétuelle mutation, les structures organisationnelles rigides sont vouées à l'éclatement. Désormais, l'entreprise se fragmente, s'ouvre vers l'extérieur, disperse ses fonctions de production. Dans la foulée, les relations d'affaires se transforment : le simple fournisseur d'autrefois s'intègre au réseau et devient sous-traitant à part entière. Le client, quant à lui, occupe la place qui lui revient de droit, au sommet de la pyramide commerciale.

L'innovation organisationnelle

L'intégration de la sous-traitance et la formation d'alliances stratégiques fondées sur la synergie exigent plus qu'une simple réorganisation. Elles appellent une véritable innovation organisationnelle, tout aussi importante que l'innovation technologique. L'entreprise-réseau prend appui sur de nouvelles structures d'organisation, de grands ensembles dont les composantes sont liées par la volonté commune d'innover et de mettre en marché de plus en plus rapidement et juste à temps des produits à forte valeur ajoutée.

L'organisation de demain est résolument polycentrique. Les structures centralisées n'ont plus cours, pas plus que les grandes hiérarchies pyramidales de l'autorité décisionnelle. Balayés également les principes de gestion bâtis sur la vieille notion de *line and staff* et sur des niveaux de management arbitraires. Le nivellement des structures s'impose partout et sans appel. Il est impératif de se rapprocher de ceux et celles qui, en définitive, font tourner la machine.

Le travail intelligent

Pendant des décennies, l'industrie a fait ses choux gras de l'organisation tayloriste du travail, axée sur un découpage de la production en tâches individuelles et répétitives. Cette époque est révolue : longtemps vénéré, Frederick Taylor est aujourd'hui voué aux gémonies. L'ingénieur et économiste avait pourtant vu juste en 1911 quand il écrivait dans son célèbre ouvrage *Les Principes scientifiques du management* : « Le potentiel réel de l'augmentation de la productivité réside dans la possibilité de travailler de façon plus intelligente (*to work smarter*). » Il poserait sûrement le même diagnostic aujourd'hui, à la différence près qu'il ne proposerait pas les mêmes moyens pour organiser scientifiquement le travail.

À l'époque du travail à la chaîne, ayant recours à des moyens et des procédés « primaires », Taylor avait prôné une utilisation maximale de l'outillage et une stricte spécialisation dans le but de supprimer les gestes inutiles. Les travailleurs accomplissaient alors des tâches essentiellement manuelles qui ne faisaient nullement appel à leurs connaissances. Aujourd'hui, avec l'introduction d'équipements de production très sophistiqués, c'est justement sur la connaissance du travail et des mécanismes de production que doit s'appuyer toute réorganisation du travail. Nous sommes passés à l'ère du « travail intelligent » où la connaissance devient un facteur indispensable de valeur ajoutée dans le processus de fabrication.

Le souci des relations humaines

La connaissance n'est pas tout. Il s'agit aussi d'humaniser le travail, de se soucier en permanence des travailleurs et des gestionnaires, de plus en plus sensibles au climat et aux relations de travail. Bref, de mobiliser le capital humain de l'entreprise en l'invitant à participer aux décisions comme aux bénéfices. Et puisque nous parlions de Taylor, signalons qu'il fut le premier à instaurer des systèmes de primes au rendement, l'ancêtre des plans d'intéressement collectif modernes. Qui plus est, avant d'accepter un mandat d'une entreprise, il exigeait que celle-ci ajuste le salaire des ouvriers selon un barème qu'il jugeait raisonnable. Cela signifiait dans bien des cas de doubler, voire de tripler les salaires versés !

L'élément premier de la compétitivité

Mais revenons à notre fin de siècle. La révolution post-industrielle est en marche et rien ne l'arrêtera. Elle s'articule autour d'une réorganisation en profondeur du travail et des modes de production. Pour mettre au point de nouveaux procédés de fabrication et des produits dotés de caractéristiques distinctives, on compte de plus en plus sur l'expérience et le savoir-faire des travailleurs.

En fait, l'évolution récente du contexte économique a contribué à mettre en lumière ce qui aurait toujours dû être une évidence : ce sont les ressources humaines qui créent des connaissances nouvelles, elles sont le fondement de la productivité, de la compétitivité et de la richesse. En d'autres termes, le capital humain est l'élément premier de la compétitivité des nations.

La réorganisation du travail

Deux tailleurs de pierre travaillent un bloc de granit. Interrogés sur ce qu'ils font, le premier répond, sur un ton excédé : « Vous ne le voyez pas ? Je taille à angle droit dans un bloc de granit. » Le second, enthousiaste, répond : « Moi, je participe à la construction d'une cathédrale ! » Cette anecdote tirée du livre *Renversons la pyramide* de Jan Carlzon illustre bien la motivation et le sens des responsabilités qui peuvent animer un travailleur à qui on demande d'apporter sa contribution à un projet partagé plutôt que de lui confier simplement des tâches précises.

Au cœur de la qualité totale

Ce double objectif est au cœur de la philosophie de travail que propose le concept de la qualité totale, une approche de gestion indissociable de la production à valeur ajoutée et axée sur la compétence, la mobilité et la polyvalence des employés. C'est en effet inévitable : l'entreprise qui veut se convertir à la valeur ajoutée n'a d'autre choix que de miser sur la participation des travailleurs et de favoriser leur épanouissement en procédant à une réorganisation en profondeur de son mode de production. De même, la gestion de la qualité totale exige la mobilisation des équipes de travailleurs afin de pouvoir compter sur leur collaboration. Le Québec n'y échappe pas.

« Le pari de la qualité totale, souligne le chef syndical, Gérald Larose, c'est de miser sur l'intelligence des travailleurs, sur la somme d'informations pertinentes et l'expertise qu'ils ont emmagasinées dans le cadre de leur travail et sur leur capacité de se responsabiliser. » Pour le président de la CSN, il s'agit ainsi de redonner aux travailleurs un droit fondamental : celui d'être fier de travailler, pour reprendre le postulat de Deming, l'inventeur américain du concept de qualité totale.

Le défi est considérable. Pour réussir, cette réorganisation du travail exige d'élaborer de nouveaux outils, de réviser en profondeur certaines données jusque-là acquises. Il faut donc tout à la fois redéfinir les paramètres de la performance, revoir les principes de gestion, réinventer les relations de travail, insuffler à l'entreprise de nouvelles valeurs et redonner aux employés la place qui leur revient. Une tâche insurmontable ? Procédons point par point et nous verrons qu'avec un peu de méthode, chaque élément se met en place.

Un projet partagé

L'entreprise gagnante des prochaines années devra reformuler les critères selon lesquels évaluer le rendement de son capital humain. Fondamentalement, cette entreprise s'engage dans une réorganisation de ses modes de travail pour accroître sa productivité tout en réduisant ses coûts de production. Dans cette optique, elle se choisira pour devise : « Tous engagés dans un même projet. » Car pour les employés, participer activement à l'amélioration de la productivité, c'est devenir partenaire à part entière du projet d'entreprise.

« La réorganisation actuelle du travail, centrée sur la gestion de la qualité, précise Roger Néron, président du Groupe de concertation sur la qualité, renvoie à une approche de gestion selon laquelle les membres de tous les niveaux hiérarchiques de l'entreprise, du président au plus modeste des employés, des unités de production jusqu'aux unités comptables, et des syndicats jusqu'aux fournisseurs, sont engagés dans un projet commun. »

Il va sans dire que le degré de mobilisation du capital humain autour d'un projet commun constitue un critère de performance fondamental si l'on veut réaliser concrètement cet engagement des travailleurs. Mais une telle mobilisation suppose avant tout que la haute direction parvienne à définir le projet d'entreprise proprement dit. Or

la majorité des entreprises québécoises ne possèdent ni mission clairement formulée, ni plan d'affaires précis. Trop souvent, le projet d'entreprise n'existe que dans la tête des dirigeants. Les employés accomplissent alors leur travail pour satisfaire aux exigences du patron, non parce
qu'ils sont partie prenante d'un projet qui, pourtant, ne pourrait être
mené à bien sans eux.

Et pour être partie prenante d'un projet commun, les travailleurs
doivent connaître les objectifs de l'entreprise, le calendrier de réalisation des grands projets de développement et les moyens mis en œuvre
pour améliorer le processus de production. Participer, c'est d'abord
comprendre, partager des valeurs communes aux différents acteurs de
l'entreprise. Et c'est précisément le projet d'entreprise qui définit ces
valeurs.

« Tous engagés dans un même projet » veut aussi dire que les
dirigeants ne considèrent plus les employés comme un « outil » de
production. Dans *Le Big Bang des organisations*, Hervé Sérieyx fait une
importante nuance en affirmant qu'une entreprise « ne réalise pas une
performance avec un personnel motivé, mais avec des personnes [...]
Passer de la gestion du personnel à la valorisation des personnes,
explique-t-il, c'est reconnaître la singularité de chacun. »

Il déclare même que les employés « ne sont pas au service de
l'organisation », mais l'inverse. C'est ainsi l'entreprise qui doit se mettre
au service du capital humain et lui fournir les ressources et l'appui
nécessaires à la réalisation des objectifs établis. Le rôle des dirigeants
n'est donc ni de donner des ordres, ni de motiver, mais bien de créer les
conditions favorables à la participation optimale de chaque individu
qui contribue à la vie de l'entreprise.

Le décloisonnement des fonctions

Pour participer à un projet global, il est tout aussi indispensable pour
chacun de comprendre l'importance de sa tâche et la place qu'elle
occupe dans l'ensemble du processus de production. De même,
chaque unité administrative doit mesurer les conséquences de ses
actions et de ses décisions sur l'ensemble de l'entreprise. C'est
pourquoi le décloisonnement des fonctions et des personnes forme le
deuxième critère de performance.

Décloisonner, c'est créer des liens entre les différents services afin
de permettre au plus grand nombre d'avoir une vision globale de
l'entreprise, de ses problèmes, de son développement. Cela implique
généralement que les employés travaillent par petites équipes pluri-
disciplinaires, auxquelles on accorde une réelle autonomie de
décision.

Or, selon cette vision de l'organisation du travail, le défi le plus complexe consiste sans doute à abattre les barrières entre les services. Sur ce point, certains auteurs préconisent d'ailleurs une approche de gestion de la qualité qui vise non seulement à favoriser la participation des équipes de production aux décisions, mais à ce que celles-ci développent entre elles une relation client-fournisseur. De la sorte, chaque équipe devient le « fournisseur » de celle qui se situe en aval, laquelle, à titre de « client », lui transmet ses demandes et ses suggestions. En bout de ligne, on obtiendra inévitablement un produit de meilleure qualité.

Bref, le décloisonnement consiste à créer des liens concrets entre les individus, les unités administratives et la direction de façon à responsabiliser chacun par rapport à l'autre.

La formation de la main-d'œuvre

Traditionnellement, on évalue le rendement du personnel selon un critère de quantité : on calcule le nombre de produits fabriqués, celui des dossiers traités, et le tour est joué. Au détriment, souvent, de la qualité. Cette vision des choses découle directement de la répartition statique des tâches au sein de l'entreprise. Désormais, il faudra compter avec un nouveau concept qui dicte non seulement de produire « plus », mais de produire « mieux ». Et c'est là qu'entre en jeu le troisième critère de performance : la formation de la main-d'œuvre.

Produire mieux nécessite généralement des techniques et des procédés inédits, des outils créés grâce à de nouvelles technologies. Cela suppose aussi que l'entreprise se donne les moyens d'innover et consacre des efforts à la recherche-développement. Pour ce faire, il lui faut à tout prix compter sur des employés mobilisés, fiers du travail qu'ils accomplissent, soucieux d'améliorer leurs produits ou services.

Produire mieux, c'est encore miser sur la qualité. Et c'est le personnel qui est responsable de la qualité, depuis l'arrivée des matières premières jusqu'à la livraison du produit fini. La formation continue joue donc un rôle de premier plan en assurant aux employés de suivre l'évolution rapide des procédés de fabrication.

La mise en place de programmes de formation exige temps et argent, mais elle profite à tous : travailleurs, syndicats, entrepreneurs et gouvernement, qui doivent par conséquent agir sur cette question en tant que partenaires. Car la formation ne vise pas seulement à gonfler la production à court terme, mais à favoriser l'émergence d'idées nouvelles qui assureront un développement à long terme.

Mobilisée, décloisonnée et solidement formée, la main-d'œuvre peut assumer de grandes responsabilités au sein d'une entreprise en voie de réorganisation. À condition cependant d'être partie prenante du processus décisionnel. À condition aussi que la direction ait vraiment compris que le rendement des employés ne se calcule pas de façon mécanique, sans égard au fonctionnement d'ensemble d'une entreprise où chacun trouve à s'exprimer, que ce soit pour proposer des solutions, prendre des initiatives, poursuivre un dialogue fécond avec ses collègues et ses supérieurs.

La transparence des communications

La reconnaissance du nouveau rôle des employés se traduit, au sein de l'entreprise, par un nouveau modèle de gestion qui redéfinit les notions de participation, d'autorité et de rémunération. Un modèle qui donne aux travailleurs la possibilité d'assumer leurs responsabilités et d'évaluer leur rendement.

La gestion intégrale de la qualité repose d'abord sur la transparence des communications à tous les échelons de l'entreprise. La création d'un réseau de communication efficace entre tous les secteurs est indispensable. L'information doit non seulement circuler de haut en bas, mais du bas vers le haut, ainsi que de façon horizontale, entre les différentes unités de travail. On l'a vu, les employés adhéreront au projet de l'entreprise s'ils en connaissent bien les objectifs. C'est donc à la direction de partager avec eux toute information concernant l'évolution de l'entreprise, ses projets et les problèmes qui s'annoncent. Mis en confiance, les travailleurs parleront ouvertement des leurs et sauront proposer les mesures correctives appropriées.

La délégation du pouvoir

La libre circulation de l'information est donc à la source d'une réorganisation efficace. Mais elle exige au préalable que les rapports entre l'entreprise, les travailleurs et les syndicats, voire entre les actionnaires et les fournisseurs, soient empreints de confiance. Ce qui soulève la question de la délégation. L'entreprise qui applique les principes de qualité doit obligatoirement déléguer une partie de son pouvoir sur le plan de la prise de décision, des tâches, du contrôle des résultats. La direction n'a d'autre choix que de faire confiance à la capacité de son personnel de résoudre les problèmes, de répartir les tâches, de satisfaire aux normes de qualité, de réaliser le suivi de la production, etc.

De leur côté, les travailleurs manifesteront à l'égard de la direction une confiance qui les incite à lui transmettre toute information concernant les problèmes soulevés par le processus de production. À l'inverse de ce que permet la hiérarchie traditionnelle.

De même, les syndicats sauront faire confiance à la direction de l'entreprise dans la mesure où celle-ci se sera engagée à renoncer aux mises à pied massives ou à la fermeture de certaines unités advenant des difficultés. C'est la seule façon d'atténuer les inquiétudes, car on a vu trop d'entreprises couper radicalement des emplois et fermer leurs portes peu après avoir entrepris un processus de réorganisation du travail. Cela montre bien la nécessité pour l'entreprise d'amorcer à temps sa réorganisation si elle veut éviter de faire naufrage ou d'empirer la situation en perdant la confiance des travailleurs.

La participation aux décisions

L'entreprise qui modifie son processus de gestion pour faire face à la mondialisation des marchés doit miser tout autant sur ses employés de tous les échelons. Elle tirera ainsi profit de leur expérience comme de leur compétence, de leurs avis comme de leur vision de l'avenir de l'entreprise. En les invitant par exemple à collaborer à définir les grandes orientations qui la lanceront à la conquête de nouveaux marchés.

Les travailleurs seront aussi invités à contribuer à la préparation du plan d'action annuel en se prononçant sur le choix des objectifs et des stratégies. De retour dans leur équipe de production respective, leurs tâches prennent alors un tout autre sens.

Pour collaborer activement au développement de l'entreprise, les employés doivent aussi être mêlés au processus de gestion en ce qui a trait à l'organisation, même si cela exige de modifier en profondeur la structure organisationnelle, par exemple en réduisant les niveaux hiérarchiques et en déléguant concrètement certaines formes de pouvoir. Il s'agira alors d'enrichir les descriptions de tâches en tenant compte de l'épanouissement des travailleurs et de leur potentiel.

Des mécanismes d'auto-contrôle

Pour encourager l'initiative des équipes de travail, la direction doit exercer un leadership démocratique en créant à leur intention des mécanismes d'auto-évaluation destinés à maintenir leur motivation. La communication sera permanente, notamment pour assurer un suivi efficace du plan d'action et adapter au besoin les objectifs définis pour chaque unité administrative et chaque individu. Les entreprises les plus audacieuses pourront même suivre l'exemple de Xerox, qui applique depuis dix ans le concept de qualité totale, en créant un système d'autogestion grâce auquel les employés évaluent chaque année la performance de la direction et du personnel cadre.

Enfin, on modifiera les méthodes servant à la vérification du travail pour faire de celle-ci le résultat d'un exercice collectif. Certaines fonctions de surveillance jusque-là réservées au personnel de direction seront confiées aux travailleurs mêmes, souvent mieux placés pour prendre les bonnes décisions et s'adapter rapidement aux impératifs de la production.

L'engagement de tous

Se convertir à la production à valeur ajoutée suppose un profond changement de mentalité chez les dirigeants comme chez les travailleurs. Pour se considérer comme des partenaires voués à la réalisation d'objectifs communs, il leur faut faire preuve d'ouverture d'esprit, mais aussi être à la hauteur des nouveaux défis qui leur sont posés.

En tant qu'individu, chaque homme et femme, par sa compétence, son expérience, sa polyvalence ou ses qualités potentielles, doit ainsi être lui-même un gage de valeur ajoutée pour l'entreprise. Si, en dernière analyse, ce sont les produits et services qui assurent la compétitivité de l'entreprise, ce sont les individus, à l'origine de leur création, qui sont en première ligne.

■ **Des dirigeants** - Le personnel de direction d'une entreprise convertie à la valeur ajoutée développera ainsi de nouvelles aptitudes de gestion. En premier lieu, il doit se convaincre que dans un milieu ouvert où chacun s'exprime librement, l'autorité ne relève pas du statut, mais de la compétence que lui reconnaissent les équipes et les travailleurs concernés. Diriger, c'est alors écouter l'avis des employés dont on a la responsabilité, déceler les chutes de motivation et proposer les solutions appropriées, bref, coordonner les efforts d'hommes et de femmes qui sont autant de collaborateurs précieux.

Le gestionnaire moderne cumule donc les fonctions de décideur, de communicateur, de formateur et de rassembleur. C'est aussi un visionnaire pour qui les efforts de la direction comme du personnel convergent vers un même but : l'entreprise. Cette vision en constante évolution permet d'envisager à plus long terme le développement d'une entreprise dont la prospérité concerne tous ceux et celles qui la font vivre.

■ **Des cadres intermédiaires** - On apportera au cours du processus une attention particulière aux cadres intermédiaires, qui se sentent parfois menacés quand vient le temps de déléguer une partie de leur pouvoir, surtout si on tarde à leur proposer un modèle de gestion qui définit clairement leurs nouvelles fonctions.

La responsabilisation des travailleurs, le nivellement de la hiérarchie et la libre circulation de l'information sont autant de principes qu'hésitent souvent à adopter ceux qui, entre la direction et la base, craignent de voir limité leur pouvoir de décision. La gestion totale de la qualité force ainsi les cadres intermédiaires à composer avec des employés dont les idées peuvent désormais se rendre directement aux représentants de la haute direction, sans parler du collègue qui envahira son territoire pour régler, dans un esprit de collaboration parfois mal compris, un problème récurrent.

En réalité, les cadres intermédiaires sont un maillon clé dans le processus de transformation de l'entreprise. Tout aussi important, leur rôle évolue vers une fonction d'animateur, associé de plus près à l'amélioration du rendement de leur équipe. Comme l'exprime bien Roger Néron : « Cela n'est en rien synonyme de perte de pouvoir et de dispersion d'énergie. Plutôt, le cadre intermédiaire repense ses méthodes de contrôle pour accroître l'efficacité du processus et améliorer le produit. »

La société Xerox, qui a dû faire face à la méfiance de ses cadres intermédiaires, a consenti d'importants efforts à leur sensibilisation et à leur formation pour régler le problème. « L'insatisfaction du début est née d'une communication insuffisante, explique le vice-président, Rémi Lacasse. Nous avons compris que nous ne pourrions satisfaire nos clients si nos propres employés se sentaient diminués dans leurs fonctions. Nous avons donc accordé beaucoup d'importance à leurs réactions et à leurs demandes. » Les PME, les grandes entreprises et les sociétés publiques doivent faire de même en donnant à leur personnel cadre toute l'information nécessaire, en les sensibilisant à leur nouveau rôle. Autrement, ils n'obtiendront pas leur collaboration.

- **Des travailleurs** - Les travailleurs sont également appelés à modifier leur attitude. Ainsi, la gestion de la qualité exige d'eux de s'adapter rapidement au changement. Ils doivent donc plus que jamais faire preuve d'autonomie et d'esprit de décision, prendre des initiatives et développer leur confiance en soi.

On fera de plus en plus appel à leur créativité, à leur esprit d'innovation. Quand il s'agit de trouver des solutions, d'inventer un nouveau mode de travail, de créer un nouveau produit ou d'améliorer les produits existants, les travailleurs seront encouragés à soumettre leurs idées, quelle que soit l'équipe concernée. Les frontières entre services sont plus souples et leur expérience profite désormais à toute l'entreprise.

Cela vaut non seulement pour les travailleurs des unités de base, mais aussi pour les cadres. En assumant plus de responsabilités, les employés sont mieux à même de faire valoir leur compétence, d'utiliser à meilleur escient les outils dont ils disposent. Tenus de rendre compte de leur productivité — quantitative et qualitative —, ils risquent davantage de se voir imputer la responsabilité d'un échec, mais leur contribution au succès d'un projet sera en revanche pleinement reconnue.

- **Des syndicats** - Par le fait même, le rôle des syndicats s'en trouve modifié. Il est bien connu que l'application réussie de la gestion totale de la qualité ne peut se passer de l'appui des syndicats. Ceux-ci veilleront par exemple au respect des principes de gestion retenus et jugeront souvent avec pertinence la qualité des résultats. D'autant plus que le monde syndical se montre généralement favorable à une approche qui mise sur la mobilisation des travailleurs, appelés à façonner leur avenir de concert avec leurs employeurs.

En fait, les syndicats, comme les travailleurs qu'ils représentent, sont invités à agir en tant que partenaires. Tout en défendant leurs intérêts respectifs, partie patronale et partie syndicale travaillent en commun à leur survie. Survie de l'entreprise par la croissance pour les uns ; survie des emplois par la responsabilisation pour les autres. En un mot, survie de la qualité de vie de tous.

Vers l'autonomie créative

Certes, le défi de la réorganisation du travail est de taille. On demande aux dirigeants de ne plus penser uniquement aux profits des actionnaires et de se donner comme priorité de faire de leur entreprise un lieu d'épanouissement pour les employés. D'autre part, on demande aux travailleurs de contribuer à l'accroissement de la productivité et de prendre à cœur la rentabilité de l'entreprise. Aux uns comme aux autres, on donne les mêmes mots d'ordre : partager l'information, partager le pouvoir, faire preuve d'ouverture d'esprit. Aussi ardu que soit ce processus de transformation, les bénéfices que tous en retireront valent amplement les efforts consentis.

Une chose est sûre : seule l'entreprise « intelligente », celle qui aura su capitaliser sur des produits à haute valeur ajoutée dans lesquels la connaissance et le savoir jouent un rôle important, pourra tirer son épingle du jeu de la mondialisation croissante.

Dans *Le Big Bang des organisations*, Hervé Sérieyx exprime bien l'enjeu : « Dans un monde en changement accéléré, on mesure combien sont pataudes, lentes, inefficaces et coûteuses les lourdes organisations pyramidales qui ne peuvent compter que sur l'articulation mécanique entre des "décideurs", des "encadreurs", des "exécutants" et des "contrôleurs". Autrement mieux adaptées à ces environnements nouveaux sont les organisations qu'animent des "guetteurs", des "échangeurs", des "connecteurs"... bref, des créateurs de vie, plus soucieux de susciter de la valeur ajoutée que de profiter de l'organisation, plus désireux de servir que de se servir. »

Ces mots d'Hervé Sérieyx décrivent tout aussi bien l'effet de l'implantation de la gestion de la qualité totale sur le rôle des dirigeants et des travailleurs d'une entreprise. Cette nouvelle façon de penser doit désormais prendre racine dans la gestion quotidienne de l'entreprise, traverser la ligne de production et atteindre le marché mondial.

Le défi technologique

Si la compétitivité exige une main-d'œuvre qualifiée et motivée, elle appelle aussi l'innovation et la maîtrise technologiques. En fait, dans un contexte de mondialisation des marchés, on ne saurait envisager l'avenir des petites et moyennes entreprises sans aborder la question du défi technologique. C'est la capacité de conserver une avance technologique qui permet à un pays, voire à une région, de rester en tête des nations industrialisées au chapitre de la compétitivité.

Longtemps considéré comme un luxe que seules les très grandes entreprises pouvaient s'offrir, le développement technologique est reconnu désormais comme un élément essentiel à l'amélioration de la productivité et de la compétitivité. « La plupart des économistes estiment aujourd'hui que le progrès technique constitue la source déterminante de la croissance économique d'un pays », explique Roger A. Blais, professeur au département de génie industriel de l'École polytechnique de Montréal. « Les plus récentes études démontrent même, continue-t-il, qu'à lui seul, le progrès technique influe davantage sur la productivité globale d'un pays que les facteurs de main-d'œuvre et de capital réunis. »

La croissance phénoménale de l'économie japonaise au cours des dernières décennies en demeure l'exemple le plus frappant. Le Japon est devenu une puissance économique en misant essentiellement sur les connaissances technologiques de ses travailleurs, sur leur capacité à mettre au point des procédés de fabrication permettant d'exploiter rapidement et à moindre coût des technologies souvent mises au point dans d'autres pays.

Accroître la capacité technologique
L'exemple est éloquent mais représente néanmoins un défi de taille : miser sur l'innovation et le développement technologiques pour faire

en sorte que les PME se taillent une place enviable sur l'échiquier économique national et international. Malheureusement, la majorité des PME n'ont pas les moyens de se lancer dans des programmes de recherche-développement avancés.

Il est par contre essentiel qu'elles puissent à tout le moins mettre au point de nouveaux produits ou des produits améliorés, ce qui exige de miser sur l'innovation et d'accroître leur capacité technologique. Bref, elles sont appelées à faire preuve d'une plus grande ouverture d'esprit à l'égard du progrès technique et des nouvelles technologies, à l'égard également des modifications que ce nouveau savoir-faire impose aux modes de production et aux procédés de fabrication.

Voilà qui est plus facile à dire qu'à faire. Il n'y a pas si longtemps, la technologie était encore considérée comme une contrainte avec laquelle il fallait composer. De nombreux dirigeants de PME, confiants des qualités de leur produit vedette, ne sont pas encore convaincus de la nécessité d'innover. C'est pourquoi prendre le virage technologique exige encore une fois des PME un profond changement de mentalité, qui implique souvent le rejet pur et simple des principes et des modes de travail qui assuraient la prospérité avant la globalisation des marchés.

Une fois qu'elles auront reconnu la nécessité du changement technologique, les petites et moyennes entreprises devront encore relever deux grands défis : d'abord se doter d'une véritable culture de l'innovation, puis intégrer à leurs modes de gestion le management technologique.

Développer une culture de l'innovation

Développer une culture de l'innovation, c'est faire preuve d'ouverture d'esprit à l'égard des changements que les nouvelles technologies entraînent dans l'appareil de production. C'est aussi encourager le personnel à développer de nouvelles idées et à faire preuve de créativité, deux conditions essentielles pour innover.

Pour atteindre cet objectif, l'entreprise doit absolument être à l'écoute de ses clients et des besoins exprimés par le marché. La raison en est simple : il est prouvé que plus de 60 % des innovations tirent leur origine des suggestions de la clientèle plutôt que des progrès de la science.

Dans une période de ralentissement économique, alors que les investissements se font rares, il est certes difficile pour les PME d'accorder la priorité aux activités liées à l'innovation. Pourtant, tous les éléments sont à leur portée : transferts technologiques, recherche industrielle, recrutement de personnel scientifique qualifié et formation de la main-d'œuvre. Quatre éléments intimement liés à la prospérité future des PME.

Développer une culture de l'innovation fait également appel à la capacité des PME de créer des alliances stratégiques avec d'autres entreprises afin de soutenir leurs efforts de recherche-développement. En effet, si la taille restreinte des PME leur confère une grande capacité d'adaptation, elles souffrent en revanche d'un handicap majeur lorsque vient le temps d'entreprendre des travaux de recherche-développement, en raison notamment des investissements importants que cela suppose. Les PME ont donc tout avantage à se regrouper pour accéder aux nouvelles technologies mises au point ailleurs dans le monde.

Tisser des liens scientifiques

Pour que les entreprises puissent se doter d'une véritable culture de l'innovation, il faut par ailleurs que la société dans laquelle elles évoluent accepte d'entreprendre les réformes structurelles et institutionnelles qu'un tel changement de mentalité suppose. À titre d'exemple, des liens plus solides doivent s'établir entre le milieu de la science et le secteur industriel. Cela ne signifie pas simplement pour les entreprises d'engager des ingénieurs ou des techniciens spécialisés. À l'heure actuelle, des entreprises québécoises, quoique bien outillées sur le plan technologique, n'utilisent leurs technologies qu'à 50 ou 60 % de leur capacité, faute de main-d'œuvre qualifiée. Cette situation est typique de ce qui se passe en entreprise : avant d'acheter une nouvelle pièce d'équipement, on vérifie si l'on a l'espace et les fonds nécessaires, mais on néglige de vérifier si l'on dispose de la main-d'œuvre indispensable pour en tirer profit. Or la différence entre une entreprise florissante et une autre en difficulté réside souvent dans ce 10 ou 20 % de productivité supplémentaire.

Il est essentiel par ailleurs de rapprocher le monde de la recherche des petites et moyennes entreprises. Le milieu universitaire et les instituts de recherche publics ou privés sont des sources importantes d'innovation pour les entreprises qui ne peuvent se payer des programmes intégrés de recherche-développement. Les liens qu'entretiennent les chercheurs avec les entreprises permettent ainsi de commercialiser les résultats de la recherche, favorisant souvent l'émergence de nouvelles PME à caractère technologique.

Pour que les relations entre les centres de recherche et les PME se révèlent fructueuses, il faut que les partenaires expriment clairement leurs besoins respectifs et travaillent en étroite collaboration en vue d'atteindre des résultats concrets. Cela suppose, particulièrement en ce qui a trait au milieu universitaire, que le monde de la recherche doit se « décloisonner » afin de se rapprocher des besoins des PME.

Ce rapprochement est d'autant plus important que c'est souvent le milieu de la recherche qui détermine la base de la formation des futures générations de scientifiques. C'est de là que proviendront des travailleurs qui n'hésiteront pas à sortir des sentiers battus pour faire reculer les frontières de la technologie. Bref, il faut en arriver à la meilleure adéquation possible entre la réalité du travail, les besoins des entreprises et les impératifs du développement technologique.

Intégrer le management technologique

Pour soutenir les efforts que suppose l'implantation d'une culture de l'innovation, les dirigeants d'entreprise sont également appelés à intégrer à l'organisation un véritable management de la technologie. Si ce concept est relativement nouveau au Québec, on l'enseigne déjà depuis une dizaine d'années dans les universités américaines et européennes.

Le management de la technologie va au-delà des équipements de production et des procédés de fabrication. « Manager » la technologie, c'est en intégrer tous les aspects à la stratégie et aux objectifs de développement de l'entreprise. C'est soutenir les changements de mentalité nécessaires à l'implantation de la gestion intégrale de la qualité dans tous les secteurs de l'entreprise. C'est profiter au maximum du potentiel des ressources humaines pour améliorer la productivité de l'entreprise.

« Manager » la technologie, c'est aussi faire preuve, une fois encore, d'ouverture d'esprit à l'égard des nouveaux outils de gestion. L'entreprise doit notamment apprendre à dresser un bilan technologique, c'est-à-dire un portrait de sa situation technologique par rapport à son secteur d'activité et à ses principaux concurrents nationaux et internationaux, de façon à déterminer ses forces et ses faiblesses à ce point de vue.

Prendre le virage technologique ne signifie pas uniquement automatiser la production ou informatiser la conception et le design. D'où l'importance d'adopter de nouveaux outils de gestion. En effet, l'adaptation technologique prend toute sa valeur pour une entreprise dans la mesure où elle lui permet d'améliorer sa compétitivité. L'entreprise, surtout si elle est de taille modeste, doit donc demeurer vigilante face aux nouvelles technologies ou aux nouvelles utilisations des technologies existantes.

Vers une société technico-industrielle

Dans un monde en constante mutation, les entreprises, les centres de recherche et les divers organismes professionnels ne peuvent relever seuls le défi que pose l'innovation technologique. Leurs efforts doivent être soutenus par des stratégies de développement économique et des politiques fiscales qui favorisent les activités de recherche-développement, l'intégration et le transfert des technologies, les investissements en matière de développement technologique, et même la formation de la main-d'œuvre.

De concert avec les secteurs universitaire et privé, l'État doit soutenir le renouvellement du bassin technologique de l'industrie. Cela suppose par exemple d'assurer aux entreprises technologiques en démarrage l'accès au capital nécessaire pour développer leurs activités. Compte tenu du haut taux de risque qui caractérise de tels investissements, il n'est certes pas facile de financer de nouvelles PME technologiques, même en période de prospérité ; ce l'est encore moins en période de ralentissement économique.

Difficile, certes, mais plus que jamais nécessaire. Il faut tout mettre en œuvre pour exploiter à fond le potentiel technologique de notre société. Les efforts à ce titre doivent être dirigés d'abord vers les PME existantes, mais aussi vers la création de nouvelles entreprises.

Dans une économie où les marchés n'ont plus de frontières et où les technologies se transmettent sur une échelle mondiale, il n'est plus possible de séparer développement industriel et développement technologique. Dans ce contexte particulier — et tout indique qu'il est là pour durer —, ce sont les pays qui jouissent d'une structure industrielle dynamique et animée par des entreprises novatrices qui réussiront à se bâtir une nouvelle richesse collective.

Le défi environnemental

Parmi les autres défis prioritaires que doit relever l'entreprise à valeur ajoutée, le respect de l'environnement est certes des plus majeurs. Environnement et économie sont en fait indissociables. Non parce qu'ils s'opposent, mais parce qu'ils font partie d'une même équation dont le résultat est, à moyen et long terme, le développement durable et, à plus court terme, la vigueur même de notre économie. Car lorsqu'on additionne tous les coûts du développement, la protection de l'environnement apparaît comme une opération rentable.

Elle impose des contraintes, certes, mais elle peut aussi fournir une foule d'occasions. Occasion de mettre au point de nouvelles façons de faire et des technologies de pointe productives et exportables ; occasion de conquérir des marchés dans un monde où les populations sont de plus en plus sensibles aux impacts environnementaux de l'activité humaine. Bref, s'il est bien compris, le respect de l'environnement devient un facteur de valeur ajoutée.

Le développement durable

Depuis plus de 20 ans maintenant, la communauté internationale se préoccupe de la qualité de l'environnement. De dix ans en dix ans, les Nations-Unies tiennent de grandes conférences : Stockholm en 1972, Nairobi en 1982, Rio en 1992. Entre ces assises, des consultations importantes ont lieu.

Elles ont engendré deux textes majeurs : la *Stratégie mondiale de la conservation sur la gestion des ressources vivantes*, publiée en 1980 ; et *Notre avenir à tous*, le rapport de 1987 de la Commission mondiale sur l'environnement et le développement que présidait Gro Harlem Bruntland, première ministre de Norvège.

Le développement durable est au cœur de ce dernier rapport. Il y est défini comme l'ensemble des pratiques favorisant un développement de manière « à répondre aux besoins du présent sans compromettre la possibilité pour les générations futures de satisfaire les leurs ».

Les défis du Québec

Le Québec a des défis immédiats à relever. Les précipitations acides affectent ses lacs, sa faune, son agriculture, ses forêts, grugent les édifices de pierre comme les constructions de métal (autos et ponts par exemple), menacent la santé des personnes sujettes aux maladies respiratoires ou dont l'alimentation contient des produits contaminés (poissons au mercure, chevreuil et orignal au cadmium).

Le maintien de la qualité de ses cours d'eau, en particulier le Saint-Laurent dont la vallée abrite 3 millions de personnes, entraîne des coûts énormes afin d'assurer l'approvisionnement en eau potable. L'élimination des déchets, principalement des déchets toxiques dangereux, ainsi que la décontamination des sols, constituent des problèmes majeurs comme l'illustrent la saga des BCP ou celle des lagunes de Mercier.

Toutes les entreprises, quelle que soit leur taille, sont tenues de participer à la démarche vers une société de conservation. Certaines responsabilités leur sont imposées directement (par les lois et les règlements) ou indirectement (par les incitatifs fiscaux) ou sous la pression de leurs bailleurs de fonds, de leurs assureurs ou de leurs clients (voir le chapitre Bilan environnemental).

Trois grands principes doivent guider les actions locales visant à préserver les ressources et à réduire polluants et déchets : faire plus avec moins, adopter une gestion intégrée, et miser sur l'éducation pour changer les mentalités.

Faire plus avec moins, cela veut dire trouver de nouvelles façons de produire qui consomment moins d'énergie, moins de ressources et qui engendrent moins de déchets par unité de produit fini. Trouver des moyens plus efficaces d'extraire les ressources et de les transformer ne suffit pas. Si la grande entreprise peut investir davantage en R-D, la PME a aussi des atouts. Elle peut compter sur sa souplesse plus grande, son entrepreneurship et même sur sa taille, puisqu'il est plus facile de convaincre un petit nombre de personnes d'adopter une nouvelle mentalité.

La gestion intégrée de l'environnement

La gestion intégrée de l'environnement place les préoccupations environnementales au cœur de la mission et des activités de l'entreprise. Elle implique la mise en œuvre d'une politique corporative en matière d'environnement, suivie d'un plan directeur visant à atteindre des objectifs précis.

Le responsable de son application est d'abord un coordonnateur chargé de s'assurer que chaque membre du personnel est conscient des enjeux environnementaux liés à son travail et contribue à réduire l'impact environnemental global de l'entreprise. Cette gestion intégrée suppose une remise en question de toutes les activités afin de voir s'il est possible de faire plus avec moins, de réduire la quantité de matières premières et la production de déchets, de réutiliser et de recycler.

La gestion intégrée de l'environnement débouche sur une façon de faire autrement qui suppose que l'on pense autrement. Or une nouvelle façon de penser ne s'impose pas, elle se forge par divers moyens : des mesures incitatives, l'exemple, la connaissance des impacts environnementaux, les prises de position publiques de groupes influents. Les efforts d'éducation et de sensibilisation du personnel sont particulièrement importants. Ils permettront éventuellement de mettre à contribution l'expertise de tous pour résoudre et prévenir les problèmes environnementaux que rencontre l'entreprise.

Vers la santé globale de l'économie

La protection de l'environnement influe positivement sur la performance et la position concurrentielle d'une entreprise, de même que sur la santé globale de l'économie. Cela ne veut pas dire qu'elle n'a pas d'effets négatifs ponctuels, d'autant plus que le passé à liquider est lourd. Pour l'avenir cependant, le vieux dicton « mieux vaut prévenir que guérir » prend tout son poids.

Les dix défis de l'entreprise à valeur ajoutée

Partager son projet d'entreprise

L'entreprise à valeur ajoutée substitue à la notion de propriété individuelle l'idéal du projet partagé. C'est donc dire qu'elle partage ses objectifs stratégiques avec ses partenaires, ses sous-traitants, ses conseillers et ses employés ; qu'elle partage aussi toute information utile avec les acteurs de son environnement externe et ceux des différents niveaux de son organisation interne. Ces conditions réunies, chacun partagera la vision globale du développement dont elle s'est dotée.

Se doter d'une vision globale du développement

En misant sur la recherche-développement, l'innovation technologique et la formation de la main-d'œuvre pour assurer son développement, l'entreprise à valeur ajoutée remplace la notion de profit à court terme par une vision globale qui prend en compte tous les facteurs susceptibles d'engendrer une croissance à moyen et à long termes.

Adhérer aux principes de la qualité

L'entreprise qui vise à se tailler une place de choix sur la scène mondiale adhère à des normes reconnues internationalement et implante à l'intérieur de son organisation un processus d'amélioration continue.

Cultiver l'esprit d'innovation

En cherchant constamment de nouveaux moyens susceptibles d'améliorer les procédés de fabrication et la qualité des produits, en accueillant les suggestions et en incitant chacun à faire preuve de créativité, l'entreprise à valeur ajoutée favorise l'innovation technologique et organisationnelle.

Accorder priorité au capital humain

Les ressources humaines sont l'actif le plus important de l'entreprise à valeur ajoutée. Pour donner tout son sens à cette formule, l'organisation doit investir dans la compétence et la formation de son personnel, stimuler sa participation et miser sur son intelligence créatrice. Une intelligence qui rejaillit sur l'entreprise, désormais riche d'un capital humain en éveil, à l'affût de la moindre possibilité de développement.

Nouer des alliances stratégiques

La création d'alliances stratégiques exige au préalable d'analyser en profondeur ses particularités, ses forces et ses faiblesses. Une fois dressé ce bilan, l'entreprise à valeur ajoutée sait tirer profit de la mise en commun d'expertises variées en vue d'obtenir la masse critique qui lui est nécessaire pour s'imposer sur l'échiquier mondial.

Capitaliser sur ses particularités régionales

En cultivant une attitude axée sur la solidarité entre les entreprises d'une même région dont le potentiel est susceptible de produire une forte richesse collective, l'entreprise à valeur ajoutée prend en main son développement, désormais indissociable de celui de ses partenaires régionaux.

Adopter de nouvelles valeurs d'entreprise

Les nouvelles valeurs d'entreprise reposent sur l'effacement des frontières entre le social et l'économique. L'entreprise à valeur ajoutée est convaincue de son rôle social, et s'emploie à poursuivre sa croissance pour mieux l'assumer. Aucun développement économique n'est aujourd'hui possible sans prise en compte de son impact sur la société, en matière d'environnement, de création d'emplois, de sécurité de travail, etc.

Miser sur l'exportation

Le développement de nouveaux marchés d'exportation exige la mise au point de produits à forte valeur ajoutée, l'analyse serrée des créneaux ouverts ou inoccupés et la diversification des destinations envisagées. Une stratégie d'exportation ne peut davantage se passer d'une connaissance approfondie des pays dont on convoite le marché.

Privilégier le client

Le client est la raison d'être de l'entreprise à valeur ajoutée. Être à l'écoute de ses besoins, aller au devant de ses demandes, solliciter son avis sur la qualité des produits et du service après vente, c'est satisfaire à ses exigences à mesure qu'elles évoluent. C'est aussi lui éviter de lorgner vers la concurrence.

Chapitre 3

Le modèle québécois

L'économie occidentale est entrée dans une phase de restructuration globale depuis que la concurrence s'exerce à l'échelle planétaire. Partout, l'impératif de la compétitivité guide les politiques économiques et les stratégies de développement industriel. La mondialisation des marchés profite aux seules entreprises concurrentielles et aux seuls États qui, dans l'intérêt national, axent leur développement économique sur la compétitivité, porteuse de croissance. Pour être à la hauteur, l'organisation sans frontières, comme on l'a vu, doit opérer un changement de mentalité et une métamorphose qui en feront une entreprise à valeur ajoutée.

Les gouvernements ne peuvent donc se contenter d'un rôle passif. Il leur en incombe un nouveau, qui découle d'une compréhension aiguë des nouveaux enjeux mondiaux et nationaux. Ce n'est qu'en assumant ce nouveau rôle qu'ils pourront stimuler à fond la compétitivité technologique et industrielle. Et pour ce faire, ils doivent adopter des politiques et des stratégies qui assurent la réussite commerciale des entreprises nationales. En matière économique, l'État-nation devient par conséquent le catalyseur et l'accompagnateur de ces entreprises, engagées dans une démarche essentielle de mondialisation.

Un plan d'affaires stratégique

Aux modèles allemand, danois, italien ou japonais, tour à tour parés des plus grandes vertus, il est temps d'ajouter un modèle proprement québécois. Un modèle qui s'appuie sur les sept principes fondamentaux définis par la stratégie des grappes industrielles mise de l'avant par le gouvernement du Québec à la fin de 1991. Des principes auxquels doit adhérer l'entreprise à valeur ajoutée et qui se formulent comme suit : saine capitalisation, ressources humaines qualifiées, climat de travail favorable, démarche qualité totale, croissance axée sur le développement technologique, conquête de marchés d'exportation, respect de l'environnement.

Le gouvernement fait un pari selon lequel l'application de ces principes dans le cadre d'une vision à long terme rendra les entreprises québécoises plus compétitives et, de ce fait, engendrera une croissance de l'industrie, des revenus et de l'emploi. En somme, l'entreprise à valeur ajoutée donnera naissance à une économie à valeur ajoutée basée en grande partie non plus sur les ressources naturelles, comme c'est encore le cas, mais sur l'innovation et la connaissance. C'est, ni plus ni moins, le plan d'affaires stratégique que propose l'État à l'entreprise. Voyons maintenant ce que cela signifie pour l'avenir du Québec.

Les grappes industrielles

Suivant le modèle élaboré entre autres par Michael E. Porter, professeur à l'École d'administration de Harvard, le gouvernement québécois a structuré en treize grappes le Québec industriel. Selon la définition retenue, « une grappe représente l'ensemble des industries d'un même secteur d'activité qui interagissent, se regroupent et se concurrencent entre elles ». Autrement dit, il s'agit d'un groupe d'entreprises œuvrant au sein d'un même secteur industriel, qui font face à des exigences et à des défis communs en matière de développement, et qui sont interdépendantes du fait de leurs sous-traitants ou de leurs fournisseurs.

Il convient donc de tirer le meilleur parti de ces rapports d'interdépendance ou de complémentarité. Ce faisant, les entreprises concernées peuvent renforcer leur position stratégique et stimuler la croissance de leur secteur en se concertant dans divers domaines comme la formation de la main-d'œuvre, la recherche-développement, le renforcement de la sous-traitance, l'acquisition de nouvelles technologies et l'exportation. Le tout par la voie d'alliances stratégiques.

Faire tomber les barrières

Une fois compris l'intérêt de cette stratégie, il devient totalement improductif de travailler en vase clos. À vrai dire, la stratégie des grappes industrielles vise avant tout à faire tomber de multiples barrières : entre les entreprises, entre les secteurs industriels, entre les régions ainsi qu'entre le social, l'économique et le politique. C'est par conséquent un exercice qui exige un changement radical de perspective et la prise en compte des nouvelles données du développement industriel, régi par la complémentarité et la synergie. La réussite de l'entreprise moderne passe en effet par la capacité de ses dirigeants à nouer des alliances stratégiques, à travailler en équipe avec leur personnel comme avec leurs fournisseurs et leurs sous-traitants, voire avec leurs concurrents à l'étape précompétitive. La mise en œuvre d'une synergie maximale au sein des grappes réclame aussi de transformer la façon de faire des affaires en établissant des complicités et des réseaux.

À l'échelle mondiale, on trouve déjà plusieurs de ces réseaux dans de nombreux secteurs industriels, notamment en Allemagne et au Japon. Dans ces deux pays, d'immenses ensembles d'entreprises, intégrées aussi bien horizontalement que verticalement et entourées d'une armée de sous-traitants, tiennent lieu de grappes. Dans *Secrets de réussite de l'entreprise allemande, la synergie possible*, Maurice Bommensath parle de « capitalisme communautaire » pour illustrer les liens durables qui unissent ces entreprises.

Les facteurs de réussite

Outre cette structure industrielle fondée sur les réseaux, Maurice Bommensath explique que la force du modèle allemand réside dans les points suivants :

- très forte capitalisation ;
- effort constant et investissement considérable en matière de recherche-développement ;
- main-d'œuvre qualifiée en formation continue ;
- perspectives à moyen et à long terme axées sur la réussite du produit plutôt que sur le profit à court terme ;
- priorité accordée à la simplification des méthodes de production plutôt qu'à l'innovation technologique en soi ;
- culture du partenariat à long terme, en matière de relations de travail comme de rapports entre entreprises ;
- recherche constante de la qualité ;
- orientation vers la norme mondiale, le service parfait et l'exportation ;
- préoccupations sociales intimement liées au développement économique, notamment sur le plan de l'environnement.

Voilà autant de facteurs de réussite qui s'apparentent aux sept principes mis de l'avant par la stratégie québécoise. À la différence qu'au Québec, il s'agit d'objectifs à atteindre et non d'une réalité. Du moins, pas encore. En fait, le modèle québécois se distingue en ce qu'il repose sur des valeurs de société différentes, qu'il passe par des moyens souvent originaux fondés sur une concertation tacite et librement consentie plutôt que sur une obligation réglementaire. En témoigne par exemple le contrat social dont il est question plus loin.

Tous les principes fondamentaux de l'approche québécoise font appel à la concertation. Entre banquiers et entreprises pour une saine capitalisation, entre comptables et entrepreneurs pour l'inscription de notes qualitatives aux bilans financiers, entre syndicats et patrons pour une réorganisation efficace du travail, entre établissements d'enseignement et industrie pour la formation de la main-d'œuvre, entre organismes de recherche et PME pour privilégier l'innovation, et ainsi de suite. Au centre de cette vaste concertation économique, un but commun : la croissance de l'entreprise et la création d'emplois permanents de qualité.

Des grappes à géométrie variable

Si le niveau de développement et la capacité concurrentielle varient d'une grappe à l'autre, chacune possède des atouts sur lesquels peut miser l'économie québécoise à plus ou moins long terme. Selon ces critères, on a donc divisé les grappes en deux grandes catégories : les cinq premières sont dites concurrentielles, les huit autres, stratégiques.

Les grappes concurrentielles comptent « un certain nombre d'entreprises de calibre international qui ont déjà établi des réseaux et des partenariats solides ». Ce sont les industries aérospatiale, des produits pharmaceutiques, des technologies de l'information, de la transformation des métaux et minéraux ainsi que celles des équipements de production, de transport et de distribution d'énergie électrique.

Quant aux grappes stratégiques, elles « jouent un rôle important dans le développement des différentes régions du Québec et offrent un bon potentiel de croissance ». Il leur reste toutefois un peu plus de chemin à parcourir. C'est le cas des industries des équipements de transport terrestre, de la pétrochimie et de la plasturgie, des produits bioalimentaires, de l'habitat-construction, de la mode et des textiles, des produits de la forêt, de l'environnement et, enfin, des industries culturelles.

Il faut dire d'emblée que la mondialisation ne touche pas tous les secteurs de la même façon. Certaines grappes ou secteurs de grappes sont mondialisés depuis longtemps, par exemple l'aérospatiale, l'industrie pharmaceutique, la pétrochimie et le textile. D'autres, comme le transport ou la défense, le sont moins pour diverses raisons, notamment à cause de l'ampleur des marchés publics. À l'inverse, la mondialisation a un effet majeur sur l'essor des technologies de l'information et l'industrie de l'environnement, deux secteurs d'avenir qui doivent constamment faire preuve d'innovation.

LE CONCEPT DES GRAPPES D'UN PAYS À L'AUTRE

Aux États-Unis : des industrial clusters

C'est en 1974 que Czamanski a défini le concept des grappes industrielles dans le cadre de travaux pour le Département de commerce américain. Il les définissait comme « un sous-ensemble d'industries qui ont, entre elles, des liens plus forts que ceux qu'elles entretiennent avec le reste du système économique ».

Mais ce n'est qu'en 1990 que le terme de « grappe industrielle » s'est véritablement imposé, à la suite de la parution de l'ouvrage de Michael E. Porter intitulé *The Competitive Advantage of Nations* ainsi que des articles qui y ont fait écho dans *Fortune*, dans le *Harvard Business Review* et dans plusieurs autres revues spécialisées.

Le concept de grappe véhiculé par Porter se basait sur une approche plus heuristique, visant à tracer le profil des avantages compétitifs de la structure industrielle d'un pays. Après avoir subdivisé l'ensemble des secteurs industriels en 16 grappes prédéterminées et avoir classé celles-ci en trois grandes catégories, Porter a évalué la compétitivité de chacune d'entre elles ainsi que celle de leurs fournisseurs de matières premières, d'équipements, d'intrants spécialisés et de services associés, en fonction de critères issus de la théorie des avantages comparatifs révélés. Au-delà de son envergure — elle portait sur dix pays —, l'originalité de l'étude de Porter tient essentiellement au constat qu'elle pose : les industries concurrentielles d'un pays sont dans la plupart des cas soutenues par un réseau de fournisseurs, de sous-traitants et de services eux-mêmes concurrentiels.

En France : des méso-systèmes productifs

Mis de l'avant par Jacques De Bandt, du Groupe de recherche en économie industrielle du CNRS en France, ce concept est venu étendre la notion de filière, conçue comme une succession de stades de fabrication reliés par des flux d'échanges. Il met davantage l'accent, d'une part, sur les modalités d'organisation de l'ensemble des relations entre les agents et, d'autre part, sur le fait que le méso-système est l'espace stratégique dans lequel s'affirment et se confrontent les stratégies des acteurs. En d'autres termes, le méso-système — le préfixe « méso » correspond à un stade intermédiaire entre « micro » et « macro » — est un système organisé de relations qui déborde le cadre des échanges de produits, et au sein duquel interviennent d'autres agents ou unités qui existent concrètement dans un espace d'activité spécifique.

En Italie : des districts industriels

Le concept de district industriel est surtout utilisé pour caractériser le développement de certaines régions du nord de l'Italie. Ces districts sont constitués d'un noyau important de petites et moyennes entreprises formant de « véritables systèmes autonomes caractérisés surtout par un mode propre d'interrelation entre l'économique, le social et le culturel », qui combinent leurs ressources pour produire des machines-outils, des motocyclettes, des automobiles, des vêtements, etc. Ce sont Michael Piore et Charles Sabel

(1984), du M.I.T., ainsi que G. Beccatini qui ont surtout analysé ce phénomène.

Au Danemark : des réseaux manufacturiers

Le modèle de réseau manufacturier, inspiré du succès des districts italiens, a été popularisé par C. Richard Hatch en 1988. Après avoir contribué à son implantation comme stratégie de développement au Danemark en 1989, il s'en est fait le propagandiste aux États-Unis par l'entremise de la CED (Corporation for Enterprise Development). Notons qu'après 18 mois d'expérimentation, plus de 3 000 des 7 300 entreprises manufacturières danoises étaient activement engagées dans ces réseaux. Un réseau manufacturier, c'est en fait « un groupe d'entreprises qui coopèrent pour être compétitives ». Cette coopération peut revêtir diverses formes, de l'échange d'informations stratégiques aux alliances pour le développement ou la commercialisation d'un produit. Un réseau peut comporter quelques firmes seulement ou un grand nombre, des grandes comme des petites.

Au Japon : des keiretsu

Les *keiretsu* japonais constituent aussi de tels réseaux manufacturiers. Ils sont horizontaux quand ils regroupent de petites firmes, comme les districts, ou pyramidaux quand ils unissent des grands assembleurs et des petits fournisseurs dans une relation de collaboration à long terme, selon la définition de Loveman et Piore.

Au Québec : des grappes synergiques et évolutives

L'adaptation québécoise mise sur les effets synergiques que peuvent provoquer l'établissement de partenariats solides et le partage d'une vision commune du développement économique. « Une grappe industrielle, c'est l'expression consacrée qui représente un ensemble d'industries d'un même secteur d'activités qui interagissent, se regroupent et se concurrencent entre elles, pour accroître leur compétitivité et accélérer leur croissance. » Une façon de bâtir des secteurs porteurs en s'appuyant sur des entreprises qui sont déjà reconnues sur la scène mondiale et qui participent au développement de PME dans toutes les régions du Québec. Une stratégie qui repose sur la synergie qui peut s'établir entre fournisseurs, sous-traitants, travailleurs, clients et partenaires du développement.

Un modèle intégrateur

Sans doute la stratégie des grappes industrielles n'en est-elle qu'à ses premiers pas. Elle s'affinera et se consolidera à mesure qu'on l'appliquera avec audace et inventivité. Mais elle offre déjà d'énormes avantages. Premièrement, elle s'emploie à circonscrire à l'échelle de tout le Québec les foyers actuels et potentiels de développement industriel. En divisant le Québec industriel en treize grappes, elle a donné un premier portrait de la situation et identifié la plupart des acteurs du progrès économique. La concertation et la synergie qu'elle privilégie favorisent en outre les économies d'échelle ainsi que la mise en commun des efforts et des moyens qui doivent figurer en tête de la planification stratégique.

Deuxièmement, son discours intègre tous les facteurs — les sept variables essentielles — considérés par les gourous du management comme permettant aux entreprises de tirer parti de la mondialisation des marchés et de se donner de solides assises pour leur croissance. En réalité, la stratégie de développement économique fondée sur les grappes industrielles fournit un cadre de référence, une orientation et un éclairage dans un monde en voie de globalisation et propose une manière de faire.

Enfin, elle s'appuie sur une infrastructure de soutien qui favorise une meilleure compétitivité : des écoles et des centres de formation sensibles aux besoins des entreprises, qui incitent les travailleurs à utiliser leurs connaissances constamment mises à jour ; des centres de recherche qui développent un savoir spécialisé et axent leurs travaux sur les domaines qui intéressent l'industrie ; des centres spécialisés d'essais et de services techniques qui contribuent à améliorer l'efficacité technique des entreprises et diffusent largement les technologies d'usage au sein des grappes.

L'esprit de concertation

L'étude du paysage économique québécois montre par ailleurs que cette approche, adoptée sous une forme analogue par l'Italie et le Danemark, s'adapte bien au Québec en raison du caractère régional de sa production et de l'esprit de concertation qu'on y trouve. Michael E. Porter parle quant à lui des traits nationaux des Québécois qui les prédisposeraient à ce type de stratégie axée sur les grappes et les réseaux : leur convivialité, en quelque sorte le pendant du caractère latin de l'Italie, et l'insularité de leur situation en tant que peuple francophone en Amérique du nord.

On doit aussi observer que le Québec, à l'instar du Danemark, est un pays de PME. Selon Statistique Canada, 42 % de la main-d'œuvre travaille dans des entreprises de moins de 49 employés et seulement 35 % dans des entreprises de plus de 500. Les premières représentent 94 % du nombre total d'entreprises de production de biens et, dans le domaine manufacturier, elles représentent 21 % des 671 000 travailleurs de ce secteur.

La stratégie des grappes procède d'un exercice de réalisme et d'une recherche d'équilibre parce qu'elle s'appuie sur ce qui est déjà en place. Le développement des petites et moyennes entreprises repose ainsi sur la croissance des plus grandes. Mais on veut aussi favoriser la productivité de ces dernières en faisant appel à l'expertise des premières. Enfin, toutes doivent optimiser leur activité grâce à un travail de réseau. Cette synergie constitue le principe à l'origine du développement concret des grappes.

Il est aussi intéressant de noter avec Michel Normandin, directeur du département de génie industriel à l'École polytechnique, que, « pour la première fois au Québec, le discours gouvernemental met en situation d'interrelation synergique le développement technologique et le développement industriel. Nous n'en sommes pas encore rendus à un véritable développement technico-industriel intégré, mais la stratégie est certes un pas dans la bonne direction. »

Pour Michel Normandin, ancien président du Conseil de la science et de la technologie du Québec, la nouvelle approche a ceci de très positif qu'elle rompt avec la traditionnelle dichotomie de la croissance économique : « Le gouvernement a également la responsabilité de développer des centres d'expertise technologique afin d'accroître la compétitivité des entreprises. Et pour peu que l'on réussisse à bâtir une véritable politique à double entrée, technologique et industrielle, on aura alors une bien meilleure base concurrentielle et des grappes vraiment fertiles ».

Sur le chemin de la solidarité

Le gouvernement a mis cartes sur table. Son but n'est autre que de susciter une synergie porteuse entre fabricants, fournisseurs, sous-traitants, établissements de formation, centres de recherche, universités et entreprises. Tous les décideurs et intervenants en matière de développement économique admettent que la solidarité et la cohésion sont essentielles au développement d'une petite économie dans un monde en changement.

Le succès de cette réorganisation industrielle dépend évidemment pour une large mesure de l'adhésion des travailleurs et des patrons. Cette adhésion sera obtenue en accordant une place de premier plan à la transparence, au consensus et au partenariat qui découleront de la concertation entre chefs d'entreprise et représentants des travailleurs. Au cœur de ce changement de mentalité, deux défis majeurs : la formation d'une main-d'œuvre qualifiée, et l'élaboration d'un nouveau contrat social.

Une culture de la formation

Les parties syndicale, patronale et gouvernementale reconnaissent unanimement que formation de la main-d'œuvre et compétitivité des entreprises vont de pair. Dans un marché où les concepts primés sont la concurrence, la qualité, la souplesse et la mobilité, les ressources humaines sont à la base de la compétitivité de l'entreprise. Pour se doter d'avantages concurrentiels, celle-ci est appelée à miser davantage sur l'autonomie, l'expertise, la créativité et l'esprit novateur de ses employés.

Or, à l'heure actuelle, le Québec fait face à une pénurie de main-d'œuvre spécialisée dans un certain nombre de professions et de métiers, particulièrement dans certains des secteurs forts de notre économie. Il manque aussi de techniciens compétents parce qu'on n'a pas assez valorisé la formation professionnelle, encourageant les jeunes à emprunter la voie universitaire à tout prix.

D'un autre côté, les exigences de la formation de base augmentent constamment. La place des professions et des métiers ne requérant qu'un faible niveau d'éducation et de formation professionnelle ne cesse en effet de décroître dans le marché du travail. Il est prévu que d'ici à l'an 2000, près de la moitié des nouveaux emplois créés demanderont plus de cinq années d'instruction ou de formation professionnelle au-delà des études secondaires. Le système industriel se transformant sans cesse au gré des innovations technologiques, c'est tout le marché du travail qui se métamorphose. D'où l'importance d'implanter au Québec une culture nationale de la formation.

Un rattrapage urgent à faire

Conscients des conséquences de la situation, tous les intéressés s'accordent à dire qu'il faut favoriser l'acquisition de nouvelles compétences par les travailleurs du Québec. Cela implique de revoir les objectifs mêmes de la formation. Plus que jamais, comme le disait si bien Montaigne, « une tête bien faite vaut mieux qu'une tête bien pleine. »

En effet, le principal défi des travailleurs consiste désormais à s'adapter constamment au changement, particulièrement au changement technologique. L'ère de la spécialisation à outrance a bel et bien cédé le pas à celle de la souplesse et de la multidisciplinarité. S'il est une aptitude fondamentale à développer pour s'assurer d'une meilleure employabilité, c'est donc la capacité d'acquérir rapidement de nouvelles connaissances.

Si l'on compare la situation du Québec en matière d'éducation et de formation à celle des pays de l'OCDE, on constate qu'il se situe en tête du palmarès avec des dépenses à ce titre équivalant à 7 % de son P.I.B. Le tableau est moins reluisant, hélas, si l'on compare les investissements consentis par les entreprises : la formation de la main-d'œuvre ne compte que pour 0,3 % du P.I.B. au Québec, et 0,5 % dans l'ensemble du Canada.

À titre de comparaison, les entreprises canadiennes investissent 5 fois moins que les entreprises américaines, 10 fois moins que les japonaises et 15 fois moins que les allemandes. De même, les entreprises québécoises reconnues pour la qualité de leurs programmes de formation de la main-d'œuvre offrent en moyenne moins de vingt heures de cours par année à leurs employés. Les entreprises allemandes en offrent 170 et les japonaises, 220.

Une meilleure adaptation aux besoins du marché

Les entreprises et le gouvernement se sont longtemps renvoyé la balle. Devant le manque de travailleurs spécialisés, les premières reprochaient au système d'éducation de ne pas fournir la formation adéquate. De son côté, le gouvernement estimait que les entreprises investissaient trop peu dans la formation de leur main-d'œuvre. La réalité est plus complexe. L'état actuel de la formation de la main-d'œuvre prouve que, de part et d'autre, on n'a pas su prévoir l'évolution des modes de production et des besoins du marché.

Compte tenu des nouvelles exigences que pose la mondialisation des marchés et de la concurrence, l'urgence de la situation est maintenant reconnue par les principaux intervenants socio-économiques. Elle a donné naissance à des initiatives comme celle de l'Association des manufacturiers canadiens qui, en 1990, dressait une liste de recommandations pour aider les entreprises à combler leur besoins en matière de formation.

En 1991, le Forum pour l'emploi proposait pour sa part une Charte de la formation professionnelle. Et à la fin de la même année, le ministère québécois de la Main-d'œuvre, de la Sécurité du revenu et de la Formation professionnelle déposait un énoncé de politique sur le développement de la main-d'œuvre qui invite les acteurs socio-économiques à participer activement à la création d'une véritable culture de la formation.

Un outil efficace de concertation

De toute évidence, l'émergence de cette culture de la formation exige une étroite collaboration entre le gouvernement, le patronat et les syndicats. C'est la seule façon de mener une action cohérente, efficace et planifiée en matière de formation professionnelle. En ce sens, la décision du gouvernement du Québec de créer la Société québécoise de développement de la main-d'œuvre (SQDMO) est un pas dans la bonne direction.

CHARTE DE LA FORMATION PROFESSIONNELLE

Recommandations et plan d'action du Forum pour l'emploi, août 1991

Revalorisation de la formation professionnelle

Dans la poursuite de son objectif général de promotion et de développement de l'emploi, le Forum pour l'emploi invite ses partenaires et tous les acteurs socio-économiques du Québec à s'engager activement dans un indispensable processus de revalorisation de la formation professionnelle de la main-d'œuvre, s'inscrivant dans la perspective du développement d'une culture de la formation et de l'adaptation continues de la main-d'œuvre dans toutes les régions du Québec.

Le Forum pour l'emploi propose à cette fin l'adoption d'une Charte de la formation professionnelle s'articulant autour des quatre principes suivants :

1. L'accession de tous et de toutes à un diplôme d'études secondaires, générales ou professionnelles.

2. L'accès à une formation professionnelle répondant aux besoins des secteurs d'avenir et des métiers en demande.

3. L'accès au recyclage et à la formation continue en cours d'emploi.

4. L'accroissement des investissements des entreprises dans le développement des ressources humaines.

Recommandations et plan d'action

1. Le Forum pour l'emploi recommande à tous ses partenaires :

- de lancer, de s'associer et de s'engager dans des activités de promotion et de sensibilisation visant à contrer le décrochage scolaire et à revaloriser l'éducation et la formation de base auprès des jeunes et de leurs parents ;

- de renforcer, d'accroître et d'accélérer les campagnes de promotion auprès des jeunes et de leurs parents visant à revaloriser et à mieux faire connaître les avantages et possibilités offerts par la formation professionnelle secondaire et collégiale ;

- de s'engager dans des actions concrètes et concertées pour développer des liens plus étroits entre les milieux de la formation, de l'éducation et du travail, notamment par l'implantation de formules de stage, d'alternance étude-travail et d'apprentissage ;

- de favoriser la mise en commun des ressources, des compétences, des expertises et des équipements de chacun afin d'assurer, en entreprise comme en institution, l'accès à une formation professionnelle qualifiante et transférable au meilleur coût possible pour l'ensemble de la société ;

- de s'engager conjointement, et en collaboration avec les gouvernements, dans une campagne de promotion pour la formation et le recyclage en entreprise, qui permettrait de mettre en valeur les expériences réussies, de faire connaître les résultats et les rendements obtenus, et de diffuser un instrument comptable pour mesurer l'effort de formation des entreprises. Suite à une évaluation des progrès accomplis au cours des deux prochaines années, la question sera alors examinée de nouveau afin de reconsidérer la pertinence d'instaurer ou non des mesures de nature plus coercitive.

2. À l'égard des gouvernements, le Forum pour l'emploi :

■ rappelle aux deux ordres de gouvernement la nécessité pour le Québec d'avoir le contrôle exclusif de toutes les interventions en matière de formation professionnelle sur son territoire ; exige du gouvernement du Québec qu'il maintienne fermement la position qu'il a adoptée en ce sens ; et recommande de négocier dans les plus brefs délais des arrangements administratifs qui permettront au Québec d'exercer ce contrôle, sans attendre le résultat des négociations constitutionnelles ;

■ presse le gouvernement du Québec de déposer pour consultation auprès des partenaires, un projet de politique de la formation professionnelle et de décider dans les plus brefs délais de la façon dont il compte harmoniser ses propres interventions, actuellement réparties entre plusieurs ministères ;

■ recommande au gouvernement du Québec :

- d'assouplir les critères d'accès aux programmes de formation professionnelle ;

- d'implanter un système de reconnaissance des acquis scolaires et expérientiels ;

- d'aménager des passerelles pour faciliter la transition entre la formation professionnelle et la formation générale lors du passage du secondaire au collégial et du collégial à l'universitaire ;

- de donner un mandat clair aux maisons d'enseignement à l'égard du développement de liens plus étroits avec les milieux de travail, notamment par l'implantation de formules de stage, d'alternance étude-travail et d'apprentissage ;

■ appuie la mise sur pied par le gouvernement du Québec de mécanismes favorisant la synergie et la concertation des partenaires dans le développement des mesures actives du marché du travail, à l'échelle locale, régionale et nationale.

3. Le Forum pour l'emploi s'engage enfin :

■ à faire connaître et à mettre en valeur, dans le cadre de ses prochaines activités, les expériences de partenariat les plus réussies concernant la formation professionnelle de la main-d'œuvre et la relation entre les milieux de l'éducation et du travail ;

■ à produire d'ici novembre 1991 un guide ou un contrat type visant à encourager et à faciliter la négociation d'ententes locales et régionales de stages, respectant les intérêts et les spécificités des différentes parties concernées.

Pour la première fois, tous les intéressés — syndicats, employeurs, employés et milieu de l'éducation — se retrouveront autour d'une même table pour discuter des problèmes, des priorités, des politiques et des programmes de développement de la main-d'œuvre. Voilà certes une excellente façon de s'assurer que les gestes posés en cette matière répondent adéquatement aux besoins et aux attentes du milieu.

Le même modèle est appliqué en région, où les sociétés régionales ont un double rôle : faire connaître à la SQDMO les besoins régionaux, et diffuser dans la région cette nouvelle approche de partenariat.

La SQDMO a aussi créé des comités sectoriels permettant aux représentants des entreprises et des travailleurs d'analyser les besoins de leur secteur industriel et d'élaborer un plan d'action en conséquence. On assure ainsi une meilleure adéquation entre les besoins et les programmes de formation offerts. Il faut espérer que ces comités susciteront l'émergence d'un véritable partenariat entre les secteurs industriels et les établissements d'enseignement.

Le président de la FTQ, Fernand Daoust, exprime clairement l'enjeu : « Qu'on donne aux participants les moyens de participer, c'est-à-dire qu'ils reçoivent la formation et l'information nécessaires pour traiter des dossiers aussi complexes. Sinon, ils ne seront que des figurants face aux grands commis de l'État qui peuvent compter sur des ressources beaucoup plus importantes sur ce plan, notamment sur le soutien d'équipes de recherche. »

L'engagement des entreprises

Le constat est on ne peut plus clair : l'intégration de la formation professionnelle aux activités courantes de l'entreprise est un élément essentiel de la réorganisation du travail, que tous jugent nécessaire. Tout comme l'élaboration d'un nouveau contrat social, elle fait cependant appel à un profond changement de mentalité. Il faut de toute urgence passer de la parole aux actes et prendre le virage de la formation continue.

Du fait de l'évolution rapide des technologies et de l'environnement économique, les travailleurs doivent en effet acquérir de nouvelles connaissances tout au long de leur carrière, ce qui exige la collaboration active des employeurs, des syndicats, du gouvernement et des salariés eux-mêmes.

Ce changement de mentalité doit tout d'abord s'opérer au sein même des entreprises. Nombreuses sont celles qui considèrent toujours la formation comme une dépense plutôt que comme un investissement. Cela explique sans doute pourquoi la formation systématique est encore l'apanage des entreprises de la taille de Bell Canada, Alcan ou Bombardier.

Pourtant, le phénomène de la concurrence internationale touche également les PME. Or, selon une enquête menée en 1989 par Emploi et Immigration Canada, seulement 26,6 % des firmes de moins de 10 employés offrent une formation structurée à leurs employés. Ce pourcentage atteint 47,7 % pour les entreprises de 10 à 49 employés et 92,4 % pour celles de 1 000 salariés et plus. Les PME constituant plus de 95 % du patrimoine industriel du Québec, il importe qu'elles se préoccupent davantage de la formation de leurs ressources humaines.

Dans le contexte économique actuel, le succès passe par l'augmentation de la productivité. Or il est maintenant reconnu que des employés mieux formés influent positivement sur la productivité de l'entreprise, ce qui constitue un bon point en faveur d'un investissement dans la formation des ressources humaines.

La réalisation professionnelle des travailleurs

La formation étant la clé de la productivité et de la compétitivité, elle est indispensable au maintien du niveau de vie des individus et de la collectivité. De plus, compte tenu des transformations économiques, elle constitue désormais une véritable « valeur ajoutée personnelle » qui peut modifier radicalement l'évolution d'une carrière, plutôt qu'un simple argument pour obtenir une promotion ou un nouvel emploi.

Les travailleurs veulent aujourd'hui — avec raison — bénéficier d'un environnement et d'un climat de travail qui favorisent l'épanouissement. Ils doivent aussi prendre conscience que la formation continue est maintenant indissociable de la réalisation professionnelle.

Et de ce côté, l'optimisme est permis. En reconnaissant l'importance de la formation professionnelle pour la protection des emplois actuels et futurs, les groupements syndicaux ont donné le coup d'envoi à des négociations constructives avec les entreprises.

Une responsabilité partagée avec l'État

Enfin, il va de soi que l'État doit également revoir ses façons de faire. D'ailleurs, au cours des deux dernières années, le gouvernement québécois s'est engagé dans la promotion de la formation professionnelle au niveau secondaire. C'est incontestablement une bonne décision, car les employés qui y sont formés sont à l'origine de nombreuses innovations au sein des entreprises.

De même, il faut accentuer les efforts pour revaloriser la formation technique dispensée au niveau collégial afin de permettre au Québec de se constituer un corps de techniciens capables de répondre aux besoins du marché du travail.

L'État est également appelé à jouer un rôle d'animateur pour favoriser l'émergence d'une véritable culture de la formation. Dans un premier temps, il faut faciliter l'accès aux divers programmes offerts par les établissements publics.

Ensuite, il faut que les entreprises bénéficient de mesures incitatives. « En fait, souligne Fernand Daoust, il faut viser à diminuer la part des mesures passives touchant la sécurité du revenu de 90 à 10 % et, inversement, augmenter de façon radicale les mesures actives d'adaptation de la main-d'œuvre, tels que les crédits d'impôt, qui ne totalisent pas plus de 10 % des efforts. »

Gestionnaire du principal réseau d'enseignement, l'État doit surtout réaliser l'adéquation entre les besoins en main-d'œuvre et les programmes de formation. Pour réaliser cette adéquation, les réseaux d'enseignement devront continuellement étudier les fluctuations de la demande de main-d'œuvre.

Il est maintenant admis que la presque totalité de la population active devra, un jour ou l'autre, se recycler ou acquérir de nouvelles connaissances. D'où l'importance pour les réseaux d'enseignement de se rapprocher des entreprises afin de leur offrir des programmes adaptés à leurs besoins spécifiques.

Vers une politique du plein emploi

Ce nouveau partenariat entre le patronat, le syndicat, l'État et les réseaux d'enseignement pourrait bien correspondre au premier pas vers une politique du plein emploi. En effet, la tendance actuelle démontre que les gouvernements et les entreprises sont venus à bout de leurs divergences en acceptant une responsabilité partagée en matière de formation. Une fois cette barrière psychologique franchie, il ne reste plus qu'à prendre des mesures concrètes.

Sans perdre de vue les particularités de sa propre culture entrepreneuriale, le Québec aurait avantage à s'inspirer de certains pays tels l'Allemagne, la Suisse ou l'Autriche. Les pays les plus performants d'Europe ont en effet une politique de plein emploi dont le pivot est la coopération entre les entreprises et les établissements d'enseignement.

Le Québec doit aussi se donner pour objectif d'accroître la formation professionnelle en entreprise. Et si les intéressés se sentent intimidés par une telle opération, il existe là aussi des exemples susceptibles d'inspirer de nouvelles politiques de soutien.

Il suffit ici de penser à l'Allemagne, reconnue pour sa capacité de former du personnel technique de niveau supérieur. Il est vrai que les étudiants des écoles professionnelles sont obligés de séjourner dans l'entreprise. Dans ce système de formation de type coopératif, l'entreprise assume environ 25 % des frais.

Pour sa part, la France consacre jusqu'à 1 % de la taxe de vente perçue par chaque entreprise à la formation de la main-d'œuvre. L'entreprise qui offre des programmes de formation à son personnel récupère 1 % du montant de la taxe qu'elle a collectée.

Le Québec a choisi de recourir à des mesures incitatives et de créer des programmes d'aide financière (sous forme de crédits d'impôt ou du programme SPRINT, par exemple) dont l'objectif avoué est de changer les mentalités en matière de formation. Encore faut-il mieux adapter ces programmes aux PME qui sont responsables, rappelons-le, de la plupart des nouveaux emplois. Certes, sur six emplois créés, trois sont appelés à disparaître. Les PME n'en demeurent pas moins le pivot du développement économique du Québec.

Miser sur une alliance fructueuse

Le succès de la formation, on l'a vu, repose sur une alliance fructueuse entre le milieu de la formation, les syndicats et les entrepreneurs. À cet égard, certains signes avant-coureurs et certaines expériences concluantes donnent à penser que le Québec est en voie de prendre un virage qui lui permettra de rattraper son retard en cette matière. Qu'il suffise de mentionner les centres spécialisés des cégeps dont certains se sont taillé une réputation enviable, par exemple ceux de Saint-Jérôme (matériaux composites), de La Pocatière (technologie physique) ou de Saint-Hyacinthe (technologie du textile).

Il faut éviter bien sûr de s'égarer dans de faux débats ou d'élaborer des structures paralysantes et déconnectées de la réalité. L'heure des questionnements est passée, il est temps d'aller de l'avant.

Le processus est enclenché. Il faut maintenant que les nouvelles structures mises en place par le gouvernement du Québec, de même que les entreprises et le monde syndical, prennent ensemble les mesures qui s'imposent. Le Québec n'a plus de temps à perdre. S'il veut que ses entreprises soient compétitives sur la scène internationale, il lui faut investir dans la compétitivité des individus.

Le contrat social

Dans la course au développement de son entreprise, l'entrepreneur des années 90 ne peut plus compter uniquement sur ses propres forces. Au sein de son entreprise, toutes les forces doivent être canalisées vers des objectifs communs. C'est là une condition essentielle à la réussite du nouveau modèle de développement économique que l'on s'emploie à mettre en œuvre au Québec.

Au cœur de ce modèle : un nouveau contrat social. Car pour passer de l'intention à l'action, il faut que toutes les parties concernées y trouvent leur compte. C'est dans cet esprit que le ministère de l'Industrie, du Commerce et de la Technologie, et le ministère du Travail ont élaboré une première ébauche. Contrat qui se négocie et s'expérimente entreprise par entreprise, comme c'est le cas chez MIL Davie, Soreltex, Goodyear ou les Aciers inoxydables Atlas.

Un moyen de réorganiser le travail

Ce contrat social dont on parle au Québec depuis plus d'un an est essentiellement un outil permettant de réaliser une réorganisation en profondeur du travail, en misant sur une meilleure concertation entre les partenaires de l'entreprise. Son objectif est d'amener ceux-ci à définir ensemble les actions prioritaires qui permettront d'améliorer la compétitivité de l'entreprise.

On ne peut nier que les entreprises québécoises tardent à s'adapter à la mondialisation des marchés et à l'accroissement de la concurrence qui en découle. Conjugué au sévère ralentissement économique qui sévit depuis le début des années 90, cet état de fait a amené les organisations patronales et syndicales à réviser les rapports qui les unissent au sein des entreprises.

Le nouveau contrat social tente de faire en sorte que dans l'entreprise les objectifs des uns deviennent les préoccupations des autres, et vice versa. Ce partenariat nouveau genre exige que les parties patronale et syndicale conviennent de stratégies communes et de nouveaux modes de travail. Les engagements respectifs sont ensuite consignés dans une convention collective ou dans un texte d'entente, qui traduit concrètement « la prise de conscience collective du fait qu'il faut accorder la priorité à la compétitivité de l'entreprise pour qu'elle continue à offrir du travail et une bonne qualité de vie à ses membres ».

Les éléments du contrat social

Pour qu'une entente soit qualifiée de contrat social, elle doit s'appuyer sur une vision à moyen terme du développement de l'entreprise. Elle doit en outre, selon le ministère de l'Industrie, du Commerce et de la Technologie, comprendre au moins sept éléments précis.

■ **Transparence de la gestion** - Pour qu'un véritable partenariat voit le jour, il faut d'abord compter sur la transparence de la gestion, c'est-à-dire la disponibilité des informations liées au fonctionnement de l'entreprise et à sa situation financière. Pour adhérer à un projet commun et s'engager dans le développement de l'entreprise, actionnaires, employeurs et travailleurs doivent en connaître la situation réelle. Il est essentiel en effet qu'ils aient la même vision des forces et des faiblesses de l'organisation, de sa position concurrentielle et de ses orientations.

- **Démarche qualité totale** - Le contrat social doit également rassembler les acteurs autour d'une démarche de qualité totale. La réduction des pertes, l'augmentation de la productivité et l'amélioration constante de la qualité des produits et des services sont à la base de la compétitivité d'une entreprise. Cela exige une transformation profonde de l'organisation du travail et, partant, la mobilisation totale des ressources humaines. Il s'agit de mettre à profit les connaissances, la créativité et le sens de l'initiative du personnel et des gestionnaires.

- **Plan de développement des ressources humaine**s - C'est pourquoi le troisième élément du contrat social est un plan de développement des ressources humaines. Le capital humain est la première richesse de l'entreprise et l'une des sources principales de la valeur ajoutée des produits et des services. Cela justifie amplement les investissements nécessaires en matière de formation. Par ailleurs, le maintien et l'amélioration des compétences disponibles s'articulent aussi autour d'un sentiment d'appartenance cultivé par une bonne gestion des ressources humaines.

- **Stabilité d'emploi** - Un autre aspect fondamental du contrat social est la stabilité d'emploi. Les changements technologiques et les réorganisations administratives sont des mesures qui éveillent l'insécurité. À défaut de pouvoir garantir la sécurité d'emploi, condition intimement liée à la santé générale de l'entreprise, les parties en cause doivent s'engager à mettre leurs efforts en commun pour assurer la plus grande stabilité possible à cet égard.

- **Souplesse de l'organisation du travail** - Le cinquième élément du contrat social est la souplesse de l'organisation du travail. L'entreprise doit en effet être en mesure de réagir rapidement et efficacement aux changements qui surviennent dans son environnement, notamment quant aux exigences de la clientèle. La révision des modes de travail, du décloisonnement des tâches à la modification de la structure hiérarchique, est un élément indispensable pour atteindre cet objectif. Pour intégrer la gestion du changement aux activités courantes de l'entreprise, les parties patronale et syndicale doivent s'entendre sur une organisation du travail souple et adaptable, qui tienne compte des intérêts de chacun et des valeurs qui animent l'organisation.

■ **Gestion de l'entente** - Le contrat social n'est pas une entente statique ; il doit pouvoir s'adapter aux conditions transitoires qu'impliquent la réorganisation. C'est pourquoi il faut prévoir un mécanisme de gestion de l'entente. Celui-ci fait généralement appel à un comité permanent où, conjointement, employeurs et employés assurent le suivi de l'entente de base et conviennent des modifications à y apporter.

■ **Stabilité des relations de travail** - Enfin, le contrat social doit contenir des dispositions assurant la stabilité des relations de travail à moyen terme, le temps pour l'entreprise de consolider sa situation et de bien asseoir son développement. Les parties doivent établir des balises permettant de régler leurs différends sans avoir recours à un arrêt de la production. La stabilité des relations de travail permet également à l'entreprise en butte à des difficultés temporaires d'appliquer un plan de redressement.

L'engagement des syndicats

Les grandes centrales syndicales revendiquent depuis longtemps une plus grande participation des travailleurs au développement des entreprises. Elles approuvent donc les changements que le nouveau modèle de contrat social apporte. C'est d'ailleurs dans cet esprit qu'elles ont appuyé plusieurs expériences de réorganisation du travail. La création du Fonds de solidarité de la FTQ relève également de ce courant de pensée.

Toutefois, les centrales syndicales incitent le gouvernement à la prudence dans son évaluation du degré de réussite de cette nouvelle démarche. La FTQ parle de « situations particulières » à propos des entreprises qui expérimentent ce nouveau type de partenariat. Et la CSD souligne que dans le cas du chantier naval de Lauzon, par exemple, le syndicat a fait preuve d'« ouverture d'esprit », ce qui ne signifie pas qu'il est prêt à accepter « une rétrogradation des droits de ses membres ».

Quant à Gérald Larose, président de la CSN, il insiste sur le danger qu'il y a à généraliser à partir de quelques exemples. « Les entreprises qui sont récemment parvenues à un réel partenariat étaient en situation de crise. Patrons et syndiqués se sont retrouvés devant deux choix : ils s'entendaient, ou ils perdaient emplois et entreprise. »

Dans l'ensemble cependant, les leaders syndicaux reconnaissent que le Québec a fait le premier pas vers une véritable concertation : une plus large participation des travailleurs dans les décisions de l'entreprise. Pour les centrales syndicales, c'est là que réside le caractère novateur du contrat social. Il amène les parties en cause à adopter une nouvelle approche de négociation.

De nécessaires compromis

Si les syndicats sont prêts à jouer le jeu, il est encore trop tôt pour célébrer la fin des affrontements. Car cette nouvelle conception du rôle de chacun au sein de l'entreprise fait appel à un changement de mentalité profond, tant de la part des employeurs que des travailleurs. Le chemin entre l'émergence et l'établissement d'une nouvelle culture des relations de travail est long et parsemé de compromis.

Gérald Larose pense que le processus sera laborieux : « La concertation n'est encore vue que comme une solution de dernier recours. C'est la première attitude à faire évoluer. »

En effet, on ne peut pas parler d'un nouveau climat de travail si l'on ne fait appel aux travailleurs qu'en situation difficile. En toutes circonstances, la mise en commun des expériences et des compétences peut grandement aider l'entreprise. Si l'on partage les problèmes en période de crise, on devrait normalement se répartir la richesse créée par une compétitivité accrue et un rendement supérieur.

Parce que les entreprises québécoises font toutes face aux conséquences de la mondialisation des marchés, elles doivent reconnaître l'urgence d'appliquer le contrat social, et ce, sans attendre la détérioration de leur situation concurrentielle. Or, dans la culture entrepreneuriale québécoise, il y a deux éléments qui suscitent particulièrement la méfiance des dirigeants : le partage du pouvoir et le partage de la propriété. Lorsque la conjoncture est favorable, ce sont des sujets tabous.

Une réforme structurelle de l'entreprise

L'établissement d'un nouveau contrat social n'est pourtant pas une réaction à une situation conjoncturelle. Il s'inscrit dans une réforme structurelle de l'entreprise. Et l'un de ses objectifs est justement de la prémunir contre les aléas des cycles économiques.

Comme la démarche suggérée repose sur la transparence, elle nécessite des échanges continuels d'informations. C'est bien connu :

dans une organisation, « l'information, c'est le pouvoir ». Mais pour que les travailleurs deviennent des partenaires réels du devenir de l'entreprise, celle-ci doit les associer à son plan d'affaires. Tenus au fait du développement et des objectifs de l'entreprise, les employés participent davantage à sa croissance et à son expansion.

Cela revient à dire que la signature d'un nouveau contrat social entraîne jusqu'à un certain point une gestion participative. Sa réussite peut aussi faire appel à la mise en place d'un programme d'intéressement prévoyant le partage des profits ou la possibilité d'accéder au capital-actions de l'entreprise.

Une redéfinition des relations de travail

Ce nouveau modèle basé sur la concertation oblige également les employés, les syndicats et les employeurs à redéfinir leur conception des relations de travail. Il s'agit là d'un changement de mentalité tout aussi difficile à réaliser que le premier.

L'élaboration et la mise en œuvre du contrat social font appel à la capacité des parties en cause de remettre en question les modèles traditionnels de négociation axés principalement sur la protection des acquis. Pour contribuer à l'amélioration de la compétitivité de l'entreprise, les ressources humaines doivent elles-mêmes offrir des avantages concurrentiels distinctifs.

Partie prenante à la vie de l'entreprise, les syndiqués peuvent être mis à contribution afin de garantir la stabilité du climat de travail nécessaire au développement de celle-ci. Les employés de MIL Davie, par exemple, ont accepté de porter à quatre ans la durée de leur convention collective afin de donner le temps à l'entreprise de se remettre à flot.

Par ailleurs, il est indispensable que les syndicats reconnaissent l'importance de la mobilité des travailleurs pour l'entreprise qui veut s'adapter aux besoins changeants de la clientèle et aux occasions d'affaires qui surgissent dans son environnement. La formation de la main-d'œuvre doit être perçue à cet égard comme une priorité absolue.

En d'autres termes, dans le cadre du nouveau contrat social proposé, les ressources humaines sont appelées à assumer une part équitable des risques liés au développement de l'entreprise.

La participation active du gouvernement

Le contrat social — pièce essentielle de la stratégie de développement économique axée sur les grappes industrielles — fait de l'État un partenaire actif. Les représentants du ministère de l'Industrie, du Commerce et de la Technologie peuvent ainsi exiger la ratification d'une telle entente avant d'accorder un appui financier, par l'intermédiaire d'organismes tels que la Société de développement industriel du Québec (SDI).

Les milieux syndicaux attendent toutefois davantage du gouvernement du Québec. Pour eux, ce n'est pas tout d'élaborer une politique de développement économique qui tienne compte de la concurrence internationale. Il faut aussi que l'État stimule le développement des entreprises par une politique fiscale incitative et cohérente. Une mesure a justement été adoptée en ce sens, en vertu de laquelle les entreprises et les travailleurs qui ont convenu d'un régime d'intéressement aux bénéfices de l'entreprise se voient accorder des avantages fiscaux.

Quant aux milieux d'affaires, ils invitent également l'État à faire lui-même appel à la concertation, notamment pour que les différents ministères et organismes concernés par le travail et l'emploi coordonnent leurs activités.

Vers une concertation sociale

Réunir autour d'une même table des groupes dont les intérêts sont souvent divergents exige une réelle volonté de prendre des mesures concrètes pour améliorer la compétitivité de l'économie québécoise. Il est important de mettre au point un modèle souple en vertu duquel les investisseurs, les entrepreneurs et les travailleurs partagent les risques inhérents au développement économique. Cet esprit de concertation est à la base du nouveau contrat social mis de l'avant par le gouvernement du Québec.

Pour certains, cette mobilisation des forces vives du Québec marque un retour aux sources. Mais tous les intervenants, syndicaux comme patronaux, conviennent que le Québec n'en est encore qu'aux premiers balbutiements d'une véritable concertation sociale. L'État peut soutenir, voire même provoquer l'émergence d'un nouveau climat de travail, mais l'idée de partenariat doit encore faire son chemin dans les entreprises. Car c'est à chacune d'elles que revient le rôle d'entamer les discussions et les négociations avec ses propres partenaires. En effet, c'est « individuellement » que les entreprises doivent concrétiser le modèle que certains voient comme la base même du concept de Québec inc.

La capitalisation des entreprises

Le Québec a réussi à créer un modèle de financement des entreprises qui se distingue par l'originalité des sources de financement, la priorité accordée au développement régional et la multiplicité des secteurs concernés. Notre société a aussi innové en ce qui touche la participation des travailleurs aux profits, et le recours à la formule coopérative pour injecter du nouveau capital dans la structure financière des entreprises.

En une vingtaine d'années, le Québec a franchi d'importantes étapes vers une meilleure capitalisation de ses entreprises, mais il n'en demeure pas moins que le taux d'endettement demeure inquiétant. Et la récente récession n'aura fait que confirmer l'urgence de faire aboutir les démarches visant à créer un réseau de capital de risque qui soit en mesure de soutenir les entreprises désireuses d'accroître ou de consolider leurs activités pour faire face à la mondialisation des marchés.

Du capital de risque disponible

Si les PME québécoises souffrent de sous-capitalisation, ce n'est pas parce qu'il manque de capitaux au Québec. En 1991, selon l'Association canadienne des sociétés d'investissements en capital de risque, 33 % des investissements de ce type au pays ont été réalisés par des sociétés dont le siège social est au Québec. La province abrite d'ailleurs le tiers des capitaux sous gestion et 40 % de l'activité en ce domaine depuis 1989.

Au cours des dix dernières années, le nombre des organismes qui offrent du capital de risque a sensiblement augmenté au Québec. Plusieurs sociétés, privées et publiques, se sont donné pour mission d'aider au démarrage, à la croissance et au redressement des entreprises québécoises. En fait, l'édition 1992 du répertoire des membres du Réseau Capital, une association vouée au renforcement de la capitalisation des PME, comprend une cinquantaine de membres investisseurs. Ce groupe d'organismes dessert des entreprises dont les besoins en capitaux varient de 5 000 $ à plus de 10 millions.

D'autre part, contrairement à la tendance observée aux États-Unis, le capital de risque québécois n'est pas uniquement offert pour les activités de haute technologie. Si beaucoup d'organismes investisseurs ont un champ d'activité spécifique, ils s'intéressent tout autant aux projets issus des secteurs manufacturier, des services, de la distribution, des communications et du tertiaire moteur. Leur participation couvre généralement de 10 à 50 % d'un projet, mais elle peut atteindre selon le cas jusqu'à 100 % des investissements nécessaires à sa réalisation.

Le rôle des institutions financières

Les institutions financières ont joué un rôle essentiel dans l'éclosion de l'industrie du capital de risque au Québec. Réputées pour appuyer surtout des projets à faible risque, quelques-unes ont cependant créé des filiales destinées à soutenir des projets plus audacieux. C'est le cas, notamment, du Mouvement Desjardins avec Tremplin 2000 et la Société d'investissement Desjardins, ainsi que de la Banque Royale du Canada avec Roynat et la Corporation placements Banque Royale. On trouve même parmi les fournisseurs de capital de risque certaines compagnies d'assurances.

D'autres initiatives québécoises se sont révélées fort efficaces en matière de financement et de capitalisation des PME. Pensons au Fonds de solidarité des travailleurs du Québec, un organisme créé en 1985 par la FTQ avec l'appui des gouvernements fédéral et provincial. Premier fonds de capital de risque patronné par les travailleurs, le Fonds de solidarité offre aux investisseurs particuliers d'intéressants avantages fiscaux. Selon l'Association canadienne des sociétés d'investissements en capital de risque, il constitue aujourd'hui, avec un actif de plus de 500 millions de dollars, le plus important fonds de capital de risque au Canada, sans compter la mission d'information économique qui anime l'action de cet organisme.

Les entreprises québécoises peuvent également compter sur la Caisse de dépôt et placement du Québec et sur la Société générale de financement qui, tout en minimisant les risques encourus, financent certains projets de développement de grande envergure.

Élargir l'accès au capital

L'action combinée de ces grands organismes a contribué à faire du Québec le chef de file en matière de capital de risque au Canada. Les statistiques indiquent toutefois que ces organismes tendent à favoriser les projets qui nécessitent un investissement majeur, et par conséquent un nombre restreint d'entreprises. Par exemple, selon une étude menée auprès des membres de l'Association canadienne des sociétés d'investissements en capital de risque, les placements moyens atteignaient au Québec 1,3 million de dollars en 1991, comparativement à 900 000 $ ailleurs au pays. Les entreprises de taille moyenne sont donc bien desservies par les structures d'accès au capital de risque en place au Québec.

Cette même étude révèle toutefois la nécessité d'élargir l'accès au capital de risque aux PME dont les besoins sont plus modestes. En effet, les entreprises en démarrage, ou les petites entreprises qui veulent augmenter leur volume d'activités pour atteindre une certaine masse critique, éprouvent encore de la difficulté à obtenir du financement. Seules les entreprises technologiques en démarrage semblent faire exception à la règle, en raison notamment des mesures fiscales avantageuses prévues à leur intention.

La situation pourrait toutefois s'améliorer puisque, depuis peu, les capitaux destinés à soutenir les investissements sous forme de capital de risque sont canalisés vers de nouveaux fonds régionaux. Ces fonds, qui regroupent quelques grandes institutions et diverses sociétés privées, visent à répondre aux besoins particuliers des entreprises régionales.

Les sociétés régionales d'investissement

Ce sont également des institutions financières privées qui, avec le concours de grands organismes, participent à la mise en place des sociétés régionales d'investissement (SRI). Ainsi, la Banque Nationale, le Mouvement Desjardins, la Caisse de dépôt et placement du Québec et le Fonds de solidarité des travailleurs du Québec se sont associés à des partenaires régionaux pour financer les projets de développement ou de démarrage des PME.

Les entreprises de tous les secteurs, sauf ceux de l'immobilier, des ressources naturelles et du commerce de détail, peuvent souscrire une demande aux SRI. Idéalement, celles-ci visent à se constituer un portefeuille formé aux trois quarts d'entreprises en croissance et au quart d'entreprises innovatrices en démarrage.

Les partenaires des SRI souhaitent investir des sommes variant de 50 000 $ à 500 000 $ dans de petites entreprises en croissance ou en formation, de manière à desservir un créneau du marché jusque-là dépourvu à toutes fins utiles de sources de financement.

Les SRI se proposent ainsi d'aider au développement de PME dont le chiffre d'affaires est inférieur à 5 millions de dollars. Pour bénéficier de cette aide, les entreprises doivent se distinguer par leur dynamisme, la qualité de leur gestion, leurs atouts concurrentiels et leur capacité de produire un rendement intéressant.

Lorsqu'elles seront toutes en activité, les dix SRI du Québec pourront mettre à la disposition des PME environ 100 nouveaux millions de dollars sous forme de capital de risque.

Le soutien actif du gouvernement

De son côté, l'État joue un rôle de soutien essentiel dans la capitalisation des entreprises. Depuis la publication du rapport de la commission Saucier, le gouvernement a élaboré des programmes de financement mieux adaptés aux besoins des PME québécoises, tout en consolidant le rôle des organismes publics voués au développement économique du Québec.

Au cours des années 80, Québec a soutenu la capitalisation des PME par des mesures incitatives comme le RÉAQ et le programme d'actions accréditives. Il en a cependant profité pour renforcer son rôle d'intervenant financier en modifiant, en 1987, le mandat de la Société de développement industriel du Québec.

Alors qu'elle se contentait auparavant d'octroyer des subventions, la SDI offre désormais aux entreprises du capital de développement sous forme de prêts participatifs, considéré comme une forme d'équité. Depuis sa mise sur pied en 1987, et jusqu'au terme de l'exercice financier 1991-1992, la SDI a octroyé à des entreprises québécoises plus de 1 000 prêts participatifs pour un total de près de 727 millions de dollars.

Contrairement aux tendances observées dans le domaine des investissements privés de capital de risque, une étude menée en 1991 par la SDI a montré que 70 % des prêts consentis sont inférieurs à 500 000 $. Un chiffre qui cadre parfaitement avec la volonté du gouvernement, dont l'action se veut complémentaire à celle du secteur privé. Notons enfin que la SDI administre diverses mesures de financement à incidence fiscale comme les SPEQ et les programmes de crédits d'impôt à la capitalisation, à la recherche-développement et à la formation.

La capitalisation à la québécoise

En développant le réseau des Sociétés régionales d'investissement, les institutions privées apportent la confirmation que le Québec possède suffisamment de capital pour soutenir le développement de ses entreprises. Cela confirme aussi la capacité du secteur privé de contribuer efficacement au développement économique du Québec.

Ce tour d'horizon des institutions qui soutiennent financièrement des projets d'entreprise met également en relief la notion de partenariat. Le défi que représente la capitalisation des PME, comme tous les autres que doit relever le Québec, exige la mise en commun des ressources des secteurs privé et public.

Cette approche est d'ailleurs en tous points conforme à la nouvelle politique de développement régional mise de l'avant par le gouvernement du Québec en 1991, axée sur la collaboration entre les différents acteurs régionaux.

Dix ans d'initiatives en matière de capitalisation des PME ont aussi mis en lumière la nécessité, pour les entrepreneurs, de modifier leur attitude en ce qui concerne la propriété de leur entreprise. Les notions de partage et de concertation sont à l'ordre du jour. En effet, en dépit du capital disponible, plusieurs petites unités industrielles ne peuvent accéder au statut de « moyenne entreprise » à cause du refus de leurs propriétaires de s'associer à des investisseurs à participation minoritaire.

Bref, les programmes et les mesures destinés à mettre fin au sur-endettement et à la sous-capitalisation des PME sont en place. Le dernier maillon de la chaîne reste l'entrepreneur. Pour relever les défis que lui pose la mondialisation des marchés, il lui faut adopter résolument une nouvelle attitude en s'associant à des partenaires qui disposent des fonds nécessaires à la croissance et à la prospérité de son entreprise.

Un modèle en émergence

Pour relever le défi de la conversion à la production à valeur ajoutée, le Québec a non seulement d'excellents atouts en main, il possède en propre une « personnalité » qui lui facilite la tâche. Une personnalité caractérisée notamment par sa structure industrielle, formée à plus de 95 % de PME. Une personnalité forgée par l'apprentissage parfois douloureux de ce qui constitue un climat de travail propice au développement des travailleurs, des entreprises, de l'économie. À cet égard, Guy Savard, président de la Caisse de dépôt et placements, souligne avec justesse que « le Québec inc. existe parce que nous avons développé l'habitude de la concertation entre syndicats, institutions publiques et entreprises ».

Avoir une personnalité propre signifie également que le Québec, pour devenir concurrentiel, ne peut se contenter d'imiter le modèle japonais, allemand, danois ou italien. Il a bien sûr tout intérêt à s'en inspirer, mais seulement pour mieux définir les outils qui lui permet-tront de créer son propre modèle de compétitivité.

La gestion intégrale de la qualité et la stratégie de développement économique québécoise axée sur les grappes industrielles s'inspirent d'un même principe directeur : canaliser au sein de l'entreprise l'énergie des principaux acteurs vers un objectif commun de développement. C'est la première condition de ce que certains appellent le « nouveau modèle québécois ». Et la majorité des responsables patronaux, syndicaux et gouvernementaux s'entendent sur les principes de ce modèle, fondé sur une profonde réorganisation du travail qui s'articule en grande partie autour d'une gestion renouvelée des ressources humaines.

Deuxième partie

Un capital régional à exploiter

JEANNE MORAZAIN

Alors que la compétitivité de l'entreprise force un retour à de saines valeurs de base, la globalisation de l'économie rend plus que jamais indispensable l'existence de liens solides entre l'industrie et les collectivités locales. L'actuelle régionalisation des structures et des moyens aura une influence déterminante sur le développement industriel global. Les enjeux de cette régionalisation sont fondamentaux pour une économie à valeur ajoutée, car c'est d'abord en région que se concrétisera la stratégie des grappes industrielles et que s'affichera la synergie entrepreneuriale.

Chapitre 4

La région au cœur de l'entreprise

La globalisation de l'économie, quoique stimulante, laisse parfois l'impression inconfortable d'être sans prise sur la réalité. Aussi le besoin d'appartenir à un ensemble à échelle humaine — village, ville, région — s'affirme-t-il comme un contrepoids nécessaire. Encore doit-on assurer le dynamisme et la qualité d'un tel milieu d'appartenance, ce qui passe nécessairement par une décentralisation et une régionalisation des structures et des politiques.

Le processus est engagé, mais il reste beaucoup à faire. Encore aujourd'hui, le territoire québécois compte plusieurs îlots de sous-développement. Dans certaines régions, le nombre de personnes dépendant des programmes de sécurité du revenu atteint des proportions alarmantes. Non seulement cela entraîne-t-il des coûts énormes, mais les disparités régionales compromettent l'efficacité des politiques macro-économiques. Elles nuisent à la conquête des marchés extérieurs tout autant qu'aux efforts de relance interne.

Pour un développement endogène

Nombreux sont ceux et celles qui souhaitent que l'on privilégie le développement économique endogène, soit un développement mis en œuvre par la région et assumé par elle. Au chœur des groupes communautaires se sont joints, par-delà les frontières régionales, les grandes organisations patronales et syndicales, les principaux agents économiques et les ténors de tous les milieux, y compris de la politique.

Dans les régions, on espère que ce branle-bas général permettra de mieux répartir la richesse afin que le Québec tout entier tienne sa place sur l'échiquier mondial. De toute évidence, concertation et régionalisation sont porteurs d'espoirs, tout particulièrement à l'heure de la mondialisation.

Un peu partout dans les pays développés, on observe d'ailleurs une tendance très nette à la concertation et à la régionalisation. Ces deux axes du développement économique, ignorés par la Révolution industrielle, reviennent en force aujourd'hui. L'Europe a donné le signal. L'Amérique a suivi, le Québec étant dans le peloton de tête grâce à sa Révolution tranquille du début des années 60.

Bien sûr, concertation et régionalisation se vivent et se développent différemment d'un pays et d'une région à l'autre. Avant de regarder ce qui se passe au Québec, faisons un rapide survol de quelques pays industrialisés, histoire de relever quelques expériences intéressantes.

Un survol mondial

La prospérité européenne de l'après-guerre a fait ressortir la désuétude industrielle de certaines régions, incapables de suivre le courant. Soucieux de redistribuer la richesse, les gouvernements ont jeté un regard critique sur les économies régionales traditionnelles. Les pressions et les problèmes engendrés par la congestion des villes ont stimulé leurs efforts.

L'objectif suédois du plein-emploi

La Suède sociale-démocrate, où le plein-emploi est un objectif national, a pris certaines mesures parfois draconiennes qui font présentement l'objet de vifs débats au Québec :

- la fusion, forcée si nécessaire, des municipalités ;
- la constitution de capitales régionales ;
- l'installation en région de ministères nationaux ;
- la décentralisation des services aux citoyens et des institutions d'enseignement ;
- la création de fonds de développement régionaux pour canaliser en région les ressources des différentes agences gouvernementales s'intéressant aux PME.

Ces mesures n'ont pas empêché les crises, mais elles ont participé à leur résolution. Prenons le cas d'Uddevalla, petite localité mono-industrielle de l'Ouest de la Suède où un chantier naval a dû cesser ses activités. Deux ans après la fermeture du chantier, la ville avait reconstitué son tissu industriel et retrouvé un niveau d'emploi comparable à la moyenne nationale.

Comment expliquer ce revirement ? David Rolland, dans une étude intitulée *Bâtir le Québec des régions* effectuée pour la CSN, souligne que « les mesures prises à Uddevalla ont tiré leur force d'une concertation poussée entre les agences publiques locales, les gouvernements régionaux, les syndicats et les entreprises financières et manufacturières. Cette concertation a permis de débureaucratiser les interventions et de motiver les acteurs en leur confiant des responsabilités. Les travailleurs du chantier naval se sont d'abord opposés à la fermeture. Mais leur mobilisation et leur coopération ont permis à la plupart d'entre eux de retrouver un emploi à des conditions similaires, surtout au sein de petites entreprises. Lorsque nécessaire, l'agence de l'emploi a pu combler l'écart de salaire entre l'ancien et le nouvel emploi durant un an. »

Les districts industriels italiens

Traversons l'Europe jusqu'en Italie. Historiquement, les PME, les coopératives et les entreprises artisanales, regroupées dans des districts industriels définis localement, jouent un rôle primordial dans l'économie italienne. Ces unités de production sont plus dynamiques que jamais et cela, même dans des secteurs aussi traditionnels que le vêtement et le cuir.

L'Institut italien du commerce extérieur explique ainsi cette réussite, souvent qualifiée de miracle italien : « L'Italie, qui a pendant une certaine période fondé sa croissance sur le dualisme entre la production industrielle de masse et le sous-développement rural, s'est montrée capable, une fois ce modèle dépassé, de susciter une croissance industrielle fondée non pas tant sur les petites entreprises prises individuellement que sur des groupes organisés de PME spécialisées, individuellement capables de réaliser des économies d'échelle dans les procédés de production et collectivement aptes à créer des économies externes d'agrégation.

« Il est important de relever que l'histoire et les traditions communes de ces entreprises peuvent, au moins initialement, constituer justement le moyen de stimuler leur rapprochement et de coordonner leurs efforts, et que le concept de vie en collectivité est aussi valable pour les entreprises que pour les individus. La capacité de créer un lien solide entre la tradition de la vie communautaire et la modernisation de la production a été le facteur le plus important du processus d'industrialisation diffuse en Italie. »

La force des réseaux manufacturiers

Richard Hatch, dans *Flexible Manufacturing Network*, tire la même conclusion. « Il est clair qu'aidées par des associations syndicales dotées d'un personnel compétent et par la décentralisation des centres de services sectoriels, les PME d'Émilie-Romagne ont créé un système de production qui s'appuie sur les forces (réseau et flexibilité) qui sont en train de remodeler l'industrie manufacturière mondiale. [...] Ce qui n'empêche pas les entrepreneurs de ces petites entreprises de se définir, à l'image des entrepreneurs américains, comme des individualistes féroces hautement compétitifs. Et s'ils se disputent une place dans les meilleurs réseaux, c'est que ces réseaux sont profitables. »

L'un de ces réseaux en Italie se nomme CITER. Il regroupe à Carpi 600 entreprises du secteur du tricot auxquelles il fournit des services d'analyse des marchés et des techniques sophistiquées. Ce réseau travaille en étroite collaboration avec des laboratoires gouvernementaux afin d'adapter les technologies de production les plus perfectionnées.

Le Danemark, comme l'Italie, est un pays de PME. On y trouve seulement 22 des 1 000 plus grosses sociétés européennes. La création d'un réseau d'instituts technologiques a permis à ce petit pays de demeurer dans la course. Ces instituts vont chercher au moins 70 % de leurs budgets dans le secteur privé et luttent entre eux pour obtenir contrats et subventions. Leur mandat est d'effectuer les travaux de recherche-développement que les PME ne peuvent se payer.

On trouve un autre exemple de regroupement, en Allemagne cette fois, dans l'État de Bade-Wurtemberg, siège de la Fondation Steinbeis pour le transfert technologique. L'originalité de cette fondation, financée en grande partie par des fonds privés, réside dans le fait qu'elle favorise, par des subventions pouvant atteindre 100 000 $, la création de bureaux de consultants qui, ensuite, continuent d'offrir de façon autonome des services aux entreprises.

Les leçons des expériences européennes

Les expériences européennes ont plusieurs points en commun que relève le conseiller en développement Richard Hatch :

- Elles favorisent d'abord un développement endogène et visent à accroître la compétence des firmes existantes.
- Toutes les régions peuvent compter sur des entreprises rentables, qu'on vise en l'occurrence à rendre performantes.
- Le développement est orienté vers les marchés et s'appuie sur une bonne connaissance de leur évolution mondiale.
- La planification part des industries elles-mêmes, les syndicats sont engagés dans le processus dès le début et les gouvernements ont surtout un rôle de facilitateur.

■ On renforce les regroupements à caractère sectoriel en offrant des services publics à plusieurs firmes en même temps, ce qui permet de faire davantage avec les mêmes fonds.

■ Les divers agents économiques – gens d'affaires, syndicalistes, fonctionnaires de tous les échelons – ont su s'adapter aux nouvelles règles de l'économie mondiale.

La régionalisation nord-américaine

Comme l'Europe, l'Amérique du Nord est en voie de régionaliser son développement économique et d'apprivoiser la concertation. Aux États-Unis, les cas de la Naugatuck Valley au Connecticut, et de la Merrimack Valley au Massachusetts, sont souvent cités. Au Canada, la Société de développement Kitsake (SDK) à La Ronge, en Saskatchewan, sert d'exemple au Conseil économique du Canada. La SDK a investi dans des entreprises rentables en vue d'accroître localement l'emploi. Elle est parvenue notamment à transformer un fumoir désaffecté en entreprise productive, et exploitait en 1990 sept entreprises employant 92 personnes.

Le Conseil économique du Canada, dans un rapport-synthèse intitulé *La relance locale, Pour une approche communautaire du développement économique*, affirme que de plus en plus de gens croient en la nécessité de nouveaux mécanismes et en l'efficacité des initiatives communautaires pour corriger les situations de sous-développement. Mais, prévient-il, pour que les petites communautés puissent réaliser tout leur potentiel économique, il faudra surmonter des handicaps tels que le manque d'information, la pénurie de services de base, l'accès insuffisant au capital et un taux de chômage élevé, parce qu'il « entraîne une érosion des compétences et de l'entrepreneurship, provoque l'exode des jeunes ayant effectué des études plus avancées et peut causer une dégradation des équipements sociaux ».

Enfin, conclut le Conseil, « les formules de développement local ne créent pas de magie économique car l'amélioration est fonction du potentiel ; ensuite, la stratégie de développement communautaire devrait essentiellement viser à laisser jouer le marché. Toutefois, les objectifs sociaux ne doivent pas être abandonnés ou relégués au second plan pour autant, car il peut être plus efficace de les poursuivre en favorisant la croissance de l'économie. »

Le cheminement du Québec

L'évolution du Québec au cours des 30 dernières années emprunte un tracé parallèle à celui de l'Europe. Les premières initiatives de développement régional s'inspirent des objectifs nobles de la Révolution tranquille : accessibilité, démocratisation, équité. Elles ont pour but de répartir plus équitablement la richesse collective. L'État québécois construit des infrastructures et assure la mise en place, dans toutes les régions, de services publics comparables, notamment dans les domaines de la santé et de l'éducation. Il soutient l'implantation de grandes entreprises créatrices d'emploi dans les milieux en difficulté.

Quinze ans de planification par le haut

L'Office de planification et de développement du Québec (OPDQ), créé en 1967, est chargé de planifier et de coordonner les actions, d'administrer les programmes. Il reçoit également le mandat de consulter la population et les responsables des ministères en région : la première par l'intermédiaire de Conseils régionaux de développement (CRD) ; les seconds par le biais d'une Conférence administrative régionale (CAR). Entre 1968 et 1974, six missions de planification régionale préparent des plans de développement. L'impulsion vient d'en haut. Le pouvoir, l'expertise et les ressources sont concentrés à Québec ou à Ottawa, qui s'est doté d'un ministère de l'Expansion économique régionale (MEER) en 1969.

Le rôle central de l'OPDQ

L'Office de planification et de développement du Québec a souvent servi de catalyseur de l'évolution au cours des 30 dernières années. Il défendait une vision large du développement, ce qu'on lui a d'ailleurs reproché, l'accusant d'aller dans toutes les directions sans planification cohérente. L'OPDQ a néanmoins contribué à la prise de conscience des populations des régions par son appui aux interventions socio-communautaires et sa contribution à la mise en place de lieux de concertation, dont les fameux sommets. Gilbert L'Heureux, actuel et dernier président de l'OPDQ, résume ainsi les 25 ans d'action sur le terrain de l'organisme.

« L'OPDQ a toujours travaillé en complémentarité. Il s'est associé aux forces du milieu, a partagé les risques que certains ministères ou institutions n'étaient pas prêts à courir, a servi d'intermédiaire pour faire avancer de nombreux dossiers. Il lui est arrivé de suppléer à l'absence de programmes gouvernementaux. Nous avons souvent donné le dernier coup de pouce, celui qui manquait pour qu'une initiative locale puisse démarrer. Notre vision ne relevait pas d'un économisme pur et dur. Notre rôle était de créer un environnement propice à la venue des moteurs de l'économie en favorisant notamment l'émergence de pôles régionaux socialement et culturellement attrayants, offrant une réelle qualité de vie. L'impact de nos actions sur les mentalités a également été important. Nous avons réuni les acteurs du développement, leur avons appris la concertation, les avons amenés à jouer une pièce plus cohérente, à capitaliser sur les ressources de leur milieu, à devenir des décideurs. À cet égard, les 25 ans de l'OPDQ sur le terrain représentent, à mon avis, une étape essentielle. »

Au cours des années 70, les gouvernements intègrent politique régionale et politique industrielle. Ils s'inspirent de la théorie des pôles moteurs qui veut que le dynamisme des régions en croissance s'étende graduellement aux régions proches, puis aux régions plus éloignées ou périphériques. Québec et Ottawa signent des ententes sectorielles de développement en vue de renforcer l'ensemble de l'économie. Les premiers grands sommets socio-économiques sont donc nationaux et sectoriels. Parallèlement, dans les villages isolés et les quartiers défavorisés des villes, les forces communautaires se manifestent.

Ces voix venant du milieu de vie défendent une vision élargie du développement régional qui recherche l'amélioration non seulement des conditions économiques, mais également sociales, éducatives, culturelles et politiques. Le gouvernement du Québec réagit favorablement à ce dynamisme communautaire. Il finance des initiatives locales et favorise la création d'organismes régionaux de consultation et de concertation dans plusieurs secteurs : développement, culture, loisirs, tourisme, environnement, etc. C'est l'âge d'or de l'État-providence. Le territoire québécois est découpé en communautés urbaines et en municipalités régionales de comté (MRC), lesquelles reçoivent le mandat d'élaborer le schéma d'aménagement de leur territoire.

Les débuts de la décentralisation

En 1983, le gouvernement québécois annonce qu'il mise désormais sur la volonté des populations régionales de participer à leur propre développement. Il se propose de modifier en conséquence ses programmes et ses actions. Les sommets socio-économiques deviennent régionaux. Il y en aura cinq entre 1983 et 1988, année où Québec lance un nouveau Plan d'action qui « module les politiques et les programmes » en fonction des avantages comparatifs et des besoins distincts des régions périphériques, centrales ou métropolitaines. Ce plan d'action entend promouvoir l'initiative individuelle et l'entrepreneurship, améliorer les conditions d'éclosion et de développement d'entreprises novatrices dans les différentes régions, poursuivre et renforcer le partenariat entre le gouvernement et les régions.

On parle de plus en plus de développement endogène. La concertation est à l'honneur. L'État se définit comme un partenaire et un agent mobilisateur. Il multiplie les mesures fiscales incitatives et demande aux agents économiques locaux de partager la mise. Ceux-ci se disent prêts à s'engager sur cette voie avec l'appui de populations locales de plus en plus enracinées dans leur coin de pays et de plus en plus convaincues qu'« on n'est jamais si bien servi que par soi-même ».

Et maintenant, après vingt-cinq ans d'évolution sur le chemin du développement régional, nous voici avec une nouvelle politique où l'État devient accompagnateur. On trouvera dans le chapitre suivant une analyse de ce nouveau modèle proposé par le gouvernement du Québec.

Des disparités régionales tenaces

De la Révolution tranquille à aujourd'hui, les politiques de développement régional se sont succédé, le rôle de l'État a évolué. Un fait demeure : en dépit des efforts de l'OPDQ, du désir des populations de se prendre en main et du discours politique, les disparités régionales n'ont pas disparu. Le Conseil des affaires sociales, dans son rapport sur le développement publié en 1989, parle de « deux Québec dans un » et d'une « société à deux vitesses » marquée par une classe grandissante d'exclus de la croissance.

La mobilisation pour éviter la désintégration

Les deux régions qui étaient les plus pauvres il y a 25 ans le restent toujours. Pire, leur situation s'est détériorée. À 20 ans d'intervalle, la région Gaspésie–Îles-de-la-Madeleine et le Bas-Saint-Laurent font face à la même menace de désintégration. Les populations se mobilisent de nouveau. Hugues Dionne, de l'Université du Québec à Rimouski, raconte :

« Le 10 juin 1990, plus de mille personnes réunies à la cathédrale de Rimouski forment la Coalition urgence rurale et constatent la nécessité d'avoir une véritable politique de développement comme soutien des projets locaux à entreprendre. [...] En Gaspésie, un mouvement similaire s'élabore rapidement et organise le Ralliement gaspésien et madelinot auquel participent plus de 8 000 personnes au printemps 1991 à Chandler. [...] La Coalition urgence rurale et le Ralliement gaspésien et madelinot s'insèrent dans la suite logique des Opérations Dignité amorcées au début des années 70 et qui exprimaient la résistance du Haut-Pays de l'Est du Québec à une volonté explicite de fermeture des paroisses. »

L'évêque de Gaspé, Bertrand Blanchet, lance un appel dans toute la péninsule : « Qui d'autre que nous pourrait prendre les commandes de notre développement ? Nous avons sans doute trop attendu des gouvernements. À nous de voir ce que signifie un développement durable pour la Gaspésie. À nous de nous y engager. Si nous ne nous mêlons pas de nos affaires, inutile d'attendre que les autres le fassent pour nous. » Et le Ralliement gaspésien et madelinot reprend en écho : « Nous en avons assez du pillage de nos ressources. Nous mettons un frein à l'exportation de nos emplois avec nos produits bruts. »

Indice de performance des régions du Québec

Régions	Emploi	Revenu	Qualité	Équité du travail	Qualité de vie	Total
Bas-Saint-Laurent/ Gaspésie	-4,11	-6,74	-1,20	1,18	-1,34	-12,21
Saguenay/ Lac-Saint-Jean	0,77	-4,22	0,25	-0,24	-5,22	-8,66
Québec	0,39	0,55	-1,41	1,06	0,10	0,80
Mauricie/Bois-Francs	0,31	-3,54	-0,80	0,03	-0,19	-3,99
Estrie	1,19	-2,25	-3,07	0,34	-1,23	-5,02
Montréal	-0,04	1,68	0,76	-0,88	0,58	2,20
Outaouais	1,45	0,25	2,23	0,54	1,47	5,44
Abitibi/ Témiscamingue	3,33	-1,28	-2,52	0,10	-2,22	-2,59
Côte-Nord/ Nouveau-Québec	-0,89	-4,56	-0,05	-1,91	-2,84	-10,35
Moyenne du Québec	0,00	0,00	0,00	0,00	0,00	0,00

Source: F. Lamontagne et C. Tremblay, *Indice de développement: une comparaison des régions du Québec*, Conseil économique du Canada.

L'économiste Diane Gabrielle-Tremblay, dans son livre *Économie du Québec et de ses régions*, reprend ce thème d'un Québec « cassé en deux » et constate que « non seulement les actions entreprises n'ont pas réglé le problème, mais elles n'ont pu empêcher celui-ci de s'aggraver. [...] Certains bilans récents laissent songeurs. Ce sont les régions en expansion qui ont reçu le plus d'aide et de subventions, et les régions en déclin qui en ont reçu le moins. » Le Conseil économique du Canada conclut dans le même sens : « L'État a eu beau intervenir pendant des décennies, l'inégalité des chances a tendance non seulement à perdurer, mais souvent à s'aggraver. »

Les leçons du passé

Les analystes de l'économie ont mis en lumière les facteurs convergents qui permettent de réduire les disparités régionales et de créer de la richesse en région. Ces facteurs se résument à quelques mots : diversification, souplesse, décentralisation.

Les régions progressives se caractérisent par la diversité de leur tissu industriel, composé d'entreprises de toutes tailles et de divers secteurs. Au contraire, les régions en déclin présentent toutes les mêmes caractéristiques : spécialisation dans quelques activités économiques, sinon une seule, absence de transformation des ressources naturelles et faible diversification de l'activité économique.

L'impact de la grande entreprise

Le préjugé favorable des gouvernements à l'égard de la grande entreprise a joué contre le développement des régions, croit Jean Matuszewski, premier directeur chez Price Waterhouse, qui évoque les « cheminées éternelles comme l'enfer » que chante Richard Desjardins pour souligner les aspects négatifs de la présence dominante d'une grande entreprise dans une ville ou une région.

« Une trop grande disproportion entre les acteurs économiques provoque des tensions. La grande entreprise crée une inflation des salaires et des conditions de travail nuisibles aux petites et moyennes entreprises qui gravitent autour d'elle et sont incapables d'offrir des conditions similaires. Sa présence a également un effet démobilisateur. Les jeunes de la région n'ont qu'un seul rêve : travailler pour "la" compagnie, se marier, élever une petite famille, s'acheter une maison, un chalet, une motoneige, aller en Floride l'hiver. Endettés à vie, il ne seront jamais des entrepreneurs ! »

La nécessaire diversification

La diversification de l'activité économique est donc essentielle. Mais elle doit également toucher le secteur des services. Diane Gabrielle-Tremblay observe que le déclin des zones périphériques est accentué par la tertiarisation de l'économie : « C'est dans les centres urbains que se développent les activités de service. Cela est particulièrement vrai des services aux entreprises parfois appelés services dynamiques ou tertiaires moteurs [...] L'expansion des services publics de santé et d'éducation, de même que des services administratifs généraux des gouvernements, a contribué au renforcement de la tendance [...] en drainant les ressources vers les centres régionaux où étaient établis de tels services. »

La centralisation des services gouvernementaux a « désoutillé les régions », affirme pour sa part le Conseil des affaires sociales du Québec. Les exemples récents de Saint-Clément, près de Rimouski, et d'Amos, en Abitibi-Témiscamingue, où des communautés entières se sont opposées au transfert de services gouvernementaux montre l'importance de ces services pour les économies locales.

L'obligatoire souplesse

La diversité doit par ailleurs s'accompagner de souplesse. L'uniformisation des lois et des règlements provoque la fermeture de nombreuses entreprises dans de petites localités, et une vision trop centralisée a des effets pervers que note le Conseil supérieur de l'Éducation dans un rapport intitulée *Le développement socio-économique régional: un choix à raffermir en éducation.* « Elle conduit à déresponsabiliser des milieux, à freiner des initiatives locales, à décourager des personnes et des groupes engagés dans le développement de leur milieu. Elle encourage une mentalité selon laquelle la solution des problèmes doit venir de l'État ou de l'extérieur. »

Diversification et souplesse permettront de créer de la richesse dans les régions. « Il ne peut y avoir de développement régional sans création de richesse », souligne Jean Matuszewski. Comment engendre-t-on cette richesse ? « En vendant ses produits à l'extérieur et en ramenant l'argent dans la région. Les gens de la Beauce, sans doute protégés par l'absence de grands employeurs de l'extérieur, l'ont compris. Ils font corps ensemble pour créer de la richesse, quitte à se battre ensuite entre eux pour la distribuer. »

La volonté de faire autrement

Le développement « par le haut », c'est-à-dire fondé sur les grands centres, soutenu par les grandes entreprises et planifié par les gouvernements centraux n'est pas un gage de développement régional, loin de là. C'est pourquoi les populations des régions ont décidé de se prendre en main et de ne pas attendre de l'État qu'il règle tous leurs problèmes. Cette volonté n'a rien d'utopique puisque le développement « par le bas », celui qui s'appuie sur le dynamisme des populations locales, est à l'origine d'entreprises performantes et durables. Plusieurs expériences en témoignent sur le terrain.

■ **La Guadeloupe** — Au cours de l'été 1988, Robert Poulin, courtier en assurances, réunit quelques amis. Ensemble, ils réfléchissent aux moyens de soutenir l'économie de leur petite ville, La Guadeloupe, à une trentaine de kilomètres de Thedford-Mines. On décide de lancer une SPEQ (Société de placement dans l'entreprise québécoise), le Fonds industriel de La Guadeloupe, et de créer la Société de développement industriel de La Guadeloupe. En deux jours, 50 résidents acceptent d'investir 2 000 $ chacun dans le Fonds industriel, tandis que la Société de développement convainc la municipalité et la caisse populaire de débloquer respectivement 150 000 $ et 200 000 $ pour la création d'un parc industriel et l'établissement d'un incubateur d'entreprises. Le parc industriel de La Guadeloupe compte aujourd'hui trois locataires et la SPEQ a jusqu'ici financé sept entreprises, dont cinq sont toujours en exploitation. Au total, une quarantaine d'emplois manufacturiers ont été créés. Quant à Robert Poulin, il est devenu industriel. Avec trois associés, il a fondé Enviro-fibre, une entreprise qui fabrique des produits en plastique, dont les cloches vertes servant à la récupération à Montréal et dans d'autres municipalités. Enviro-Fibre emploie 15 personnes. Une percée sur le marché de l'exportation et la commercialisation de nouveaux produits pourraient faire grimper ce chiffre. « Je joue moins au golf c'est sûr, reconnaît Robert Poulin. À la gestion de mon entreprise s'ajoutent les réunions que nous tenons entre industriels. Nous élaborons des projets communs. Il y a eu une mission commerciale à Atlanta et l'embauche conjointe, par six entreprises, d'un ingénieur à temps plein afin de mettre en place des programmes de contrôle de la qualité. »

■ **Saint-Éphrem-de-Beauce** — Non loin de La Guadeloupe, à Saint-Éphrem-de-Beauce, René Grenier a lui aussi contracté un mariage heureux avec la population locale. Ce mariage, jusqu'à maintenant, a engendré 157 emplois, grâce au développement de nouveaux produits et à la conquête de nouveaux marchés. Le démarrage de l'entreprise, René Matériaux composites, tient du conte de fée. René Grenier raconte :

« J'avais entendu dire que la municipalité investissait dans des entreprises qui n'entraient pas en concurrence avec celles déjà établies. Je n'avais aucune expérience comme industriel. Je me présente devant le Comité le mardi, avec pour tout bagage une étude de faisabilité et des formulaires de subvention. Le Comité me dit d'oublier le gouvernement. Deux jours plus tard, 50 000 $ étaient déposés dans un compte à la caisse populaire. Il ne me restait plus qu'à faire mes preuves afin de ne pas décevoir les gens d'affaires, les personnes âgées et les particuliers qui me faisaient confiance. »

Le comité dont parle René Grenier est composé des deux conseils municipaux (village et paroisse) et de quelques personnalités locales. Il a été créé à la suite du départ de la principale usine de Saint-Éphrem, au milieu des années 70. Son bilan est impressionnant : une douzaine d'entreprises se sont installées à Saint-Éphrem et près de 500 emplois ont été créés. Quant à lui, René Grenier a remboursé ses dettes et contribue à son tour à l'implantation d'autres entreprises. « J'ai reçu plus que de l'argent à Saint-Éphrem, rappelle-t-il. J'ai profité de l'aide technique des membres du Comité de développement et des conférenciers que ce dernier invite à des dîners mensuels. Comme je n'avais pas d'expérience, cette aide m'a été précieuse. »

■ **Rivière-Éternité** — Rendons-nous au Saguenay—Lac-Saint-Jean, plus précisément à Rivière-Éternité. Lorsque le syndicat coopératif forestier met un terme à ses opérations en 1972, le village de 642 habitants est menacé de fermeture. Pourtant la municipalité a des atouts majeurs : 350 lacs entourés de montagnes, une baie sur le Saguenay formée par les caps Trinité et Éternité. Le développement touristique semble une avenue prometteuse que les gens de Rivière-Éternité vont emprunter. Aujourd'hui, des milliers de touristes montent au sommet du cap Éternité devenu parc provincial, empruntent les sentiers pédestres qui ont été aménagés, louent des chalets, des emplacements de camping, des équipements, etc. Depuis cinq ans, une exposition de crèches de Noël va de succès en succès. Celle de Noël 1991 a attiré 8 800 visiteurs. La Société de développement touristique de Rivière-Éternité compte 4 employés à temps plein, 18 permanents la majeure partie de l'année et 15 employés occasionnels, en plus des emplois directs imputables à l'affluence touristique.

■ **Chicoutimi** — Remontons le Saguenay jusqu'à Chicoutimi où s'est implantée la Société des technologies de l'aluminium du Saguenay (STAS), l'un des fleurons de l'entrepreneurship local et québécois. Pierre Bouchard raconte la naissance de l'entreprise qu'il dirige. « En 1982, j'ai été appelé en tant qu'ingénieur-conseil à participer à une table de concertation sur le virage technologique, préparatoire au Sommet économique régional prévu pour 1984. C'est là qu'est sortie l'idée de fabriquer chez nous certains des appareils et équipements qu'utilisaient les alumineries d'Alcan à travers le monde, à partir des techniques mises au point au centre de recherche d'Arvida. Le projet a été présenté au Sommet et retenu. Il a débouché, en 1986, sur la fondation de STAS qui commercialise les technologies de l'aluminium. »

Aujourd'hui STAS vend ses équipements à travers le monde et fournit, directement ou indirectement, du travail à environ 150 personnes. Le même sommet socio-économique avait appuyé la création d'un institut de recherche sur l'aluminium. Ce projet, pour lequel le gouvernement est prêt à investir 2,7 millions de dollars, est sur le point de se concrétiser sous le nom de CQRDA.

La coopération prend la relève

La formule coopérative est à l'origine de plusieurs succès remarquables. Sacré-Coeur, sur la Côte-Nord, doit sa prospérité à son usine de sciage. Boisaco est la propriété de deux coopératives, COFOR et UNISACO, qui regroupent respectivement les travailleurs forestiers et les travailleurs de l'usine, ainsi que d'une SPEQ, INVESTRA, qui canalise les contributions financières de la collectivité. « Cette formule, explique le p.-d.g. de Boisaco et président d'INVESTRA, Guy Deschênes, fait notre force et notre efficacité. L'engagement de tout le milieu crée une dynamique d'échanges et de dialogue, une solidarité. C'est le principal facteur de notre réussite même si les structures, les politiques, la gestion saine et serrée que nous nous sommes donnés ont aussi joué un rôle. »

Les résultats sont là. Malgré la récession, Boisaco a poursuivi sa croissance. Son chiffre d'affaires est passé de 20 millions de dollars en 1990 à 30 millions au premier trimestre de 1993. L'usine emploie aujourd'hui 575 personnes, une soixantaine de plus qu'il y a deux ans, et la durée des emplois s'est accrue : 42 semaines par année pour les 180 travailleurs de l'usine et 35 pour les 300 travailleurs forestiers. Cette excellente performance a permis à Boisaco et à INVESTRA de préserver les 29 emplois de Tulinor, un fabricant de tuiles de granit qui est en voie de développer de nouveaux marchés aux États-Unis, en Europe et au Japon.

« Maintenant que le plein-emploi est atteint localement, conclut Guy Deschênes, nous entendons assumer notre responsabilité régionale en recourant à la même recette : les gens du milieu prennent des risques et participent de façon responsable à la gestion. Notre expérience démontre que des laissés-pour-compte — ce que nous étions il n'y a pas si longtemps — peuvent trouver les moyens de se développer. » Financée par Boisaco et des investisseurs de toute la région, la construction de la Scierie Haute-Côte-Nord débute ce printemps à Forestville. Emplois prévus : entre 125 et 150.

Autre aventure coopérative, celle des Serres de Guyenne à qui ce petit village du Témiscamingue doit sa survie et sa célébrité. Après 12 ans d'existence, l'entreprise vient de traverser une crise majeure. On a remplacé le directeur général, coupé des postes afin de réduire du cinquième la masse salariale, réalisé des gains de productivité et négocié un plan de refinancement en vertu duquel chaque membre s'est engagé à ajouter 1 500 $ à sa part initiale de 5 000 $. Ce redressement s'est effectué sans que la structure coopérative ne soit remise en question, du moins de l'intérieur. En outre, les activités de recherche-développement n'ont pas été touchées. L'intérêt des mesures fiscales incitatives, de même que les retombées commerciales croissantes des investissements antérieurs, expliquent ce choix des travailleurs-actionnaires. En plus de la tomate et du pin gris, les Serres de Guyenne se sont lancées dans la production commerciale in vitro de plants de fraisiers. Ces plants, exempts de virus et certifiés de qualité supérieure, sont vendus aux reproducteurs. Des plans de bleuets devraient suivre bientôt. Cette expertise de la culture in vitro, développée en partenariat avec l'Institut de recherche en biologie végétale de l'Université de Montréal, ouvre aux Serres de Guyenne d'excellentes perspectives sur le marché américain et, éventuellement, sur le marché mondial.

L'entrepreneurship régional

L'avenir des régions repose sur l'entrepreneurship local. « Sans entrepreneurship local, les emplois que ne crée plus la grande entreprise et ceux perdus par la récession ne seront pas remplacés », soutient Paul A. Fortin, président de la Fondation québécoise de l'entrepreneurship. Les régions doivent donc miser sur la PME, qui a été et demeure créatrice d'emplois.

En fait, c'est elle qui en crée le plus. Pierre-André Julien, de l'Université du Québec à Trois-Rivières, a aussi observé que les PME des régions ont mieux traversé les crises récentes que les grandes entreprises et qu'elles servent souvent de base à la restructuration industrielle des régions. Pour ce chercheur, « le développement des régions passe par la compétitivité de leurs PME et par le réseau d'échanges de services et d'information en place. »

L'alliance avec la grande entreprise

Cela ne veut pas dire qu'il faut tourner le dos à la grande entreprise. En fait sa présence peut être stimulante pour les PME locales, comme le dit Louis Tanguay, président de Bell Québec : « La grande entreprise représente d'abord et avant tout un marché potentiellement fort intéressant pour les entreprises locales et en particulier pour les petites entreprises innovatrices dans des secteurs à haute technologie. [...]

« Au-delà de l'importance relative d'un tel marché, poursuit-il, et de ses avantages matériels, les petites entreprises trouveront dans une pratique de maillage, activement soutenue par la grande entreprise, des bénéfices peut-être encore plus substantiels, à court et à long terme. Il n'y a qu'à penser aux échanges d'expertise et même à certains transferts technologiques. Mais il y a un "mais"... La grande entreprise ne fait pas œuvre de charité. Soumise aux impératifs de la concurrence, elle doit à son tour imposer les mêmes exigences à chacun de ses fournisseurs, aussi "petits" et aussi "locaux" soient-ils. »

Le virage technologique

Les PME, particulièrement celles qui ont conclu des alliances avec de grandes entreprises, les PME n'ont pas le choix : elles doivent apprivoiser la technologie, qui constitue désormais le nerf de la guerre. Un document de réflexion publié par l'Université de Sherbrooke à l'intention des participants au colloque « Le développement technologique du Québec et le développement des régions du Québec » le dit d'ailleurs clairement. « L'introduction des technologies nouvelles dans les entreprises régionales est nécessaire pour consolider et améliorer leur position, tant sur le marché régional que sur les marchés extérieurs [...]

« Pour permettre à nos entreprises de demeurer compétitives face aux entreprises localisées dans des pays où les salaires sont plus faibles, et de tirer profit rapidement des changements dans les modèles de consommation, ces technologies nouvelles doivent à la fois diminuer le coût de production, améliorer la qualité des produits et augmenter la flexibilité des entreprises dans le choix de leur gamme de produits. »

À cette stratégie de diffusion des technologies nouvelles, poursuit le document de l'Université de Sherbrooke, doit s'ajouter un effort de création technologique, de façon à multiplier les effets positifs de la technologie sur l'emploi et le développement régional. « Ce n'est qu'en participant à la création d'activités nouvelles dans les secteurs d'avenir que les régions pourront générer de nouveaux emplois qualifiés et bien rémunérés. »

La région est appelée à jouer un rôle de premier plan pour soutenir l'innovation. Le dynamisme et l'ouverture du milieu, la formation des dirigeants d'entreprise et de la main-d'œuvre, la disponibilité de l'information technologique et des services techniques, sont des facteurs clés qui engendrent une synergie locale. « Ce n'est pas uniquement l'entreprise, mais tout un milieu qui innove. »

Une stratégie pour revitaliser l'arrière-pays

La Coalition Urgence rurale du Bas-Saint-Laurent a défini une politique de développement pour se réapproprier son territoire. Cette politique prévoit le maintien, voire l'amélioration, des services publics et parapublics. Elle insiste sur la nécessité de créer des emplois valorisants, stables et rémunérés équitablement. La mise en place et la consolidation d'entreprises et de projets locaux seront encouragées par un soutien aux entrepreneurs et l'institution de formules novatrices de financement, susceptibles de canaliser les capitaux locaux. Cette politique fait de l'exploitation rationnelle et polyvalente des ressources, dans une optique de développement durable, un principe incontournable.

L'approche de la Coalition n'a rien à voir avec une quelconque nostalgie du passé, bien au contraire. Outre la diversification de la production et le contrôle de l'utilisation du sol, elle propose « des actions visant la deuxième et troisième transformation, de façon à aller chercher une valeur ajoutée sur les produits. Les actions proposées sont très concrètes et comprennent la mise en place, pour une période de cinq ans, d'une équipe spécialisée en marketing pour la recherche de nouveaux produits et marchés ; le maintien d'échanges d'information entre cette équipe, les agents de développement et les entrepreneurs des territoires des MRC du Bas-Saint-Laurent ; l'utilisation du fonds régional de capital de risque [...] pour financer cette recherche ; la mise en œuvre de programmes de recherche adaptés à la petite entreprise, afin de développer de nouveaux produits et marchés et de faire de l'adaptation technologique. »

Le dynamisme du milieu

L'entrepreneurship local ou régional et l'innovation technologique s'appuient sur le dynamisme du milieu et sur la synergie qui naît de la concertation, laquelle permet de dégager le potentiel d'une région. Ici, il s'agira d'une main-d'œuvre motivée, qualifiée ou prête à le devenir ; là, de la possibilité de profiter d'un transfert technologique ; ailleurs, de l'accès à de nouveaux marchés.

La concertation permet également d'identifier les lacunes : rareté du capital, coûts de production non concurrentiels, nécessité d'investir dans la recherche-développement pour mettre au point de nouveaux produits ou diversifier les activités.

Une fois le diagnostic posé, il est possible de s'entendre sur un plan d'action ayant pour objectif de garder dans la communauté les emplois et les profits et d'utiliser localement ou régionalement la valeur ajoutée.

La concertation et la mobilisation

La concertation peut servir de moyen d'action et de pression pour éliminer les obstacles au développement endogène. Ces obstacles sont connus et de plus en plus dénoncés :

- centralisation paralysante ;
- règles nationales qui tuent des projets viables en région ;
- multiplication des structures, des programmes, des intervenants ;
- chevauchements coûteux ;
- cloisonnement improductif de l'activité des agents de développement économique qui se livrent sur le terrain à une concurrence souvent effrénée ;
- esprit de clocher et petites guerres politiques ;
- enfin, démobilisation suscitée par le chômage chronique et la dépendance à l'égard des programmes gouvernementaux.

Pour que la concertation s'organise, il faut des leaders. Ces derniers apparaissent souvent lorsqu'une communauté connaît des difficultés majeures, lesquelles obligent les gens à se parler, à faire circuler l'information. La nécessité est mère de la mobilisation !

Vers des objectifs communs

Concertation et mobilisation modifient la dynamique des rapports entre les groupes d'une localité ou d'une région. Cela ne signifie pas la fin des conflits. Les divers acteurs n'ont parfois ni les mêmes intentions, ni les mêmes intérêts. Les partenariats se bâtissent sur des compromis, rarement sur des consensus. Les visions demeurent souvent fondamentalement opposées. Néanmoins, il est possible de signer de nouveaux contrats sociaux « si l'on s'entend sur des objectifs communs sans tenter au préalable de réconcilier les visions de tout le monde », affirme Jean Matuszewski. Une telle approche pragmatique, utilisée sur une large échelle, facilite la négociation et ouvre la voie à l'action.

Le succès appelle le succès, affirme le dicton. Cela se vérifie dans les collectivités où les premières réussites sont sources de fierté, réveillent le sentiment d'appartenance et donnent l'impression d'avoir une certaine prise sur la réalité. Le désir de maîtriser son développement se raffermit, suscite d'autres projets. Le mouvement est enclenché. La roue se met à tourner de plus en plus rapidement. Petit à petit, se nourrissant de leur propre dynamisme, les régions deviennent maîtresses de leur développement.

Chapitre 5

La régionalisation
des structures et des moyens

Les régions veulent devenir maîtresses de leur développement et veulent avoir les moyens de l'assumer. De toutes parts, et parfois à grands cris, on réclame une décentralisation administrative, une régionalisation des interventions et un partage clair des compétences et des moyens entre les ordres de gouvernement. On a rarement entendu un chœur aussi large, réunissant des voix nationales et régionales, des voix naturellement alliées aussi bien que traditionnellement opposées. Les audiences de la Commission Bélanger-Campeau, tout comme les États généraux du monde rural en 1991, ont fait ressortir l'exceptionnelle cohésion de la société québécoise en faveur d'un Québec bâti sur le dynamisme conjugué de ses villes et de ses régions.

Après un vaste processus de consultation qui a abouti au rapport Bernier, le gouvernement québécois a institué une nouvelle politique de développement régional. « La gageure que fait le gouvernement en remplaçant l'OPDQ par le SAR, est que les régions sont prêtes à assumer leur développement puisqu'elles le demandent », commente Gilbert L'Heureux, dernier p.-d.g. de l'OPDQ, dont le mandat se termine le 31 mars. Entrée en vigueur le 1er avril 1992, cette nouvelle politique retient la subdivision du Québec en 16 régions administratives regroupant de cinq à sept MRC.

Développer les régions

La réforme, mise de l'avant par le ministre délégué aux Affaires régionales, pose comme principe que l'État doit soutenir le dynamisme des régions, non s'y substituer. L'État-entrepreneur, l'État-providence, l'État-partenaire ont cédé le pas à l'État-accompagnateur. La réforme fait du développement économique le premier objectif du développement régional. Les régions sont invitées à définir elles-mêmes leurs priorités, les ministères et organismes gouvernementaux devant coordonner leur action dans le sens de ces priorités. La réforme structure la concertation entre l'environnement local et l'appareil gouvernemental. Entre ces deux axes, politique et administratif, des liens permanents doivent se nouer.

Des régions, mais lesquelles ?

Mais de quelles régions parlons-nous ? La définition varie selon les interlocuteurs. Il y a les 9 districts de la Sûreté du Québec, les 11 commissions de formation professionnelle (CFP), les 12 régions agricoles, les 16 régions administratives, les 16 Régies régionales de la santé et des services sociaux, les 17 commissions scolaires régionales, les 19 régions touristiques, les 36 districts juridiques, les 96 municipalités régionales de comté (MRC), les quelque 1 477 municipalités. Et la liste est loin d'être complète ! Rappelons que les CFP seront appelées, au cours du printemps, à devenir des Sociétés régionales de main-d'œuvre. Combien y en aura-t-il ? La Loi laisse toute latitude au gouvernement à cet égard.

Cette situation crée la confusion et la dispersion, mais aussi des problèmes d'appartenance et de vitalité. Dans son rapport intitulé *Un Québec solidaire*, le Conseil des affaires sociales souligne que ces multiples divisions territoriales ont des conséquences « sur la cohésion sociale et sur le dynamisme des populations locales ». Pour Jean Matuszewski, premier directeur chez Price Waterhouse, c'est tout simplement « jouer avec le feu que de retenir des tracés qui ne correspondent pas aux régions d'appartenance. Le sentiment d'appartenance est quelque chose d'intangible et de fragile qu'un rien peut encourager ou étouffer. »

Le premier lieu d'appartenance est la municipalité. L'esprit de clocher y est parfois vif, ce qui rend difficile la délégation de responsabilités et de pouvoirs à un palier sous-régional ou régional. Dans le Québec rural, on trouve encore des petites villes et des villages enclavés, complètement encerclés par la paroisse ou le canton. La réforme de la fiscalité municipale pourrait forcer plusieurs de ces municipalités à fusionner afin d'être en mesure d'assumer les responsabilités dont elles ont hérité.

Des racines historiques communes sont parfois à l'origine d'un sentiment d'appartenance que les découpages administratifs ne respectent pas. Ainsi, la partie ouest des Cantons de l'Est — Granby, Bromont, Cowansville, Lac-Brome — a été intégrée à la Montérégie, excepté en matière de tourisme où elle demeure rattachée à l'Estrie. La Montérégie elle-même, avec ses 15 MRC qui s'étalent de Rigaud à Granby en passant par les zones denses de la Rive-Sud en face de Montréal, représente pour plusieurs une aberration. Et quand on évoque Montréal, parle-t-on de la ville, de l'île, de la grande région métropolitaine ? Encore une fois, tout dépend de l'interlocuteur.

LA POLITIQUE DE DÉVELOPPEMENT RÉGIONAL ET SA STRUCTURE

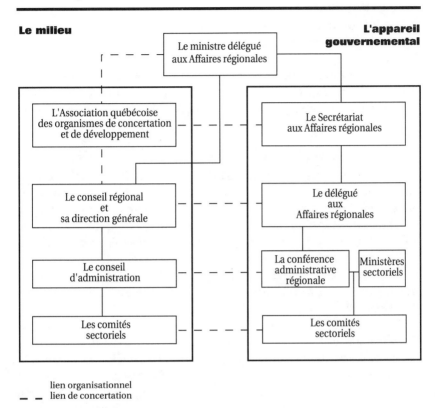

Source : Secrétariat aux affaires régionales

L'axe politique

Des Conseils régionaux (CR) chapeautent l'axe politique. La composition de ces Conseils tient d'une vision large du développement. Ils doivent comprendre au moins un tiers de représentants des élus municipaux. Les deux autres tiers se partagent entre les agents de développement socio-économique (syndicats, organisations patronales, chambres de commerce, institutions financières, syndicats de producteurs, corporations de développement économique) et les organismes dispensateurs de services (organismes de concertation, commissions de formation professionnelle, régies des services sociaux et de santé, universités, cégeps, commissions scolaires). Les députés à l'Assemblée nationale de la région sont membres d'office.

Ces différents acteurs de l'activité économique régionale, en plus de s'entendre sur une représentation au CR, sont invités à se regrouper en comités sectoriels pour être à la fois les antennes et les racines du CR sur tout le territoire.

Défini comme un « organe de coordination et de programmation du développement » chargé d'assurer la concertation et d'aviser le ministre, le Conseil régional a pour premier mandat d'élaborer un plan stratégique quinquennal qui, une fois approuvé par Québec, fera l'objet d'une entente-cadre. Les interventions prévues dans cette dernière déboucheront, s'il y a lieu, sur des ententes spécifiques avec les ministères ou organismes gouvernementaux concernés.

L'axe administratif

Le sommet de la pyramide administrative est coiffé par le Secrétariat aux Affaires régionales (SAR), qui prend la relève de l'Office de planification et de développement du Québec (OPDQ). Ce Secrétariat est intégré au ministère du Conseil exécutif, au même titre que les autres structures administratives (secrétariats) et politiques (comités ministériels permanents) responsables de la coordination des décisions gouvernementales. Le SAR rejoint, au sein de ce super ministère, le Comité ministériel permanent de l'aménagement et du développement régional (COMPADRE).

La principale tâche du SAR est d'harmoniser les orientations gouvernementales, d'orchestrer les actions des différents ministères, de lancer et d'orienter des interventions lorsque les questions débordent le cadre d'une seule région. Il a également pour rôle de coordonner les efforts de concertation des intervenants régionaux. Le SAR est représenté dans chacune des régions par un délégué régional. Celui-ci préside la Conférence administrative régionale (CAR) où siègent les interlocuteurs régionaux des différents ministères et organismes gouvernementaux. Des comités sectoriels, en liaison avec les différents ministères et représentant les secteurs d'activité économique de la région, alimentent cette conférence. La CAR devrait permettre de coordonner toutes les interventions régionales et de les intégrer à la planification stratégique retenue par les CR.

Des budgets régionalisés

Le gouvernement du Québec dépense plus de 9 milliards de dollars chaque année dans les régions, en grande partie pour assurer à tous les citoyens des services de base équivalents. Les budgets ayant un impact régional spécifique sont évalués à environ 1,2 milliard de dollars. La politique de développement régional demande aux ministères sectoriels d'identifier leurs budgets « régionaux », c'est-à-dire ceux qui pourraient éventuellement faire l'objet d'ententes spécifiques. Chaque année, une somme de 500 millions de dollars sera ainsi « régionalisée », lorsque toutes les régions auront conclu une entente-cadre.

La formule des ententes-cadres n'est pas nouvelle. Le gouvernement signe de telles ententes depuis l'été 1986, et certaines viendront à échéance en 1997 seulement. Une partie des sommes canalisées vers les régions vient du gouvernement fédéral, grâce à l'Entente auxiliaire Canada-Québec sur le développement des régions, signée en 1988. Dotée d'un budget de 820 millions de dollars sur 5 ans, celle-ci vient à échéance cette année. Au 30 septembre 1992, quelque 134 millions avaient été déboursés et les engagements atteignaient 308 millions. Cette lenteur s'expliquerait par le fait qu'en période d'incertitude, les entrepreneurs prennent peu de risques alors que les établissements financiers sont plus sélectifs à l'égard des projets des entreprises.

Gilbert L'Heureux, qui avait pour tâche de prévoir une transition harmonieuse de l'OPDQ au SAR, assure que « les engagements du gouvernement consignés dans les ententes-cadres à la suite des sommets socio-économiques et des biennales seront respectés. Nous fermons le grand livre une page à la fois, après avoir pris toutes les dispositions nécessaires. » D'ailleurs, suite à des discussions tenues au niveau ministériel, l'entente Canada-Québec a été prolongée et le budget a même été augmenté, en autant qu'il y ait accélération des demandes.

La gestion des fonds de développement

Chaque CR administre, « en concertation avec le ministre », un Fonds régional de développement (FRD). Ce fonds réunit : le budget de fonctionnement du CR, soit 300 000 $, une allocation annuelle, variant de 1,4 à 2,6 millions selon les régions, pour la réalisation des projets à caractère public retenus par le CR, et une somme de 700 000 $ à titre de Fonds d'aide aux entreprises (FAE). Chaque CR dispose donc d'un budget variant entre 2,4 et 3 millions de dollars. « Si ces 3 millions sont bien utilisés, affirme le secrétaire aux Affaires régionales, Jocelyn Jacques, ils serviront de levier pour articuler l'ensemble des dépenses du gouvernement dans la région en fonction des priorités du CR. Ils créeront une synergie. »

Le Fonds d'aide aux entreprises remplace le programme régional de création d'emploi permanent (PRECEP). Il a pour but de susciter la création d'entreprises et d'emplois à l'échelle locale et régionale. Les entreprises en démarrage ou en expansion ayant moins de 3 ans d'existence, dans tous les secteurs sauf le commerce de détail, sont admissibles à un prêt généralement non garanti par le promoteur. Ce dernier doit effectuer une mise de fonds égale à au moins 20 % des dépenses admissibles. Le taux d'aide maximal est plus élevé dans les zones connaissant des difficultés économiques. Le plafond est fixé à 200 000 $ dans toutes les régions. Les jeunes entrepreneurs (moins de 30 ans) bénéficient de certains assouplissements. Chaque FAE est opéré en région par une corporation où siègent notamment un représentant du CR et le délégué aux Affaires régionales et dont le principal mandat est d'approuver les prêts.

L'ensemble des régions a accès à deux autres sources de financement : un Fonds conjoncturel de développement de 9 millions laissé à la discrétion du ministre délégué aux Affaires régionales ; et une réserve de 8 millions, dont 6,4 millions seront dépensés en région, pour soutenir l'entrepreneurship. Cette somme, annoncée dans le discours du budget du 14 mai 1992, est gérée par le Secrétariat aux affaires régionales.

Une déconcentration des pouvoirs

La nouvelle politique de développement régional n'entraîne pas de délégation de pouvoirs du haut vers le bas. « La réforme ne crée pas un gouvernement régional, rappelle Jocelyn Jacques, secrétaire aux Affaires régionales. Il s'agit d'une déconcentration, non d'une décentralisation. Les plans quinquennaux des CR devront être approuvés par le gouvernement auquel appartient la décision finale. On peut penser que neuf fois sur dix, Québec ira dans le sens du diagnostic, de l'analyse et de la planification du CR. »

Les CR sont maintenant en place dans toutes les régions. La concertation en vue de préparer le plan quinquennal de développement est en cours. Les CR devront assurer l'arbitrage final entre les sous-régions de leur territoire. Les MRC se sont taillé au sein des CR une place qui devrait leur permettre de jouer « un rôle de liaison entre les municipalités et les grandes structures régionales » comme l'envisage Roger Nicolet, président de l'Union des municipalités régionales de comté (UMRCQ). Chaque CR regroupe en moyenne 30 à 50 représentants locaux. Il y a des exceptions de taille : le CR de la Montérégie, cette immense région qui couvre 15 MRC, compte 91 membres.

La grande région de Montréal

Dans la politique de développement régional, Montréal constitue une région comme les autres, dont les frontières se confondent avec celles de la Communauté urbaine de Montréal. Par contre, pour le Comité ministériel permanent du développement du Grand Montréal (CMPDGM), présidé par le président du Conseil du Trésor, la région de Montréal déborde largement de l'île de Montréal. Elle englobe Laval, une partie de la Montérégie, des Laurentides et de Lanaudière, en tout 12 MRC dont certaines se trouvent de fait coupées en deux. La zone ainsi définie représente 45 % de la population du Québec et plus de la moitié de sa production.

Un plan stratégique de relance

Le CMPDGM a publié en décembre 1991 un plan stratégique intitulé *Pour un développement durable*, ayant pour objectif la relance économique multisectorielle de la région métropolitaine. Ce plan se distingue de la politique de développement régional, notamment en ce qu'il n'y a pas d'instance de concertation régionale comparable au CR. Il part du principe que Montréal est le moteur de l'économie québécoise, et il s'appuie sur une vision du développement résolument économique, qui s'articule autour de quatre grands axes.

■ Accroître la capacité d'innovation.

■ Accélérer la modernisation de l'économie en favorisant le développement de secteurs à haute valeur ajoutée et l'adaptation des industries traditionnelles, et en renforçant la position concurrentielle de Montréal grâce à sa situation de carrefour des voies de communication.

■ Valoriser pleinement les ressources humaines en agissant sur plusieurs fronts : création d'emploi au niveau local, qualification professionnelle, décrochage et réussite scolaires, mesures d'adaptation, intégration des communautés culturelles.

■ Soutenir le développement des marchés internes et externes.

La création d'Innovatech Grand Montréal

Ce plan quinquennal est assorti d'une enveloppe budgétaire de 415 millions de dollars, dont 300 millions sont destinés à la création d'Innovatech Grand Montréal, qui a pour mission de stimuler l'innovation dans tous les secteurs de l'activité industrielle. Une première tranche de 53 millions devait être dépensée en 1992-1993, dont 24,5 millions pour Innovatech. À la mi-janvier, six projets avaient déjà été approuvés et plusieurs d'entre eux annoncés. D'autres annonces de projets étaient prévues pour le début de 1993. Le gouvernement assure toutefois que les sommes non dépensées seront reportées.

Le Comité ministériel permanent de développement du Grand Montréal et le Secrétariat aux Affaires régionales ont tous deux leur siège au ministère du Conseil exécutif. C'est là que se fera la jonction entre les deux groupes, explique Jocelyn Jacques : « Déjà, les délégués régionaux de la région métropolitaine dont le territoire est touché par le Plan de relance rencontrent les responsables de dossiers du CMPDGM. La politique de développement régional, c'est d'abord une philosophie, une façon de voir à faire partager. Les actions, les programmes sont laissés aux différents ministères et organismes. »

Des questions en suspens

L'avenir dira si ces dispositions suffiront pour harmoniser les deux approches et apporter des réponses satisfaisantes aux questions qui subsistent. Qu'est-ce qui prévaudra entre les deux plans gouvernementaux, entre les comités ministériels permanents de l'aménagement et du développement régional (COMPADRE) et de développement du Grand Montréal (CMPDGM) ? Quelle planification stratégique sera prioritaire pour les CR des régions de la Montérégie, de Laval, des Laurentides, de Lanaudière : celle que les CR auront eux-mêmes préparée ou celle retenue par le Plan de relance du Grand Montréal ? Y aura-t-il une structure de concertation du Grand Montréal, une sorte de super CR ?

Coordination des politiques économiques

La coordination des différents ministères en matière économique relève du comité ministériel permanent du développement économique (CMPDE). Il a aussi pour mandat de conseiller le gouvernement, et plus particulièrement le Conseil des ministres, en matière de politique économique, notamment l'exploration, la mise en valeur et l'exploitation ordonnée des ressources naturelles, la production agricole, le développement des industries de transformation, la promotion des exportations, l'innovation et le développement technologique, le financement des investissements par les intermédiaires financiers et toute autre question ayant une incidence sur les facteurs de production dans les entreprises publiques et privées. De plus, le CMPDE a le mandat de concilier les impératifs du développement durable et de la protection de l'environnement avec ceux de la croissance économique et de la création d'emplois. Il s'est en outre penché sur plusieurs nouvelles politiques, notamment celle du développement régional ainsi que celle de la formation et du développement de la main-d'œuvre, de même que sur le plan d'action pour le Grand Montréal.

Le CMPDE est présidé par le ministre des Finances. Les autres membres du comité sont les ministres de l'Énergie et des Ressources ; des Affaires internationales ; de l'Environnement ; de la Main-d'œuvre, de la Sécurité du revenu et de la Formation professionnelle ; de la Justice et ministre délégué aux Affaires intergouvernementales ; de l'Agriculture, des Pêcheries et de l'Alimentation et ministre délégué aux Affaires régionales ; du Tourisme ; du Loisir, de la Chasse et de la Pêche ; de l'Industrie, du Commerce et de la Technologie ; des Forêts ; des Communications ; de même que les ministres délégués aux Finances ainsi qu'à l'Agriculture, aux Pêcheries et à l'Alimentation.

Le monde municipal en première ligne

Les municipalités et les municipalités régionales de comté (MRC) sont largement représentées au sein des nouveaux Conseils régionaux. Parallèlement, elles intensifient leur action sur le terrain par le biais des structures en place et en se donnant de nouveaux outils d'intervention.

Le développement des villes

Les Corporations de développement économique (qui peuvent porter un autre nom tout en poursuivant les mêmes objectifs) et les commissaires industriels sont de plus en plus actifs. De petites villes comme Bromont, Drummondville, Joliette ou Saint-Hyacinthe doivent leur croissance à leur dynamisme, qui a attiré de nouvelles entreprises ou convaincu celles déjà présentes sur leur territoire d'investir. Selon Price Waterhouse, entre 1985 et 1989 environ 48 % des investissements industriels sont allés dans les villes de moins de 100 000 habitants, lesquelles ne représentent pourtant que 38 % de la population du Québec.

Ces succès ont un effet d'entraînement. Toutes les villes, même les plus petites, rêvent d'avoir leur Corporation de développement économique ou leur commissaire industriel, sortes de « guichets » auxquels se présentent le plus souvent les industriels qui veulent connaître les lois, les règlements ou les orientations d'un milieu donné.

D'après une étude de Price Waterhouse, il y avait au printemps 1990 au Québec environ 340 professionnels du développement économique, en excluant les fonctionnaires fédéraux et provinciaux. Ils se partagent un budget total de 42 millions dont le tiers environ est concentré dans les organismes de développement économique de l'île de Montréal et de Laval. Ce budget provient pour 72 % des municipalités et pour 19 % du gouvernement provincial. Bien qu'il occupe 46 % des sièges des conseils d'administration, le secteur privé ne contribue directement au financement des activités des organismes québécois de développement économique que pour 3 %. Plus de la moitié des organismes n'obtiennent aucun financement des entreprises. Finalement, 6 % du budget provient d'activités spéciales.

Le plan d'action montréalais

Dans les grandes agglomérations, le développement local concerne les quartiers. Montréal s'est doté, en 1990, d'un plan de promotion de l'activité économique dans les différents arrondissements et en a confié la mise en œuvre à la Commission d'initiative et de développement économique de Montréal (CIDEM). Le rôle de la CIDEM a été redéfini :

elle doit veiller à ce que les entreprises établies à Montréal « évoluent de façon à conserver et augmenter leur compétitivité dans un contexte d'intensification de la concurrence et de changement technologique rapide ».

La Ville de Montréal a prévu une aide directe aux organismes communautaires pour des initiatives visant la formation de la main-d'œuvre et la création d'emplois. Les regroupements d'industriels et de commerçants sont admissibles à cette aide qui s'ajoute à celle des autres programmes de la CIDEM, tels les programmes sectoriels et les programmes de soutien aux entreprises manufacturières parmi lesquels figure le Programme de coopération industrielle de Montréal (PROCIM).

Le Plan d'action de la Ville fait une large place aux Corporations de développement économique et communautaire (CDEC). Consolider celles qui existent, en créer de nouvelles pour qu'il y en ait éventuellement une par arrondissement, tel est l'objectif. Les CDEC se voient confier des mandats importants : concertation des partenaires économiques, promotion des programmes de formation de la main-d'œuvre, appui aux initiatives créatrices d'emploi. Les anciens « commissaires industriels en territoire » ont adopté un titre qui décrit mieux leur rôle, celui de « commissaires au développement économique de l'arrondissement ».

Montréal compte actuellement six CDEC. Trois autres sont en voie de constitution. Chaque CDEC a son plan d'action que le milieu intéressé doit approuver. Les projets sont soumis à un Comité d'harmonisation réunissant Emploi et Immigration Canada, le ministère québécois de la Main-d'œuvre, de la Formation professionnelle et de la Sécurité du revenu, ainsi que la Ville de Montréal. Le délégué régional pour Montréal, qui relève du nouveau Secrétariat aux Affaires régionales, coordonne les travaux de ce comité d'harmonisation. Pour l'année 1992, les projets que le Comité a accepté de financer représentent une injection de fonds de 14 millions de dollars.

Dans certains quartiers, les CDEC montréalaises font face à de graves problèmes. Néanmoins, d'importants changements de mentalité sont à prévoir, qui résulteront d'une sensibilisation et d'une concertation accrues. Il existe aussi trois CDEC à Hull et une à Québec.

La formule sherbrookoise

La Ville de Sherbrooke a choisi une autre formule pour réussir une reconversion industrielle devenue urgente, compte tenu du taux de chômage particulièrement élevé qui sévit dans la région. Elle fait équipe avec ses « banlieues » pour promouvoir l'entrepreneurship. Sherbrooke, Fleurimont, Saint-Élie, Bromtonville, Brompton Canton, Ascot, Waterville et Rock Forest ont fondé ensemble, avec l'appui de la Chambre de commerce, la Société de développement économique de la région sherbrookoise (SDERS), qui chapeaute trois autres corporations sans but lucratif : la SDRS Industrie, la SDRS Tourisme et la SDRS Culture.

Les municipalités participantes versent à la SDERS 1,5 % de leurs revenus de taxation. En 1991, près de 1,9 millions de dollars ont été injectés dans l'économie locale par l'intermédiaire de la SDERS.

Les municipalités régionales de comté

Les MRC représentent un rouage essentiel du développement régional, y compris du développement économique. Le gouvernement québécois vient d'ailleurs de modifier la Loi sur l'aménagement et l'urbanisme afin de renforcer l'action des MRC en matière de développement économique. Néanmoins, celles-ci souhaitent être mieux outillées, grâce à un partage plus clair des responsabilités et une plus grande autonomie financière, comme l'ont indiqué les participants aux colloques régionaux et au forum national sur la décentralisation organisé au printemps 1992. Tous les acteurs économiques majeurs du Québec avaient accepté l'invitation de l'UMRCQ, notamment les grandes centrales syndicales, l'Association des manufacturiers du Québec, le Conseil du patronat et l'Union des producteurs agricoles.

Avoir de meilleurs outils signifie aussi développer des méthodes d'intervention efficaces. À la demande de l'UMRCQ et de la Fondation québécoise de l'entrepreneurship, Paul Prévost, de la Faculté d'administration de l'Université de Sherbrooke, a préparé un « Guide à l'usage des élus et administrateurs de MRC » pour les aider à transformer leur MRC en milieu incubateur de l'entrepreneurship. Ce guide sera publié au cours de l'année par la Fondation de l'entrepreneurship.

Le modèle d'intervention retenu a été validé dans six MRC pilotes, engagées dans des expériences de développement économique. Il n'a rien d'une recette miracle ; il veut aider les dirigeants des MRC à mieux jouer leur rôle en matière de développement économique. Selon son auteur, le rôle des autorités locales est double : « Elles agissent comme relais de politiques économiques nationales moins adaptées aux subtilités locales et elles proposent des politiques alternatives pour renforcer des potentialités trop fines pour être prises en compte par des politiques globales. [...] Leur démarche demande des méthodes de travail différentes, de nouveaux cadres de références plus pertinents et des structures d'appui novatrices, adaptées aux nouvelles réalités. »

Régionalisation de la formation

La formation et l'adaptation de la main-d'œuvre sont un élément clé du développement économique. Le nouvel énoncé de politique sur le développement de la main-d'œuvre maintient et renforce l'approche régionale qu'incarnaient déjà les 11 Commissions de formation professionnelle. Celles-ci seront remplacées, dès ce printemps, par des Sociétés régionales de développement de la main-d'œuvre (SRDMO) relevant d'une société mère, la Société québécoise de développement de la main-d'œuvre. Les conseils d'administration de la société mère et des sociétés régionales seront composés de six représentants des milieux patronaux, de six représentants des milieux syndicaux et de six autres membres, dont deux provenant de l'enseignement secondaire et collégial.

Le développement de la main-d'œuvre

Les nouvelles Sociétés régionales de développement de la main-d'œuvre ont un mandat plus large que les anciennes CFP. Il leur appartient « d'estimer les besoins de main-d'œuvre, d'établir les priorités régionales de développement de la main-d'œuvre et de l'emploi, d'adapter les programmes au contexte régional et de rendre accessible, par l'intermédiaire des bureaux locaux, l'ensemble des programmes et services de main-d'œuvre. »

L'énoncé de politique précise que les SRDMO doivent faire plus que rechercher « l'harmonisation de l'offre et de la demande de main-d'œuvre ». Avec leurs partenaires, elles sont invitées « à rechercher activement des moyens d'augmenter l'offre d'emplois. Ainsi, elles pourront apporter un soutien technique et financier aux organismes qui travaillent au développement local de l'emploi et aux corporations de développement économique et communautaire. Dans les régions plus défavorisées, les sociétés régionales pourront contribuer à la création d'emplois et à la remise au travail des personnes en chômage, en soutenant financièrement des projets locaux générateurs d'emplois. »

Une intervention sectorielle

Les stratégies sectorielles étant particulièrement structurantes, les régions doivent pouvoir influencer la réflexion des comités sectoriels de main-d'œuvre provinciaux et profiter des stratégies qu'ils adopteront. Ces comités sectoriels existent ou seront formés dans 18 secteurs jugés prioritaires. La création de la Société québécoise de développement de la main-d'œuvre et de ses « filiales » régionales devrait faciliter l'intégration des dimensions provinciales, sectorielles et régionales en matière de main-d'œuvre. Il existe une volonté claire d'engager les sociétés régionales dans la définition des orientations, des critères et des moyens d'action à toutes les étapes de l'intervention, qu'elle soit sectorielle ou autre.

La nouvelle politique de développement de la main d'œuvre regroupe et simplifie les programmes. Quatre programmes demeurent : développement des ressources humaines en entreprise, aide aux personnes licenciées, intervention individuelle et aide aux organismes du milieu engagés dans le développement de l'emploi. Ils sont gérés à partir d'un guichet spécialisé, et sont aussi plus souples, de façon à s'adapter au contexte particulier d'une entreprise, d'un secteur ou d'une région. Enfin, les critères d'admissibilité ont été assouplis, les procédures allégées et la paperasse réduite.

Le monde de l'éducation

La régionalisation du système public d'éducation remonte à la Révolution tranquille. Dans toutes les régions, les établissements du réseau travaillent à combler le fossé entre le travail et l'école. Ce dynamisme leur a valu d'être des partenaires majeurs des Sociétés régionales de main-d'œuvre, où elles ont obtenu des sièges au conseil d'administration, et de participer à la constitution des CR. Les initiatives proviennent de tous les niveaux d'enseignement et de toutes les régions, comme le montrent les quatre exemples qui suivent.

■ **La SOFIE de Cowansville** — La Société de formation industrielle de l'Estrie (SOFIE) a pignon sur rue à Cowansville. Cette corporation autonome, sans but lucratif, a été fondée en 1987 par des industriels de la région désireux de contrer la pénurie de main-d'œuvre qualifiée dans certains secteurs ou d'améliorer la formation de leur personnel. Les commissions scolaires francophone (Davignon) et anglophone (Bedford) se sont associées au projet. En plus de sanctionner la formation professionnelle donnée, les deux commissions scolaires mettent des locaux et des ateliers à la disposition de la SOFIE, lorsque les cours ne sont pas donnés sur les lieux de travail. La volonté des commissions scolaires de poursuivre leur collaboration s'est de nouveau manifestée, avec la conclusion d'un nouveau protocole d'entente qui restera en vigueur jusqu'au 30 juin 1996.

■ **Les centres spécialisés des cégeps** — Les Centres spécialisés qui acceptent de l'industrie des mandats de formation, d'expérimentation et de recherche constituent l'une des créations les plus originales des cégeps. Il en existe 16 à travers le Québec, dont 11 sont situés à l'extérieur des régions métropolitaines de Montréal et de Québec. Ils forment un réseau qui profite à des centaines d'entreprises. C'est dire leur importance pour le développement économique régional. La plupart de ces centres spécialisés ont un lien direct avec les ressources naturelles ou la concentration industrielle de leur région. Tous accordent une place de choix à la haute technologie.

- **L'université hors campus** — Plusieurs universités ont ouvert des campus satellites ou offrent des cours hors campus. Ainsi, l'Université du Québec à Montréal est implantée à Saint-Jean-d'Iberville et l'Université du Québec à Trois-Rivières, à Saint-Hyacinthe. Dans la région Chaudières-Appalaches, les universités Laval et du Québec ont joint leurs forces pour offrir des services là où il y a des besoins en s'appuyant sur les ressources de la région, notamment celles des collèges L'Université de Sherbrooke a ouvert un centre à Granby, auquel elle a adjoint un Comité consultatif pour l'aider à se rapprocher des besoins locaux. Ce comité est formé de représentants des milieux politique, d'affaires, socio-économique, enseignant et des étudiants. L'École polytechnique de Montréal accueille dans les locaux du Cégep de Saint-Hyacinthe 27 étudiants de première année. En outre, elle pratique le parrainage à l'échelle du Québec grâce à ses 13 000 diplômés. Ce programme procure aux PME qui engagent de jeunes diplômés un accès auprès d'ingénieurs d'expérience, possédant des connaissances et des expertises très diversifiées.

- **Le Centre d'entrepreneuriat du Centre du Québec** — À l'initiative de l'Université du Québec à Trois-Rivières, les responsables des trois niveaux d'enseignement du Cœur-du-Québec ont créé ensemble en 1990 un Centre d'entrepreneuriat (CECDQ) qui offre formation et soutien aux personnes qui veulent se lancer en affaires ou qui dirigent déjà une PME. Le CECDQ réunit l'UQTR, quatre cégeps et 19 commissions scolaires. Les milieux intéressés l'appuient en le finançant pour un tiers ; le gouvernement fédéral et l'OPDQ complètent le financement. À la fin de 1993, ce centre unique parrainera plus de 50 activités visant le développement de l'entrepreneurship dans la région.

Régionalisation du capital

Le démarrage d'une entreprise exige un certain capital, difficile à trouver en raison du risque élevé de l'investissement. Le problème est encore plus grand en région. Depuis une dizaine d'années, des mesures fiscales ont été adoptées qui ont eu pour effet de régionaliser davantage le capital. Ainsi, les sociétés de placement dans l'entreprise québécoise (SPEQ) bénéficient d'une déduction majorée de 100 à 125 % lorsqu'elles investissent dans des entreprises régionales.

Des sociétés régionales d'investissement

Un réseau de sociétés régionales d'investissement est aussi en voie de création, grâce à la collaboration de plusieurs institutions financières : le Fonds de solidarité, la Caisse de dépôt et placement, la Banque Nationale, la Financière Laurentienne, et le Mouvement Desjardins. Des investisseurs locaux participent également à ces fonds qui servent à faciliter le démarrage et le développement de petites entreprises en leur consentant des prêts dont le montant varie de 50 000 $ à 500 000 $.

Quatre de ces sociétés fonctionnent déjà : CAPIDEM (région de Québec), Estrie Capital, SOCCRENT (Saguenay) et le Fonds d'investissement et de développement de la Fédération des caisses populaires Desjardins du Bas-Saint-Laurent. Huit autres devraient voir le jour d'ici un an et demi.

Des Sociétés locales de développement

Une autre porte d'accès au capital est en train de s'ouvrir aux entreprises. Ce sont les SOLIDE, Sociétés locales de développement de l'emploi. Une société en commandite, SOLIDEQ, vient d'être créée par l'UMRCQ et le Fonds de solidarité des travailleurs du Québec. Ce dernier s'est engagé à y verser 10 millions de dollars en cinq ans. SOLIDEQ redistribuera ce capital aux SOLIDE selon une règle d'appariement : pour chaque dollar investi par le milieu des affaires, SOLIDEQ ajoute un dollar, jusqu'à concurrence de 250 000 $.

Les SOLIDE investiront entre 5 000 $ et 50 000 $, sous forme de prêts participatifs non garantis avec option d'achat d'actions, dans des entreprises viables et en mesure de créer des emplois permanents. Les MRC qui veulent se doter d'une SOLIDE doivent au préalable mettre sur pied une Commission de création d'emplois (CCE). Cette Commission, nous dit le document de présentation de SOLIDEQ, « est le forum où se dessinent les orientations et les priorités économiques de la MRC. En assurant la promotion de l'entrepreneurship et en animant le milieu économique, elle suscite des projets et les intègre à un plan d'ensemble. »

Le lancement des SOLIDE date de l'automne 1991. Une seule a présentement pignon sur rue, celle de la MRC Abitibi-Ouest. Une quinzaine d'autres sont en voie de constitution.

Régionalisation du tertiaire

Pour diverses raisons — développement des réseaux d'éducation, de santé et des services sociaux, travail des femmes, hausse des revenus, accroissement de la population — le secteur tertiaire a fortement progressé au cours des dernières décennies, au point d'être aujourd'hui celui qui crée le plus d'emplois.

Le tertiaire est un catalyseur du développement économique régional lorsqu'il appartient à ce qu'il est convenu d'appeler le « tertiaire moteur », qui regroupe des services considérés comme dynamiques : les transports, les communications, les services publics, le commerce de gros, les assurances, l'immobilier, les services financiers et les services aux entreprises. Par opposition, les services traditionnels (commerce de détail, restauration, hébergement, services personnels) et non commerciaux (enseignement, santé, administration publique) suivent en général la croissance, mais ne la suscitent pas.

La régionalisation du tertiaire moteur reste à faire, les services dynamiques étant concentrés dans la grande région de Montréal et à Québec. Cette situation a un effet sur la capacité concurrentielle des entreprises régionales, puisqu'elles doivent payer des frais de déplacement pour obtenir certains services. La mise en place de services qui répondent aux besoins particuliers des entreprises des secteurs primaire, manufacturier ou agricole apparaît comme une voie de développement à soutenir. Ces nouvelles entreprises créent valeur ajoutée et richesse, ingrédients qui font le développement régional.

Un appel aux gens d'affaires

La concertation est lancée. Les gens d'affaires sont au nombre des invités, mais ils ont décliné l'invitation des Conseils régionaux où ils sont sous-représentés. De nombreux autres lieux de concertation sont possibles, notamment ceux où se fera le lien entre la stratégie des grappes industrielles et le développement régional. En participant à la réflexion, les gens d'affaires pourront signaler les occasions qui se présentent et favoriser l'interface entre développement économique et développement régional.

La nécessité d'apprivoiser la région

Ghislain Dufour, président du Conseil du Patronat, fait même de l'intérêt des gens d'affaires pour la vie associative l'une des conditions d'un développement économique durable : « L'environnement économique de demain aura des conséquences importantes sur les entreprises. [...] Les possibilités d'apprivoiser cet environnement échappent et échapperont toujours davantage à l'action individuelle des entrepreneurs, et il deviendra de plus en plus nécessaire alors de "se serrer les coudes" dans le cadre de l'action collective, par l'intermédiaire des chambres de commerce ou de toute autre association patronale. »

« L'action individuelle, poursuit-il, devient insuffisante quand les enjeux concernent l'ensemble d'une industrie ou d'une région donnée et que ces enjeux sont débattus à l'échelle provinciale, nationale ou même, aujourd'hui, mondiale. Les gens d'affaires d'un secteur d'activité ou d'une région particulière qui ne se donnent pas les moyens d'intervenir au niveau sectoriel, régional, provincial ou national se préparent un avenir difficile, dans une société ou les groupes de pression de toutes natures se font de plus en plus nombreux, sont de mieux en mieux structurés et ont de plus en plus de pouvoir. L'implication directe, voulue, concertée des gens d'affaires dans leurs associations est une condition sine qua non de leur succès de demain. »

Les obligations de la grande entreprise

Louis Tanguay, président de Bell Québec, lance un appel dans le même sens dans *Techno-Presse* lorsqu'il inclut dans les obligations de la grande entreprise celle de « participer activement et d'encourager la participation de ses employés aux organismes et aux initiatives qui contribuent directement au développement économique et en particulier à l'essor de ces entreprises qui en seront le premier moteur ».

Vers l'explosion du dynamisme régional

Les régions ont maintenant beaucoup plus de moyens pour orienter et soutenir leur développement. On peut s'attendre à une explosion du dynamisme régional sur tout le territoire québécois au cours de la présente décennie. La nouvelle politique de développement régional définit des lieux de dialogue et de concertation qui s'ajoutent à ceux qui existaient déjà. La planification stratégique des Conseils régionaux indiquera de grandes orientations, fournira un cadre de référence et des balises pour les promoteurs qui souhaiteront s'intégrer dans une communauté donnée et capitaliser sur ses forces.

À terme, tous ces échanges créeront un momentum, une synergie propice aux initiatives économiques tournées vers l'avenir.

Chapitre 6

La synergie industrielle en action

Le Québec ne peut plus ignorer les voix montant de ses régions. Il en va de son dynamisme économique et, à terme, du maintien de son niveau de vie. Les habitants des régions réclament le droit d'être des « régionaux », mais également celui d'être des citoyens à part entière qui peuvent travailler, vivre et croître dans le coin de pays qu'ils ont choisi.

Le développement endogène n'est pas synonyme de cloisonnement, ni d'isolement. Affirmer le contraire, c'est ignorer les tendances de fond de l'économie. La micro-économie des régions demeure un satellite de la macro-économie mondiale et en subit les lois. Le défi consiste à réaliser la jonction entre les deux, à réunir les modèles industriels et sectoriels soumis à des impératifs mondiaux et les modèles locaux de développement plus global. L'objectif est de créer de la richesse en région par l'exportation de valeur ajoutée et le réinvestissement local des profits.

Des régions et des grappes

Le Québec s'est donné une nouvelle stratégie de développement économique, qui vise à accroître la valeur ajoutée des produits québécois, en concentrant les efforts individuels et collectifs sur des grappes industrielles sectorielles et des facteurs de compétitivité.

Cette politique renferme plusieurs éléments. C'est toutefois le concept des grappes qui a fait couler le plus d'encre. Dans les régions, on s'interroge surtout sur la façon de l'actualiser.

Certains déclarent forfait avant même d'avoir livré bataille. Déçus de ne trouver que des segments de grappes concurrentielles ou stratégiques, ils concluent, comme le renard de la fable, que les raisins sont trop verts et passent leur chemin. Ils ont tort.

Une approche structurante

Le concept des grappes a l'avantage de proposer une approche structurante de la réalité économique des régions. Cette approche permet de cerner les avantages comparatifs réels, de détecter les maillons à renforcer, d'identifier les entreprises qui appartiennent à des grappes concurrentielles ou stratégiques à l'échelle du Québec.

Les inventaires et les fichiers informatiques que préparent les directions régionales du ministère de l'Industrie, du Commerce et de la Technologie (MICT) aideront à envisager la région selon cette perspective. Une fois intégrées à leur « grappe », les entreprises connaîtront leurs voisins en amont et en aval, voisins dont elles ignorent parfois jusqu'à l'existence. La concertation et la synergie partent de là. Une entreprise peut se situer dans plus d'une grappe ; les avenues qui s'ouvrent devant elle s'en trouvent multipliées.

Est-ce à dire que les entreprises régionales œuvrant dans des secteurs n'appartenant pas à une grappe seront négligées ? Pas du tout. Il existe dans tous les secteurs d'activité des entreprises dynamiques et à fort potentiel de croissance qui sont capables de concevoir, de réaliser et de commercialiser des produits originaux et de qualité, à un prix concurrentiel. Certaines desservent, et fort bien, un marché uniquement interne ; d'autres ont besoin de marchés externes. Les unes et les autres sont prioritaires dans le cadre de la nouvelle stratégie de développement économique qui a d'abord pour objectif de produire dans toutes les régions du Québec des biens et des services a forte valeur ajoutée. Les grappes industrielles sont un moyen, non une fin.

Les facteurs de compétitivité

La stratégie industrielle est basée autant, sinon plus, sur les facteurs de compétitivité qu'aucune entreprise ne peut négliger. Une saine capitalisation, un climat de travail propice, une main-d'œuvre qualifiée, souple et motivée, l'innovation technologique, l'efficacité de la gestion, la qualité totale, la prospection et le développement des marchés, de même que le respect de l'environnement ont la même importance partout au Québec, autant en région urbaine qu'en région éloignée.

Le message est partout identique. Toutes les entreprises sont sollicitées dans le même sens, qu'elles soient grandes ou petites, en région ou non. Le succès vient avec la compétitivité. Mais les entreprises gagnantes réussissent rarement seules : elles profitent du savoir-faire de collaborateurs externes, elles n'ont pas peur de s'associer, elles exploitent la synergie de la grappe.

Toutes les régions ont des segments de grappe possédant un potentiel suffisant pour les lancer sur les voies du commerce mondial. La planification stratégique quinquennale que les Conseils régionaux (CR) élaborent apparaît comme un moyen de régionaliser le projet de développement économique que s'est donné le Québec. Arrêter des objectifs communs et des priorités n'est pas une mince tâche. L'exercice demande du courage.

L'obligatoire solidarité

Les grappes étant plus fragmentaires en région, la solidarité y est primordiale. Les querelles de clocher, les batailles politiques stériles, les ardentes rivalités n'ont plus leur place. Il est beaucoup plus productif de planifier des offensives conjointes. Le véritable concurrent est ailleurs, on ne le rappellera jamais assez. « Mon concurrent d'hier est mon allié d'aujourd'hui », voilà le nouveau credo. Tout cela est certes plus facile à dire qu'à faire, mais ne paraît pas impossible. La suite de ce chapitre prêche par l'exemple.

IMPAC : sous un même chapeau

Lac-Drolet, petite localité près du mont Mégantic, cache le chef de file québécois du vêtement promotionnel sérigraphié. Avec un chiffre d'affaires qui frôle les 4 millions de dollars, Confection Drolet emploie quelque 80 employés. Son président, Jean-Marc Gagnon, est l'initiateur d'IMPAC, un regroupement permanent de dix confectionneurs à forfait, qui fournissent ensemble près de 1 500 emplois. « Le plus difficile a été de convaincre tout le monde, raconte Jean-Marc Gagnon. La récession nous a d'abord réunis autour du CAMO (Comité d'adaptation de la main-d'œuvre). Nous nous sommes rendu compte, à nous fréquenter, que nous ne pouvions avoir meilleurs consultants que nous-mêmes. »

IMPAC a pour objectif la création d'outils de formation et la mise en commun éventuelle de certaines activités (achats, expéditions, équipements). À plus long terme, les partenaires d'IMPAC songent à s'associer dans des activités de commercialisation. Le problème le plus urgent est toutefois celui de la main-d'œuvre. « Nous avons été étiquetés comme un secteur mou. Nous avons un problème d'image et de la difficulté à attirer les jeunes. Pourtant, notre industrie s'est mise à l'heure de la technologie et plus qu'on ne le pense généralement. Nous serons encore là en l'an 2000. »

Multiplication des alliances

Sous la pression croissante de la concurrence mondiale, les alliances entre concurrents d'hier sont appelées à se multiplier. Les raisons justifiant la décision de s'associer sont légion. Les liens de collaboration se tissent à tous les niveaux. L'objectif est toujours le même : rester dans la course.

Des regroupements pour réduire les coûts

Rester dans la course veut dire réduire ses coûts et maintenir sinon accroître la qualité, mais aussi pouvoir compter sur ses fournisseurs. Guy Lacasse, un fabricant de meubles de Saint-Pie-de-Bagot, a voulu se rapprocher des siens. Il les a regroupés autour de lui, créant son propre parc industriel. Il a acquis des terrains, construit un premier bâtiment et convaincu des fournisseurs de s'y installer. Il a également aidé certains de ses employés à devenir fournisseurs. Lorsque leur entreprise a atteint le seuil de rentabilité, elle a remboursé son prêt et racheté bâtiment et terrain.

Le parc industriel de Guy Lacasse accueille 22 entreprises dont 13 font partie de ses fournisseurs de matières premières ou de produits finis. « Les grappes, ce n'est pas d'aujourd'hui que j'y crois ! C'est logique et nécessaire. Aucune entreprise n'y échappera », estime Guy Lacasse dont l'initiative a attiré d'autres entreprises du secteur du meuble à Saint-Pie, de même que trois firmes de services aux entreprises.

Chaubec existe depuis plus de 15 ans. Cette corporation, située à Saint-Émile dans la Beauce, est la propriété de différents manufacturiers de chaussures, dont Grenico, Alfred Cloutier, Henri-Pierre, Auclair et Martineau et Régence. Les actionnaires achètent en commun boîtes de carton, combustible, cuirs et fournitures. Ils s'associent pour le transport et, parce qu'ils sont regroupés, vont chercher de meilleurs tarifs d'assurance. Là s'arrête leur collaboration. Quand il s'agit de chausser ces dames, ils ne cèdent pas un pied !

Des centres créateurs d'entreprises

La grande entreprise, lorsqu'elle est l'unique moteur de l'activité économique d'une région, a des effets pervers dont nous avons déjà parlé. Par contre, lorsqu'elle fait équipe avec d'autres forces de l'environnement, les résultats sont impressionnants. Dans la région de La Pocatière où il exploite des usines de fabrication de voitures de métro et de train, le géant industriel Bombardier, en plus de fournir de nombreux emplois directs, a favorisé la création et la croissance d'autres entreprises par l'intermédiaire de deux centres : le Centre spécialisé de technologie physique du cégep de La Pocatière et le Centre national du transport en commun.

Le Centre spécialisé de technologie physique du cégep de La Pocatière existe depuis 1983. « Bombardier nous aide en nous confiant des mandats, reconnaît son directeur Fernand Landry, mais nous aidons aussi Bombardier. » La suite est une question d'excellence et de philosophie. « Nous avons le meilleur rapport qualité-coût sur le marché et nous appliquons les trois règles d'or pour soutenir la concurrence à l'échelle mondiale : défonctionnariser, déréglementer et privatiser. » Le Centre de technologie physique joue le rôle d'incubateur d'entreprise. « Nous maîtrisons des technologies de calibre international et nous les transférons ensuite à des entreprises, afin qu'elles deviennent de classe mondiale. » Après le sevrage, les relations se transforment en relations strictement d'affaires.

Fernand Landry estime que son Centre est à l'origine « de 300 à 400 emplois sur la Côte-du-Sud, entre Montmagny et Rivière-du-Loup », dans des secteurs aussi variés que les équipements de précision, l'électromécanique, le transport en commun, le meuble et l'électronique. « Ce sont des emplois de haute technologie dans des compagnies exportatrices. » Le Centre de technologie du cégep emploie directement 65 personnes et collabore avec 45 centres hors du Québec. Mieux, il s'exporte lui-même : un centre semblable est en cours d'implantation au Brésil.

Le Centre national du transport en commun est issu du précédent. Il s'agit d'une corporation sans but lucratif, employant 35 personnes et dont l'objectif est d'aider les entreprises à se conformer aux normes en vigueur chez Bombardier, chez les fabricants d'autocars et dans l'industrie de l'avionique. Une fois que ces entreprises ont acquis la capacité voulue, elles peuvent soumissionner en sous-traitance.

Plusieurs entreprises de la région de La Pocatière sont ainsi devenues fournisseurs de Bombardier. Toutefois, le rayonnement de ce centre dépasse largement les frontières de la région. « Nous avons trois partenaires, indique Fernand Landry : l'École polytechnique de Montréal, l'École d'aérotechnique du cégep Édouard-Montpetit à Saint-Hubert et le Centre de métallurgie du cégep de Trois-Rivières. Nos partenaires sont des spécialistes des matériaux et nous, des systèmes électriques, électroniques et électro-optiques. »

Peut-on trouver plus bel exemple de synergie inter-entreprises, inter-sectorielle et inter-régionale que ces deux centres ?

Des associations avec le réseau d'éducation

Dans toutes les régions, des établissements publics (cégeps, instituts et centres spécialisés) sont désireux de s'associer avec l'industrie dans des projets de recherche. L'Université du Québec est bien ancrée dans les régions périphériques, avec ses constituantes de Rimouski, de Chicoutimi, de Hull et de l'Abitibi-Témiscamingue. Les établissements des centres urbains courtisent aussi les entreprises des régions, comme le montre la présence de l'École polytechnique à La Pocatière. Les PME ont accès à ces ressources. Le Centre de développement technologique de l'École polytechnique avoue même un préjugé en leur faveur.

La taille de l'entreprise, pas plus que la distance ne sont nécessairement un obstacle. De simple producteur de tourbe, Tourbières Premier est devenu un des maillons d'un groupe industriel qui met sur le marché des produits à forte valeur ajoutée, adapte, conçoit et commercialise des équipements pour l'industrie de la tourbe et d'autres industries. Le laboratoire que dirige Marc Métivier emploie 21 techniciens spécialisés en microbiologie, en technologie des sols et en horticulture, et huit scientifiques dont deux titulaires d'un doctorat. Ces chercheurs font régulièrement équipe avec ceux de l'École polytechnique. « Une entreprise ne peut avoir accès à toute l'information ni réunir sous le même toit les chercheurs dont elle a besoin. L'École polytechnique permet à nos chercheurs d'acquérir les connaissances grâce auxquelles ils sont en mesure de développer plus rapidement de nouvelles applications. »

Technomar, ou la recherche à domicile

Technomar, initiative de l'Université du Québec à Rimouski (UQAR), met à la disposition des pêcheurs et des patrons d'usine du secteur des pêches, des unités mobiles équipées de moyens modernes de télécommunication et d'analyse. Les équipes d'ingénieurs, de biologistes et de techniciens se rendent sur place pour vérifier la qualité des produits, analyser un problème et proposer des solutions, évaluer un projet de modernisation, explorer des avenues de développement. Ce modèle d'intervention, validé à l'UQAR, a été repris par le ministère fédéral de l'Industrie, de la Science et de la Technologie. Technomar est également active à Terre-Neuve, dans les Maritimes et en Colombie-Britannique.

Grâce à Technomar, les pêcheurs du Saint-Laurent pourront bientôt rivaliser avec les pêcheurs chiliens sur le marché asiatique de l'oursin. Le fleuve recèle en abondance des oursins d'une excellente qualité. Or les Japonais sont friands des gonades de ce petit animal marin, qu'ils veulent cependant à bon marché et intactes, chose plutôt difficile à obtenir quand on brise la coquille des oursins avec un marteau. Technomar a mis au point une décortiqueuse mécanique d'oursins qui devrait permettre la mise en marché d'un produit de qualité à meilleur prix.

La commercialisation de Promix, il y a 25 ans, a permis à cette entreprise de Rivière-du-Loup de bien s'implanter dans le milieu horticole. Depuis, de nombreux autres produits révolutionnaires ont été mis au point dans son laboratoire. « Grâce aux biotechnologies que nous développons, souligne Marc Métivier, notre tourbe horticole donne des plants en meilleure santé, plus résistants au stress et dont la croissance est supérieure. Nos marchés, ce sont les producteurs d'élite ou spécialisés dans certaines productions comme les plantes médicinales, les arbres fruitiers, la vigne, etc. Nos biofiltres polyvalents à base de tourbe peuvent servir au traitement des eaux usées des villes, de l'industrie ou des résidences. »

L'extraction, le tamisage et l'ensachage de la tourbe exigent de la machinerie industrielle. Premiertech a d'abord été fondée pour remplacer, adapter ou rendre plus performants les équipements existants. Aujourd'hui, il les fabrique. Certains appareils trouve une seconde vie dans d'autres industries. Par exemple, des aspirateurs, d'abord conçus pour la tourbe, servent aujourd'hui à la lutte contre les parasites dans l'industrie de la pomme de terre.

Le moins qu'on puisse dire, c'est que le Groupe Premier a su valoriser la tourbe. Il est aujourd'hui le plus important distributeur de tourbe en Amérique du Nord. Le groupe a suivi un modèle de développement qui, repris localement, peut amener une région à exploiter ses propres ressources au lieu de les voir exploitées par d'autres.

Des consortiums de recherche pré-compétitive

La croissance d'une entreprise, comme on le voit, tient très souvent à sa capacité d'innover. Mais il n'est pas nécessaire d'avoir son propre laboratoire pour faire de la recherche-développement. Rien n'empêche en effet les entreprises de s'unir, en participant à des consortiums de recherche pré-compétitive.

La formule se répand et profite aux régions. En juin 1992, la formation d'un important Consortium de recherche sur la forêt boréale commerciale était annoncée à Chicoutimi. Ce consortium réunit les grandes papetières qui exploitent la forêt publique, les producteurs de bois privés, les gouvernements fédéral et québécois, ainsi que les chercheurs de l'Université du Québec à Chicoutimi. Il dépensera en quatre ans 7,12 millions de dollars en recherche — ce qui est énorme en région — afin de connaître davantage la principale ressource naturelle du Saguenay — Lac-Saint-Jean et, par la suite, de mieux réaménager les parterres de coupe.

Autre consortium intéressant, celui de MP/Innovation et de deux universités, l'École polytechnique de Montréal et l'Université Laval. De façon surprenante, MP/Innovation a été créée à des fins de recherche-développement par trois entreprises de trois régions différentes : Domfer de Montréal fabrique des poudres métalliques, Précitech de Québec des pièces frittées et Poulies Maska de Sainte-Claire-de-Bellechasse des poulies. Les retombées de cet investissement de 29 millions de dollars en recherche-développement, dont près de 12 millions consentis par le Fonds de développement technologique, serviront les trois régions.

L'union fait la force

Les motivations, les partenaires, les formules peuvent varier à l'infini. Un fait demeure, les entreprises s'associent, se regroupent. Elles s'unissent entre elles ou avec d'autres organismes de leur milieu, à l'intérieur de leur région ou non. Les exemples viennent de tous les coins du Québec et témoignent du dynamisme des entrepreneurs régionaux. Maillage, réseautage, grappage, cette question d'angles ne peut cacher l'essentiel : des alliances se signent.

Un + un + un font... quatre

Le consortium de recherche formé autour de MP/Innovation et de ses trois actionnaires a pour but de développer des produits et des procédés propres à la métallurgie des poudres. L'investissement prévu est réparti sur cinq ans.

« Si toutes les poudres que nous produisons étaient transformées au Québec, cela créerait 2 000 emplois », affirme Louis Roy, directeur du développement chez Domfer. « Le gros marché, c'est le marché de l'automobile où s'affrontent Américains et Japonais, poursuit Ghislain Théberge, président de Precitech et de MP/Innovation. Nous allons tenter d'occuper des niches dans l'autre 20 % du marché, dans des secteurs comme l'informatique, la quincaillerie, les matériaux à haute performance pour l'aéronautique. Nous voulons également développer des systèmes experts grâce auxquels il serait possible de concevoir rapidement de nouvelles pièces, afin de répondre à la demande de courtes séries. Si nos projets sont rentables, nous n'avons pas fini de courir pour rester en avant du peloton. Nous n'avons pas les moyens de protéger nos innovations par des brevets. »

Certaines particularités de l'entente avec l'Université Laval constituent une première, souligne Ghislain Théberge : « L'Université a déménagé une partie de ses laboratoires dans les locaux de Precitech, entre autres un microscope à balayage. Nous lui donnons pour notre part accès à un four de 12 mètres pouvant chauffer à 1 200 °C. » Le président de Precitech voudrait resserrer encore les liens entre les entreprises et les universités. « Professeurs et étudiants pourraient devenir des investisseurs », propose-t-il.

Concertation et mobilisation

Il existe un autre réseau d'alliances ayant d'importants effets sur le développement régional. Plus large, en partie intangible, plus politique aussi, ce réseau se tisse autour d'une situation, d'une idée, d'un leader. Il rallie les agents économiques d'un même milieu dans un effort de concertation, une mobilisation générale qui dégage le maximum de synergie. Ici encore, des régions donnent l'exemple.

Très souvent, une crise industrielle profonde se trouve à l'origine du rassemblement des forces économiques. Tel a été le cas dans les régions de l'Amiante et de l'Est de l'île de Montréal.

Reconversion industrielle réussie

La région de l'Amiante s'est développée à partir d'une seule ressource. Mis au banc des accusés du tribunal de la santé publique et de l'environnement, le minerai d'amiante voit ses marchés s'effondrer, et avec eux l'économie de toute une région. La leçon porte. Un mot d'ordre est sur toutes les lèvres à la fin des années 70 : diversifions l'économie, créons des entreprises. Il faudra sept ans et la perte de près de 2 000 emplois pour que les choses bougent vraiment. Les emplois perdus ont maintenant été remplacés grâce à la création d'une cinquantaine de PME spécialisées dans la première transformation, le travail du métal, la conception et la fabrication de machinerie industrielle, et plus récemment dans des produits et des procédés de haut niveau technologique.

Cette reconversion industrielle régionale a valu à la ville de Thedford-Mines le titre de Ville industrielle de 1991, décerné par l'Association des manufacturiers du Québec. Cette réussite repose sur plusieurs facteurs :

- les programmes gouvernementaux disponibles ont été utilisés, notamment le Centre d'aide aux entreprises (CAE) et le Comité d'aide au développement des communautés (CADC) ;
- le cégep local a mis à contribution son Centre spécialisé en technologie minérale et offert un programme de formation d'entrepreneurs ;
- un capital de risque important a été réuni par le Fonds de développement régional de Thedford, la Corporation Desjardins de la région de l'Amiante, la Corporation de développement industriel de Frontenac et Poly-Actions ;
- les municipalités et les gens d'affaires se sont engagés, les premières par le biais de la Corporation de développement économique de la région de l'Amiante, les seconds avec la Chambre de commerce.

Ce branle-bas des dernières années a laissé plus que des entreprises et des emplois. Il a donné naissance à des lieux permanents de concertation où s'harmonisera le développement futur de la région.

La relance de l'Est de Montréal

L'Est de Montréal, dont l'importance industrielle est séculaire, chevauche les territoires de trois municipalités, soit Montréal, Montréal-Est et Anjou. Quelque 300 000 personnes y vivent. Son paysage a été dessiné par l'industrie pétrochimique et ses raffineries et par la grande industrie lourde. Ces deux secteurs, en grande difficulté, laissent l'Est de Montréal avec des problèmes structurels majeurs. Études et rapports se sont succédé depuis dix ans pour établir un diagnostic et proposer des solutions. À la suite du rapport du Comité pour la relance de l'économie et de l'emploi de l'Est de Montréal (le rapport Pichette), les gouvernements et les municipalités ont adopté des mesures de relance touchant la main-d'œuvre (identification des besoins et formation), l'aide aux entreprises (capital et structures d'accueil) et l'aménagement (création de parcs industriels et programmes de rénovation des infrastructures des vieilles zones industrielles). La plus intéressante est sans doute la création, en 1988, de la Table de concertation et de promotion de l'Est de Montréal, connue sous le nom de Pro-Est, et financée par les deux ordres de gouvernement ainsi que par les autorités municipales.

Gaëtan Desrosiers a été directeur général de Pro-Est du début jusqu'à tout récemment. « Pro-Est repose sur deux permanents et sur ses nombreux comités de bénévoles qui ont valeur d'exemple, de moyen de pression, de lieu de mobilisation. Les gens d'affaires participent activement à ces comités. Leur participation est de qualité. Sans eux, la compréhension que le milieu pourrait avoir de la dynamique des différentes problématiques serait incomplète. Ils recherchent des solutions. La plupart d'entre eux n'habitent pas l'Est. Moi, qui suis un gars de l'Est, je suis étonné de l'envergure de leur engagement bénévole. »

Gaëtan Desrosiers est particulièrement fier du travail accompli par Pro-Est dans le secteur des plastiques, grâce à un comité sectoriel. « L'inventaire que nous avons dressé a recensé 80 entreprises. Nous disposons donc d'un bassin de main-d'œuvre et d'entreprises sur lequel nous pouvons capitaliser pour développer ce secteur, en collaboration avec la pétrochimie ou de façon indépendante, notamment par le recyclage des plastiques, une activité en pleine croissance. » Pour articuler cette orientation, Pro-Est pilote un projet de Centre de plasturgie dont le mandat serait de faire de la recherche appliquée afin de soutenir les entreprises. Ce centre devrait voir le jour en 1993.

Pro-Est a favorisé la modernisation et l'implantation d'entreprises de tous les secteurs. Il a appuyé de nombreuses initiatives, tel ce guichet multiservices pour l'emploi de la Corporation de développement de l'Est (CDEST). Il est étroitement associé à la mise sur pied du Réseau des gens d'affaires de l'Est de Montréal lancé en 1991. « Il est difficile de dresser le bilan de l'action de Pro-Est, conclut Gaëtan Desrosiers. À cause de la récession et parce qu'il y a toujours une partie de la réalité qui échappe aux statistiques. Ne serait-ce que parce qu'il a réussi à conjuguer le développement régional et le développement sectoriel et qu'il a libéré une force de concertation insoupçonnée, Pro-Est a fait un excellent travail. »

Cap sur la haute technologie

La concertation se nourrit de rêves, de plus en plus technologiques. En Montérégie et à Québec, un tel rêve est en voie de devenir réalité.

À l'automne 1990, la Société montérégienne de développement publiait un Bilan de l'activité scientifique et technologique de la Montérégie. Le potentiel révélé était énorme, prêt à se matérialiser, pour peu que des structures porteuses soient mises en place, que les secteurs les plus prometteurs soient soutenus, que la formation suive. Deux ans plus tard, les principales recommandations ont trouvé preneur.

La Chambre de commerce de la Rive-Sud vient de relancer avec éclat son Comité de haute-technologie. Le 7 décembre 1992, elle invitait une cinquantaine de chefs d'entreprises « high tech » à une réunion de concertation à laquelle 35 sont venus, un taux de participation inespéré. « Il est très difficile de faire sortir les industriels, confie Louise Collignon, directrice générale de la Chambre. Ils travaillent tout le temps et en accéléré. Les transactions se font de plus en plus rapidement et certaines entreprises vivent des croissances fulgurantes. Pour les attirer, il faut leur proposer ce dont ils ont besoin. » La Chambre de commerce de la Rive-Sud semble avoir atteint sa cible. Qu'attendent les dirigeants d'entreprise de ces rencontres ? « Les besoins exprimés, poursuit Louise Collignon, sont les suivants : savoir ce qui se passe, connaître les difficultés des autres et leurs solutions, explorer les possibilités d'alliance, de sous-traitance, être informé sur les grands programmes, la station Freedom par exemple, afin de voir comment l'entreprise pourrait en profiter. »

Vision d'une technopole de l'avenir

Tout le monde connaît Québec la capitale, joyau du Patrimoine mondial, mais pas encore Québec la technopole. Telle est la vision que partagent tous ceux que le développement de la grande région de Québec intéresse. À l'invitation de la Chambre de commerce et d'industrie du Québec métropolitain, les personnes concernées ont participé, en octobre 1992, à un troisième Forum économique en trois ans. Un Plan d'action concret et le GRAPPES, le Grand Réseau des acteurs et des promoteurs du partenariat économique et social, formé par 17 organismes, sont nés de ces assises.

« Le rôle du GRAPPES est de favoriser les échanges et les mises en commun », explique son secrétaire général Jean E. Bouchard, qui est aussi le représentant du GATIQ, le Groupe d'action pour l'avancement technologique de la région de Québec, qui, lui, existe depuis 1985. « Québec a tous les ingrédients de base pour devenir une technopole. Grâce à ses nombreux centres de recherche, la région abrite une

---

Une aventure asiatique

Cap-Chat a comme premiers locataires de son motel industriel, des Taïwanais. « Il y a en face de Cap-Chat 62 espèces de poissons commercialisables dont plusieurs sont sous-exploitées, tels le loup de mer, le petit requin, le hareng et le maquereau, explique Gilbert Scantland, le commissaire industriel de l'endroit. Les Taïwanais les apprêteront, avec des résidus de pêche comme la morue, pour servir de base à d'autres produits. Ou encore, ils les prépareront selon leur culture qui veut que les sébastes aient deux mains de long et qu'on voie la tête du hareng. Les Taïwanais procèdent avec prudence : ils veulent d'abord s'assurer de la stabilité des volumes. Dans un premier temps, il y aura création de 40 emplois. Mais si les choses vont bien, les possibilités sont énormes. Elles pourraient également toucher des domaines complètement différents, comme le phoque où les copeaux de bois pour lesquels les Taïwanais connaissent des marchés. »

Gilbert Scantland négocie aussi avec les Suédois. « Il est plus facile de faire affaires avec l'étranger. Ici, peu de gens sont convaincus qu'il y a de l'avenir dans la valorisation des espèces sous-utilisées. En fait, on n'a jamais pris la peine d'étudier les marchés. En outre, comme il y a une usine au fond de chaque anse et que tout le monde veut garder son usine, c'est difficile de rationaliser. »

L'idée d'effectuer sur place les deuxième et troisième transformations et de recycler les rebuts non comestibles semble néanmoins faire son chemin. Le nombre d'entreprises augmente et leur place sur les marchés internes et externes se consolide. Pour assurer la distribution de ses produits, Cusimer de Mont-Louis a même fusionné, en septembre 1991, avec Fruits de Mer Impérial à Saint-Hyacinthe, un expert en commercialisation. Quand il s'agit d'aller chercher les marchés, il n'y a pas de frontière.

---

communauté scientifique de haut niveau, de classe internationale et branchée sur d'autres réseaux d'excellence. Des entreprises, qui ont opté pour la haute technologie, s'affirment. Dans quelques créneaux, Québec est en bonne position à l'échelle de l'Amérique du Nord. Je pense à l'optique-laser, la foresterie, la recherche médicale et la recherche-développement agro-alimentaire. L'arrivée, l'an dernier, de l'Institut de la technologie du magnésium, soutenu par de grandes entreprises internationales, aura également un effet d'entraînement. »

D'autres secteurs, télécommunications, matériaux, biotechnologies, offrent des possibilités qu'entendent saisir le GRAPPES et son nombre impressionnant de comités : un comité pour chacun des facteurs de développement (9), un comité par infrastructure et moteur de développement (8), un comité par réseau sectoriel (12). Tous ces comités sont présidés par une personnalité reconnue pour son expertise, dont plusieurs viennent du milieu des affaires.

La capitale a un autre atout important, le Parc technologique de Québec. En quatre ans, près de 30 PME s'y sont installées. L'incubateur d'entreprises du cégep de Limoilou et le Bureau de valorisation des applications de la recherche de l'Université Laval ont leur siège social au même endroit. « Nous travaillons très fort, poursuit Jean Bouchard, pour soutenir le développement des entreprises. » Ce n'est pas en vain. Des entreprises, des maillages, de nouveaux regroupement voient le jour, à tel point qu'il est difficile de s'y retrouver parmi tous les nouveaux acteurs et sigles. « C'est cela la synergie en action », commente Jean Bouchard.

Formules nouvelles de développement

Il semble qu'il faille une certaine masse critique pour que toute une communauté se concerte et entreprenne des actions concrètes. L'Abitibi-Témiscamingue a franchi ce seuil et a su explorer des formules nouvelles : les « Journées opportunités », la production combinée comme déclencheur d'une chaîne de valeur ajoutée, un guichet multiservices pour entreprises.

Au printemps 1992, trois organismes de la région de Rouyn-Noranda — la Chambre de commerce et d'industrie, la Société de développement économique et le Comité d'aide au développement des collectivités du Rouyn-Noranda régional — ont organisé trois « Journées opportunités d'affaires ». Leur but : stimuler l'entrepreneurship en exposant des projets précis de deuxième et de troisième transformations rendus à l'étape du plan d'affaires. Trois secteurs étaient à l'honneur, soit l'énergie électrique (production et applications), les produits de la forêt, les mines et minéraux. Dans ce dernier secteur, une firme de consultants en ingénierie, Bioptic Vision, avait préparé, au nom de la Corporation de développement industriel et commercial de la région de Val d'Or, 40 fiches détaillées. Seize des projets étaient classés « à fort potentiel » et 20 « à potentiel à déterminer » (quatre autres n'avaient pas été classés pour diverses raisons).

Neuf mois plus tard, sept projets étaient déjà réalisés, trois étaient en cours de réalisation et quatre au stade de la dernière analyse. Désormais, l'Anfo, un explosif utilisé dans les mines, sera fabriqué dans la région. De même, on pourra ensacher le ciment projeté et la pierre concassée lavée, au lieu de les expédier en vrac. « Les occasions ne manquent pas, soutient Jean-Pierre Brunet, le président de Bioptic Vision. Il s'agit d'avoir la volonté de remplacer les importations pour les voir et, ensuite, de se retrousser les manches et de travailler. Il suffit parfois de regarder en avant. L'environnement est un domaine où les occasions sont innombrables. Quand on touche sa fibre entrepreneuriale, une région ne peut faire autrement que de se développer. »

Autre initiative qui illustre le dynamisme de l'Abitibi-Témiscamingue : le guichet multiservices instauré par la MRC d'Abitibi-Ouest. Pour faciliter l'accès des entreprises aux services de soutien qui leur sont destinés, cette MRC a réuni sous un même toit la Corporation de développement économique, la Chambre de commerce, le Comité d'aide aux entreprises, le Comité d'aide au développement des collectivités, l'Office du tourisme et le secré-tariat de la MRC. Le manque d'information et les pertes de temps dues à la recherche de celle-ci prennent fin. Rappelons que la MRC Abitibi-Ouest a aussi l'honneur d'avoir créé la première SOLIDE du Québec.

Un trio gagnant : production combinée, technologie et environnement

La Société d'environnement et technologie du Rouyn-Noranda régional, société à but non lucratif dont la mission est de « relancer l'économie de l'Abitibi-Témiscamingue par la création de nouvelles entreprises manu-facturières avec la participation des principaux agents du développement économique », parraine un important projet de production combinée. Les sociétaires fondateurs de cette société ont pour noms Consulex, Sani-Mobile, Minéraux Noranda, Hydro-Québec, Gaz Métropolitain, l'Université du Québec. D'autres entreprises se sont jointes à ce noyau initial, dont Tembec et Les Placements M.G.T. La production combinée au gaz naturel a, selon tous, un potentiel exploitable d'ici dix ans de 3 000 mégawatts, qui pourraient être intégrés au réseau d'Hydro-Québec. Pourquoi le gaz ? L'Abitibi-Témiscamingue bénéficie d'un avantage comparatif sur le coût du transport, la région étant plus proche des sites de production.

La première usine de production combinée, d'une puissance de 350 MW, devrait s'installer dans le parc aéroportuaire de Rouyn-Noranda. La vapeur dégagée sera utilisée pour faire fonctionner une usine de pâtes et papiers dont la matière première sera une variété de roseau que l'on trouve en abondance sur les terres en friche. Cette chaîne économique et écologique aura des retombées énormes. « Elle crée des emplois sans que le gouvernement n'investisse rien, explique Michel Thibault de Placements M.G.T. Elle pave la voie à l'implantation d'un parc industriel à caractère technologique et à des chaînes de production dans d'autres domaines, tels les produits chimiques. L'extension éventuelle du réseau de gaz naturel vers d'autres villes de la région décuple ses retombées. » Le projet de production combinée est en bonne voie. Gaz Métropolitain et Hydro-Québec se sont montrées intéressées et la Société d'environnement et technologie a trouvé des promoteurs locaux : le Parc aéroportuaire et la Chambre de commerce du Rouyn-Noranda régional.

Agir collectivement

Le désir excite l'imagination, la volonté engendre l'action. Il n'en faut pas plus pour choisir de faire autrement et d'agir collectivement. C'est à dessein que la majorité des exemples retenus pour illustrer ce principe moteur du développement économique régional proviennent des régions périphériques, celles où le « mal-développement » a fait le plus de ravages. Ce choix prouve que toute pente, quelle que soit sa hauteur et sa longueur, se remonte à la condition d'y mettre l'énergie suffisante, celle non pas de quelques-uns, mais de tous.

L'appui au développement

De nombreux catalyseurs sont susceptibles de permettre à cette énergie de se manifester. Parmi eux figurent les bureaux régionaux du MICT dont le rôle est capital, puisqu'il s'exerce auprès des entrepreneurs, principaux acteurs du développement économique régional.

De plus, un nouvel outil vient tout juste d'être créé afin de favoriser le développement économique des différentes régions du Québec. Financée par Québec et Ottawa, la Maison des régions aura pignon sur rue à Montréal. Elle offrira une gamme variée de services aux municipalités et aux entreprises qui en deviendront membres, entre autres de l'information sur les appels d'offre des deux gouvernements, des services-conseils en sous-traitance, des salles de rencontres et de conférences.

Les grands défis régionaux

De grands défis attendent néanmoins les régions qui veulent prendre en main leur développement. Il ne sera pas facile en effet d'inverser la tendance qui polarise le développement autour de Montréal et de quelques centres régionaux, en vidant l'arrière-pays. Ces défis se déploient selon quatre axes principaux:
- la concertation et la mobilisation de toutes les forces du milieu et la mise au rancart des antagonismes traditionnels entre les municipalités, entre les groupes sociaux et les milieux d'affaires, entre les entreprises ;
- la planification du développement à court, moyen et long termes ;
- la décentralisation réelle des lieux de décision, des budgets, du capital, des services aux populations et aux entreprises ;
- le soutien de l'entrepreneurship local et de l'innovation technologique.

La stratégie industrielle du Québec, bien que sectorielle, n'en est pas moins compatible avec le développement régional. Les « grappes » constituent un concept rassembleur qui, s'il trouve un terrain propice, donne des fruits. De même que Monsieur Jourdain faisait de la prose sans le savoir, nombre d'entrepreneurs ont fait du « grappage » avant la lettre. Ils ont compris depuis longtemps que la meilleure façon de se hisser au sommet d'une côte, c'est de tirer ensemble.

Des mythes à déraciner

« Pour créer de l'emploi, il faut de grosses entreprises. »

Les grosses et moyennes entreprises coupent plus d'emplois qu'elles n'en créent. Par contre, plus de 50 % des emplois créés au Canada entre 1978 et 1987 l'ont été dans des entreprises de cinq employés ou moins.

« Pour développer notre région, il faut attirer une ou plusieurs grosses entreprises. »

Certes, mais pour y parvenir, il faut au départ un tissu économique suffisamment développé ; sinon, il est quasi impossible de convaincre ces entreprises de s'installer chez vous. On n'a donc pas d'autre choix que de se développer à partir de ce que l'on a, de ce que l'on est et de ce que l'on sait faire.

« Ce qu'il nous faut, c'est un motel industriel... »

Oui, si vous avez une concentration de population suffisante et un bassin suffisant d'entreprises manufacturières nécessitant des infrastructures assez légères. Si ce n'est pas le cas, vous risquez d'avoir des bâtiments à peine occupés, ou inappropriés compte tenu de la grosseur des entreprises.

Dans la majorité des cas, il est préférable de concentrer vos ressources sur la formation et l'aide au démarrage d'entreprises. D'ailleurs pour qu'un motel industriel marche bien, il faut des personnes ressources compétentes pour soutenir les entrepreneurs.

« ... ou un incubateur industriel. »

Pour qu'un incubateur industriel fonctionne efficacement, il faut que les mêmes conditions soient remplies que pour le motel industriel. De plus, il faut qu'il soit soutenu par des organismes actifs dans le milieu : entreprises prêtes à soutenir la sous-traitance, universités ou collèges engagés dans la recherche ou la formation en technologie, corporation de développement économique, etc.

En fait, les incubateurs sont une formule nouvelle dont on n'a pas encore eu l'occasion de mesurer les conditions de bon fonctionnement. On constate que des incubateurs visant à héberger des entreprises de haute technologie en reçoivent un nombre limité, tandis que celles offrant gîte et services à toutes sortes d'entreprises sont plus achalandées. Les formules d'incubation, c'est-à-dire de soutien aux nouvelles entreprises, rejoignent plus de clients que l'incubateur industriel.

Par ailleurs, il faut être conscient du coût généralement élevé d'un incubateur.

« Soutenir l'entrepreneurship, c'est l'affaire des structures spécialisées. »

Non, c'est l'affaire de tous. Par exemple, on peut le soutenir :

- en valorisant l'entrepreneurship, c'est-à-dire en soutenant ceux et celles qui font montre d'un esprit entrepreneurial ;

- en faisant ce qu'on peut pour aider les entrepreneurs : investir dans une entreprise, parrainer un entrepreneur, faire partie du conseil de gestion d'une petite entreprise, etc. ;
- en participant bénévolement à des activités de promotion ou de soutien.

« C'est au gouvernement de nous aider. »

Dans l'ensemble, les gouvernements n'ont pas d'argent pour soutenir des projets nouveaux. Et s'il le font, c'est de toutes façons grâce à l'argent des contribuables. Or on constate que lorsque des gens se donnent eux-mêmes des services ou des structures, ceux-ci sont généralement plus efficaces et moins coûteux.

« Seuls les gens extraordinaires peuvent être entrepreneurs. »

Non, les entrepreneurs sont des gens comme tout le monde. Leur principale caractéristique, c'est qu'ils ont une « vision » de ce qu'ils veulent faire et qu'ils font preuve de détermination et de ténacité pour réaliser cette vision.

« On ne doit encourager que la création d'entreprises manufacturières. »

Celui qui crée son entreprise sait qu'il s'engage dans une voie qui n'est pas facile. Aussi, pour réduire ses risques, il a tendance à créer son entreprise dans un secteur où il a une expertise — ce qui est fortement conseillé — ou qui lui semble plus facile. C'est généralement dans le commerce ou les services.

Une fois qu'il se sent capable de bien gérer son entreprise, il « gradue » vers des entreprises plus complexes qui ont des composantes « manufacturières ».

Pourquoi être sélectif lorsque l'on manque d'entreprises !

D'après un rapport interne de la Fondation de l'entrepreneurship (1992) par Paul Prévost.

Vers un développement durable

Le village prend conscience de sa valeur. De réunions de cuisines en assemblées de salles paroissiales, de comités de relance en comités sectoriels, de tables de concertation en forums économiques, les habitants des régions, de toutes les couches sociales et de tous les secteurs d'activité économique, ont échangé et agi. Les résultats sont d'ordre social — plus grande cohésion du tissu communautaire, fierté retrouvée, autonomie par rapport à l'État — et économique. Que l'on additionne seulement le nombre d'entreprises et d'emplois créés dans les exemples proposés par ce livre, et l'on n'en doutera pas.

Des raisons de développer les régions, des raisons de participer à la vaste concertation qui donnera des bases durables à ce développement, il y en a des centaines. Des freins et des obstacles aussi. Des excuses, aucune. Les mythes doivent tomber lorsqu'il s'agit de l'avenir du pays.

Troisième partie

La production
à valeur ajoutée

ANNE PÉLOUAS

L'objectif ultime de la production à valeur ajoutée consiste à produire à l'unité au prix de masse. Pour y arriver, il faut planifier selon une stratégie axée sur trois éléments clés : la réduction des délais, ou amélioration du temps de réponse ; la mise au point de produits très variés avec le même personnel, les mêmes équipements et les mêmes composants, de manière à réaliser des économies de gamme ; et la chasse aux problèmes, c'est-à-dire l'élimination du gaspillage sous toutes ses formes, qu'il s'agisse de temps, d'espace, de défauts, de matières premières ou de surproduction.

Chapitre 7

Le grand défi manufacturier

Depuis sa naissance au Japon, au milieu des années 50, elle a porté toutes sortes de noms dont ceux de production « agile » ou « flexible » et de « lean manufacturing ». On l'appelle aujourd'hui la production à valeur ajoutée. C'est cette nouvelle conception du mode de production des entreprises qui est à l'origine du « miracle » japonais.

Pourtant, jusqu'à récemment, l'Occident ne s'y est guère intéressé tandis que ses usines roulaient selon un mode de production de masse largement éprouvé. Pour plusieurs, le système nippon avait tout du miroir aux alouettes. D'autres jugeaient impossible de l'adapter à la mentalité occidentale et, de fait, rares sont les entreprises américaines qui, ayant tenté l'expérience avant les années 80, ont réussi à faire aussi bien que les Japonais.

Question de culture et de réalités économiques différentes ? L'Occident a vécu durant près de soixante-dix ans à l'heure du « fordisme » qui privilégiait la production en grandes séries en vue de rentabiliser les investissements engagés au sein de l'entreprise. Ce mode de production, dont la paternité revient au constructeur automobile Henry Ford, a révolutionné la fabrication manufacturière en imposant une spécialisation des travailleurs, désormais attachés à leurs chaînes de montage.

Une organisation souple du travail

Si, comme tant d'autres, le Japon n'a pas imité le modèle américain, c'est qu'il lui était tout simplement impossible de le faire. Aux prises avec un appareil productif démantelé par la Seconde Guerre mondiale, un marché trop maigre pour justifier la production de masse et un manque criant de capitaux, les fabricants japonais ont plutôt opté pour le modèle de « production au plus juste » mis de l'avant par Toyota, et qui est basé sur le principe de fabrication à petite échelle de produits variés à un prix de masse.

Pour ce faire, ils ont misé à fond sur la notion de souplesse dans l'organisation du travail et l'utilisation des équipements, tirant le maximum de moyens limités qui exigeaient l'aménagement de lieux de production réduits ainsi qu'une grande polyvalence du personnel et des machines.

La production à valeur ajoutée était née, avec pour objectif de réaliser les mêmes économies d'échelle que le modèle américain, mais par des méthodes différentes. Au fil du temps, tandis qu'on assistait à la stratification des marchés, à la réduction du cycle de vie des produits et à l'accroissement de la concurrence mondiale, ces méthodes sont devenues autant d'avantages concurrentiels sur les entreprises américaines et européennes qui, restées fidèles à la production de masse, voyaient fondre les leurs.

Une nouvelle philosophie de fabrication

Aujourd'hui, l'époque tire à sa fin où l'Occident pouvait réaliser de juteux profits en produisant en grosses quantités une gamme peu diversifiée de produits. Les marchés ont changé, ils sont plus compétitifs mais surtout plus stratifiés. Le cycle de vie des produits est court. Les ressources naturelles et l'énergie qui constituaient les éléments de base de la valeur ont été remplacés par la connaissance.

Pourtant, les nouveaux modèles de production et d'organisation du travail, qui font appel aux concepts de qualité totale ou de « juste-à-temps », demeurent largement perçus comme difficiles et coûteux à mettre en œuvre. Beaucoup s'y sont cassé les dents, y compris de grandes entreprises qui pensaient trouver dans l'automatisation à outrance une planche de salut. Et plusieurs dirigeants de PME croient encore que le modèle nippon ne peut s'adapter à leur situation, qu'il vaut seulement pour les multinationales ayant les reins assez solides pour effectuer les transformations nécessaires à son application.

Incompréhension, méprise ou peur du changement ? Chose certaine, les faits contredisent bien des idées reçues circulant à travers le monde sur ce qu'il faut bien appeler une nouvelle philosophie de fabrication. Celle-ci a déjà provoqué de profonds bouleversements au sein des entreprises qui l'ont adoptée, autant de petites révolutions qui, à terme, leur seront sans aucun doute bénéfiques. La production de biens à valeur ajoutée est désormais pour elles une question de survie, comme ce fut le cas pour les Japonais.

La production à valeur ajoutée

Pour réaliser le passage du mode de production traditionnel à celui de production à valeur ajoutée, il faut pouvoir s'appuyer sur une vision à moyen et long terme de l'entreprise. Un plan stratégique d'un nouveau genre doit à cet égard être mis en œuvre. Il visera simultanément à augmenter la valeur des produits fabriqués et à réduire les coûts de production.

À première vue, rien là de vraiment neuf. Pour accroître ou simplement maintenir leur marge bénéficiaire, les entreprises cherchent toutes à diminuer leurs coûts et à augmenter la valeur de leur production. C'est plutôt sur le mot « simultanément » qu'il faut ici mettre l'accent. En effet, la particularité de l'approche tient tout entière dans la concomitance des mesures prises pour améliorer la qualité, la souplesse et l'efficacité de l'appareil productif et de celles qui visent à réduire les coûts de production. C'est ainsi le caractère « intégré » de cette approche qui favorise l'interaction des mesures retenues et qui démultiplie leur effet bénéfique.

Une valse à trois temps

Compte tenu de son objectif ultime — produire à l'unité au prix de masse — la production à valeur ajoutée doit se planifier selon une stratégie axée sur trois éléments clés : la réduction des délais, appelée « amélioration du temps de réponse » ; la mise au point de produits très variés avec le même personnel, les mêmes équipements et les mêmes composants, ce qui entraîne des « économies de gamme » ; et la chasse aux problèmes, appelée « réduction du gaspillage » sous toutes ses formes possibles, qu'il s'agisse de temps, d'espace, de défauts, de matières premières ou de surproduction.

D'une manière qui peut sembler paradoxale, c'est la synergie que crée la mise en œuvre de ces trois éléments qui ouvre au producteur les meilleures perspectives en termes d'économies d'échelle. En effet, les efforts consacrés simultanément à la qualité, à la souplesse, à l'amélioration du temps de réponse et à la mise en valeur des ressources humaines se traduisent inévitablement par une réduction des coûts dépassant largement celle que permettent les approches traditionnelles. Tout se passe alors comme si l'on redressait les fondations d'une maison plutôt que de colmater au jour le jour les fissures de ses murs !

LA PRODUCTION À VALEUR AJOUTÉE

L'équation de base

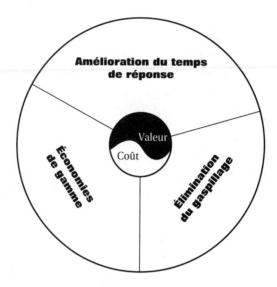

Source : Ministère de l'Industrie, du Commerce et de la Technologie

Une grande capacité d'adaptation

Fortement établie sur ses bases, l'entreprise est en mesure de s'adapter très rapidement aux cycles de plus en plus courts de la consommation des produits, tout en ciblant mieux sa clientèle. C'est ainsi que trente ans après avoir inventé ce qu'on appelle aujourd'hui la production à valeur ajoutée, Toyota peut toujours fabriquer une cinquantaine de modèles de voitures à la fois, soit 25 % de plus en moyenne que l'industrie automobile américaine. Le géant nippon n'a jamais perdu de vue ses objectifs stratégiques de variété des produits, de qualité et de rapidité de fabrication.

Le concept de production à valeur ajoutée intègre par ailleurs deux autres éléments essentiels à son application optimale : l'amélioration continue de l'organisation du travail fondée sur la formation du personnel, et un apport technologique adapté aux besoins de l'entreprise.

Un virage axé sur la formation

L'entrepreneur gagné à la production à valeur ajoutée mise avant tout sur son personnel, principale source de créativité et de productivité.

Son modèle organisationnel privilégie le rôle des individus en favorisant l'autonomie, l'esprit d'initiative et l'ingéniosité de chacun, tout en stimulant le sens des responsabilités de tous. Cela exige de développer une véritable culture d'entreprise axée sur la formation continue, laquelle assure à l'entreprise d'évoluer selon un processus ininterrompu d'adaptation aux besoins du marché.

UNE APPROCHE INTÉGRÉE

La production à valeur ajoutée est réalisable aujourd'hui grâce à trois grands facteurs.

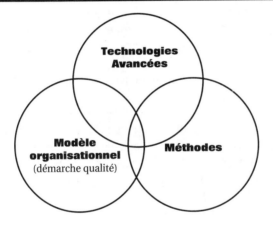

Source : Ministère de l'Industrie, du Commerce et de la Technologie

Pour devenir une entreprise à valeur ajoutée, il faut d'abord simplifier les processus de production (ce qui a permis à Toyota d'atteindre le premier rang de l'industrie automobile), appliquer des méthodes de travail qui permettent de bien faire du premier coup, adopter un style de gestion permettant à chaque employé d'être imaginatif et créateur et, enfin, intégrer les technologies avancées après avoir simplifié au maximum les modes de production.

Entre autres moyens, une telle culture d'entreprise nécessite de simplifier la structure hiérarchique, d'instaurer une forme de gestion participative, d'enrichir et d'assouplir les tâches au sein des cellules de travail ainsi que d'améliorer les relations avec les clients et les fournisseurs.

Un choix judicieux des technologies

Le modèle de production à valeur ajoutée envisage les nouvelles technologies comme une occasion d'épanouissement pour les travailleurs qui apprennent à les maîtriser, et non comme un moyen de remplacer ceux-ci. C'est là un enjeu de taille qui nécessite de transformer radicalement les mentalités.

En fait, les technologies de pointe seront retenues dans la seule mesure où elles contribuent aux objectifs de réduction des délais, de diminution du gaspillage et d'économies de gamme, dans le cadre d'un processus d'amélioration continue. À ce titre, les technologies les plus utiles sont aussi les plus « accessibles » (comme les automates programmables), les plus conviviales (comme les systèmes CAD) et les plus souples (comme les tables de coupe informatisées ou les robots). On y fait surtout appel pour favoriser la créativité, améliorer les relations avec les clients et les fournisseurs, vérifier l'efficacité des processus, contrôler la qualité et remplacer les travailleurs dans des tâches répétitives ou dangereuses.

Le piège de l'automatisation

En matière de technologie, force est de constater que beaucoup d'entreprises mettent souvent la charrue devant les boeufs ! Pour augmenter la productivité, elles investissent massivement dans des technologies de pointe qui ne donnent pas toujours les résultats attendus. Pourquoi ? Parce qu'elles ont tout simplement négligé de modifier au préalable leur processus de fabrication en fonction des nouveaux facteurs de compétitivité que sont la valeur des produits, la souplesse et la rapidité de fabrication.

Adopter une approche globale

L'entrepreneur éclairé choisira plutôt de « préparer le terrain » à une application judicieuse de l'automatisation. Les nouvelles technologies seront intégrées à une approche globale et, en quelque sorte, subordonnées à une réorientation de l'appareil productif axée sur la simplification, la diversification et un nouveau mode d'organisation du travail.

Le vieux concept du remplacement de l'homme par la machine a la vie dure. Pourtant, l'expérience a montré que l'automatisation (par des technologies comme la robotique, les automates programmables, les systèmes informatisés de gestion de production, la CAO/FAO, etc.) produit des résultats très différents selon le contexte d'utilisation. On l'a souvent observé : certaines usines peuvent afficher en bout de ligne un rendement trois fois supérieur à d'autres qui possèdent exactement la même technologie. Tout est question de méthode.

LA MUTATION VERS LA PVA

1. Une démarche qui appartient au dirigeant.

2. S'inscrit dans la stratégie d'affaires.

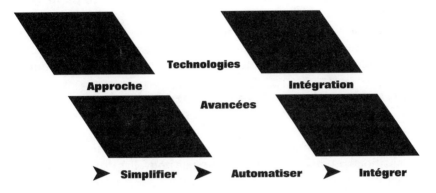

Le guide d'optimisation du fonctionnement d'une PME manufacturière s'inspire de ces principes.

Source : Ministère de l'Industrie, du Commerce et de la Technologie et Andersen Conseil

Pour améliorer l'efficacité des processus de production, il faut d'abord appliquer des méthodes simples « sur le plancher ». Par la suite, si cela s'avère nécessaire, on peut investir dans des équipements plus sophistiqués. Un tel investissement doit être le fruit d'une mûre réflexion. Enfin, on informatisera toutes les phases de la production, de la conception jusqu'à la distribution.

Mesurer l'impact technologique

À l'évidence, ces écarts ne peuvent s'expliquer que par le fonctionnement interne des entreprises en cause. Celles qui se contentent d'acquérir des technologies de pointe sans avoir mesuré leur impact sur l'ensemble de l'usine, sans avoir longuement pesé leurs choix technologiques ni repensé leurs méthodes de production et l'organisation du travail ne peuvent espérer faire des gains significatifs de productivité.

S'interroger sur ses choix technologiques sous l'angle d'une production à valeur ajoutée, c'est se demander par exemple si l'investissement peut produire de la valeur au lieu de calculer les emplois qu'on pourra supprimer. Autrement, l'apport technologique risque de se transformer en une source d'irritation plutôt que de contribuer à accroître la productivité. C'est souvent ce qui arrive lorsqu'on automatise des tâches, par exemple la manutention ou l'entreposage, sans que cela n'ajoute la moindre valeur aux produits.

Ajouter de la valeur au produit

Signe des temps : notre industrie papetière concentre aujourd'hui ses achats sur des équipements qui facilitent le passage d'une fabrication de produits standard à celle de produits à plus forte valeur ajoutée. Elle privilégie notamment les machines qui donnent au papier une meilleure surface ou les procédés qui réduisent l'emploi de chlore dans la pâte. Parfois, les limites budgétaires ont même un effet bénéfique lorsqu'elles exigent de faire un choix technologique plus rigoureux, dont on est assuré qu'il permettra d'améliorer la qualité du produit.

Réorganiser plutôt qu'automatiser

General Motors a pris un risque majeur à la fin des années 70 en consacrant plus de 40 milliards de dollars à la conception de nouveaux modèles, à l'automatisation, à l'installation d'équipements ultra-sophistiqués et même à la construction de nouvelles usines hautement intégrées. Ce coup d'audace n'a cependant pas produit les résultats escomptés. Bien au contraire. GM a complètement échoué à ébranler ses concurrents, sa part de marché a chuté et ses énormes investissements se sont traduits par une baisse de compétitivité. Le tout en affichant des coûts d'exploitation parmi les plus élevés de toute l'industrie automobile. La stratégie n'était pas au point.

Ces dernières années, l'usine GM de Sainte-Thérèse changeait de cap en misant sur la réorganisation des chaînes de production en cellules plutôt que sur des investissements massifs en capital, avec pour résultat qu'elle est l'une des seules à avoir été épargnée par le plan mondial de restructuration du géant américain. L'usine québécoise est aujourd'hui citée par GM comme un modèle à imiter.

Faut-il conclure que l'automatisation ne s'accorde pas au mode de production à valeur ajoutée ? Non, bien sûr. Ces deux éléments se complètent parfaitement, au contraire, lorsqu'ils font l'objet d'une rigoureuse planification stratégique axée sur le rendement de tout l'appareil productif.

Miser sur la simplification

À cet égard, la simplification des opérations et des procédés de fabrication, clé de voûte de la production à valeur ajoutée, doit toujours être considérée comme un prérequis indispensable à l'entrée de robots, de systèmes de rangement automatiques ou de véhicules téléguidés. Le fonctionnement de l'usine ayant été simplifié à peu de frais, on obtient alors un portrait beaucoup plus précis du degré d'automatisation qui correspond le mieux aux besoins de l'entreprise.

Le cas de l'industrie laitière québécoise est à ce titre exemplaire en raison de son imposant parc d'équipements sophistiqués. Cette industrie est formée d'une majorité de PME qui représentent près de 30 % du secteur agro-alimentaire du Québec. Plus des deux tiers d'entre elles ont recours au contrôle informatisé de leurs procédés de production, et 80 % ont automatisé leurs activités de manutention et de stockage. Mais si la productivité est au rendez-vous, c'est surtout parce que l'industrie a pensé ces investissements en fonction d'une approche intégrée qui privilégie la recherche-développement, la participation des employés, les techniques du « juste-à-temps » pour au moins la moitié des entreprises et la mise en place de programmes de qualité totale dans près de 90 % des cas.

La leçon vaut pour toutes les entreprises qui hésitent encore entre le mode de production à valeur ajoutée et l'acquisition de technologies de pointe. Le choix est clair : il faut prendre les deux.

Chapitre 8

Gagner du temps dans les processus

Contrairement aux apparences, les concepts associés au modèle de production à valeur ajoutée font d'abord appel à la simplicité et au sens pratique. Ils sont applicables à toutes sortes d'entreprises, petites ou grandes, quel que soit le secteur d'activité.

Afin d'augmenter la valeur de ses produits tout en diminuant ses coûts de production, l'entrepreneur doit systématiquement chercher à « gagner du temps » dans le processus qui débute avec la conception d'un produit et prend fin avec la livraison de celui-ci au client. C'est ce qu'on appelle l'amélioration du temps de réponse, concept que nous abordons dans le présent chapitre.

Le chapitre suivant traite plus particulièrement de l'élimination du gaspillage, et des économies de gamme. Car tout au long du processus d'amélioration du temps de réponse, l'entrepreneur doit produire davantage et à moindre coût, en cherchant à minimiser le gaspillage et en optimisant le flux de production par la réalisation d'économies de gamme.

L'amélioration du temps de réponse

Pour produire au moindre coût en courtes séries, plusieurs mesures sont prises en même temps. On doit en effet réduire les délais de conception de nouveaux produits grâce à « l'ingénierie simultanée », perfectionner les méthodes servant à mettre au point le premier produit en un minimum de temps par la « réduction des temps de mise en course » et organiser le travail de l'usine ou des ateliers de manière à comprimer les délais de fabrication et de manutention par la « linéarisation des flux ». Dans ce dernier cas, il s'agit en fait de réorganiser l'usine sur la base des produits plutôt que par fonction de production.

AMÉLIORATION DU TEMPS DE RÉPONSE

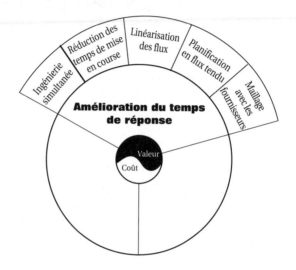

Source : Ministère de l'Industrie, du Commerce et de la Technologie

Il faut également planifier le travail de façon à produire selon la demande et non selon les prévisions par la « planification en flux tendu » ou planification selon la demande et, enfin, réduire les délais d'approvisionnement en instaurant un nouveau style de partenariat avec les sous-traitants. C'est le « maillage fournisseurs ».

Condition impérative pour s'adapter à l'évolution de la demande, la réduction du cycle de production a des effets significatifs sur les coûts. Elle permet de réduire les inventaires, les besoins financiers, les besoins d'espace et l'utilisation des équipements.

L'ingénierie simultanée

La force industrielle qu'ont acquise les Japonais repose non seulement sur leur maîtrise des processus de fabrication mais aussi, en grande partie, sur les méthodes employées pour créer de nouveaux produits. Les ingénieurs jouent un rôle de premier plan à cette étape de la conception, ou du design, dont l'importance est capitale pour la vie du produit. Les décisions ont alors de tout aussi grandes répercussions sur les coûts de fabrication des produits créés. Pas étonnant que les Japonais y attachent une grande importance, et que certaines entreprises américaines (Ford, IBM, etc.) et canadiennes leur aient emboîté le pas.

L'intégration du design

Camco, la filiale canadienne de General Electric, est ainsi souvent citée en exemple pour ses performances en design. Un atout qui permet à ce fabricant montréalais d'appareils électroménagers d'offrir rapidement une gamme diversifiée de produits répondant aux attentes de ses clients. Plusieurs autres entreprises sont engagées au Québec dans ce processus d'intégration de l'ingénierie simultanée au sein de leur propre organisation. C'est aussi le cas de GEC Alsthom, de Bombardier, de GM à Sainte-Thérèse, de Héroux ou de GE à Bromont.

Dans beaucoup d'industries, toutefois, le design est encore considéré comme l'étape qui précède simplement la fabrication. Les ingénieurs ont alors pour rôle principal de définir les composantes du futur produit, sans plus. Divers services travaillent au développement de ce produit selon un processus séquentiel, une équipe établissant ses spécifications afin de les transmettre à un autre qui conçoit le design, puis à un autre qui prévoit les méthodes et les outils servant à sa fabrication. Chacune travaille ainsi de manière plus ou moins isolée, avec les pertes d'efficacité et de temps qui en découlent dès qu'il faut apporter des ajustements au cours du processus de design.

PROCESSUS DE DÉVELOPPEMENT DE PRODUIT
EN INGÉNIERIE SÉQUENTIELLE

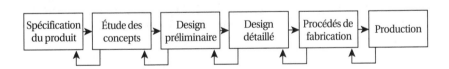

Source : Denis Proulx (Université de Sherbrooke)

Dans une perspective de production à valeur ajoutée, le design est au contraire intégré à un processus de développement et de réalisation d'un produit qui englobe l'identification des besoins des clients, la détermination des composants, le choix des méthodes de fabrication, la fabrication elle-même et ainsi de suite, jusqu'au service après-vente.

PROCESSUS DE DÉVELOPPEMENT DE PRODUIT EN INGÉNIERIE SIMULTANÉE

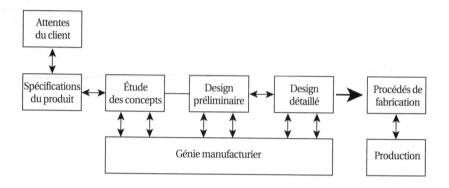

Source : Denis Proulx (Université de Sherbrooke)

Le concept d'ingénierie simultanée permet de satisfaire aux trois exigences de qualité du produit, de prix compétitif et de fabrication rapide grâce au caractère intégré et à la flexibilité du processus de design, à des équipes multifonctionnelles qui travaillent en interactivité intensive et peuvent donc apporter sans délai toutes les modifications nécessaires entre les étapes de conception et de production.

C'est ainsi qu'on peut affirmer que l'ingénierie simultanée est un élément de la gestion de la qualité totale au sein de l'entreprise. Elle s'appuie néanmoins sur ses propres outils, parmi lesquels les plus utilisés sont « le déploiement de la qualité », ou QFD (*Quality Function Deployment*), et « les méthodes Taguchi » ou la prévention de la non-qualité, tous deux inspirés de modèles japonais.

Expérience pilote à l'Université de Sherbrooke

Au Département de génie mécanique de l'Université de Sherbrooke, on mène depuis l'année dernière une expérience pilote visant à intégrer l'ingénierie simultanée à la formation des étudiants. Appelés à concevoir un projet de design en utilisant les outils spécifiques à la production à valeur ajoutée, ils travaillent en équipe avec l'appui de différents professeurs (en ingénierie, marketing, ressources humaines, psychologie) associés à des partenaires industriels.

Le déploiement de la qualité

Née au Japon en 1972, plus précisément au sein de la société Mitsubishi, cette méthode de gestion du processus de création et de réalisation d'un produit s'est rapidement propagée à d'autres entreprises nippones, avant d'être introduite aux États-Unis en 1984, chez Ford. Deux des avantages de cette méthode consistent à imposer constamment le respect des attentes du client et à créer une interaction entre les équipes de travail tout au long du processus de réalisation.

Comme l'explique Denis Proulx, ingénieur au Département de génie mécanique de l'Université de Sherbrooke et l'un des spécialistes de l'ingénierie simultanée au Québec, la méthode s'articule autour de quatre matrices interreliées « dont les paramètres de sortie deviennent paramètres d'entrée pour la suivante ». Le processus part toujours des attentes du client pour aboutir aux exigences de la production.

Dans la matrice 1, appelée « maison de la qualité », les attentes du client sont traduites en caractéristiques d'ingénierie auxquelles le produit à fabriquer doit se conformer. Dans la deuxième matrice, appelée « déploiement des composantes », les caractéristiques d'ingénierie sont traduites en caractéristiques de composantes. Celles-ci sont déployées en procédés de fabrication lors de l'étape de transition, appelée « planification du procédé », située entre la conception et la fabrication figurée par la troisième matrice. Enfin, l'éventail s'élargit encore dans la matrice 4, appelée « planification de la production », dernière étape où l'on planifie le démarrage de la production en traduisant les procédés en exigences de production.

L'interdépendance de ces quatre matrices, alliée au caractère multifonctionnel des équipes qui travaillent en interaction tout au long du processus, permet de garder constamment à l'esprit, jusqu'à la sortie du produit, que celui-ci doit satisfaire aux besoins du client. Ce type d'interdépendance présente des avantages indéniables en termes de coûts car, en réduisant les délais de pré-production, on diminue considérablement le nombre des modifications apportées au cours du processus. En appliquant à la lettre ces règles de base, la division Carrosserie de Toyota a réussi à faire baisser de 60 % ses coûts de pré-production et de démarrage de la fabrication.

Plus près de nous, une entreprise comme IPL s'est hissée parmi les plus grands fabricants canadiens de produits en plastique en apportant une attention constante aux besoins de sa clientèle, actuelle ou potentielle. Le goût marqué pour l'innovation de cette entreprise de Saint-Damien-de-Buckland, au sud de Québec, lui a ouvert les portes du géant Coca-Cola. Ce « vendeur d'innovations », qui fabrique quelque

600 produits à valeur ajoutée, n'oublie jamais qu'il est inutile d'avoir de bons produits si les clients ne sont pas au rendez-vous. La deuxième force d'IPL tient aussi à l'organisation de base de l'usine, où chaque famille de produits possède à sa tête un duo formé d'un ingénieur et d'un agent de marketing. Ainsi, de la conception du produit jusqu'au service à la clientèle, ingénieurs et gérants de produits travaillent en équipe pour améliorer la qualité de l'ensemble du processus.

LA MÉTHODE DE DÉPLOIEMENT DE LA QUALITÉ

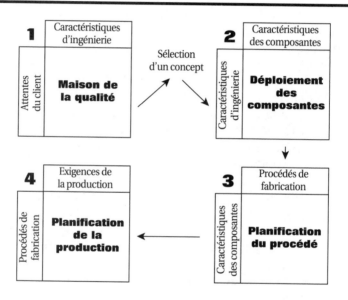

Source : Denis Proulx (Université de Sherbrooke)

La prévention de la non-qualité

Également développées au Japon, mais de plus en plus adoptées par les entreprises nord-américaines et européennes, les trois méthodes Taguchi offrent un authentique outil technologique qui permet d'intégrer la qualité au produit dès l'étape de la conception. Il ne s'agit donc pas du contrôle de qualité traditionnel effectué sur des pièces déjà produites, mais d'une approche d'ingénierie de qualité mise en place en début de ligne plutôt qu'en fin de ligne. À ce titre, on peut la qualifier de préventive, dans la mesure où elle rend possible la fabrication d'un produit de meilleure qualité à moindre coût.

LES MÉTHODES TAGUCHI

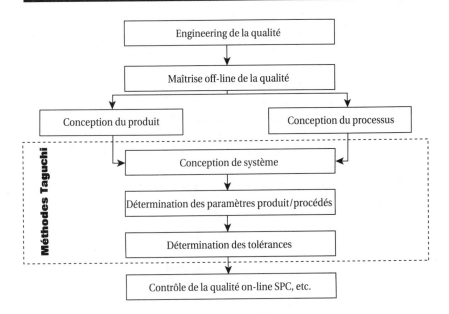

Source : Denis Proulx (Université de Sherbrooke)

Schéma global de l'engineering de la qualité qui allie les contrôles de qualité off-line et on-line.

La première méthode, ou étape, appelée « concept design » ou conception du système, reprend simplement la méthode initiale du « déploiement de la qualité », où l'on établit les caractéristiques d'ingénierie du futur produit à partir des attentes du client. Dans un deuxième temps, on détermine les paramètres du produit et des procédés de fabrication (*parameter design*). « Cette étape constitue la clef qui permet d'obtenir une bonne qualité sans augmenter les coûts », note Denis Proulx, précisant qu'elle vise à « rendre la qualité du produit insensible aux divers "bruits" associés aux paramètres de fabrication qui peuvent l'influencer, tout en choisissant ceux qui peuvent être facilement contrôlés afin d'avoir un design robuste ».

Dans un troisième temps, il faut déterminer les tolérances (*tolerance design*), les variations acceptables des procédés ou matériaux et, si l'on s'en écarte, corriger la situation en les remplaçant par de nouveaux matériaux ou procédés. L'approche est toujours basée sur une analyse des plus bas coûts de production possibles, qui assurent cependant un niveau satisfaisant de qualité.

Comme moyen de réduire les délais de fabrication de nouveaux produits, l'ingénierie simultanée couvre donc le cycle complet du développement, depuis l'idée originale jusqu'à la livraison au client. Les méthodes utilisées servent à intégrer ou à coordonner les efforts de l'ensemble des services tout au long des étapes de stratégie et de planification ainsi que de développement du concept, du produit et des processus. Mais plus important, ces méthodes permettent de mettre sur le marché des produits « tirés par la demande » plutôt qu'issus de travaux de recherche, fondamentale ou appliquée. En fait, de nombreuses études ont montré que 70 % des produits qui « marchent » naissent du marché lui-même, l'innovation en recherche-développement et en technologies servant d'appui au processus de fabrication. Et non l'inverse. Tout ce qui peut contribuer à faire entendre la « voix » du client, à répondre à ses demandes, attentes ou exigences doit donc être privilégié.

INGÉNIERIE SIMULTANÉE ET QUALITÉ TOTALE

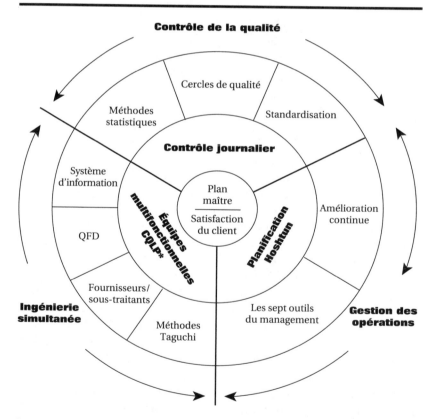

* Coût, Qualité, Livraison, Profit

Source : D'après Bob King, *Better Designs in Half The Time*

La compression des cycles

La prévision des besoins du client est un exercice difficile qui peut complètement échouer si le cycle d'innovation ou d'introduction du produit est trop lent. Les demandes du marché changent en effet de plus en plus vite, et si le cycle de fabrication s'allonge, un nouveau produit risque d'être déjà dépassé avant même de quitter l'usine !

Pour raccourcir ce cycle et améliorer de la sorte le temps de réponse au client, il faut modifier les procédures de « mise en course », de la préparation jusqu'à la production, de manière à réduire les délais tout en s'assurant de lancer du premier coup un bon produit. Le SMED (*Single Minute Exchange Die*), l'une des techniques les plus utilisées pour ce faire, fut développée par le Japonais Shigeo Shingo afin de réduire le temps dévolu au changement de série pour mieux produire en petits lots. La règle établie ou l'objectif visé consiste à ajuster les équipements en moins de 10 minutes pour passer d'un mode de production à un autre.

PROCÉDURES DE MISE EN COURSE

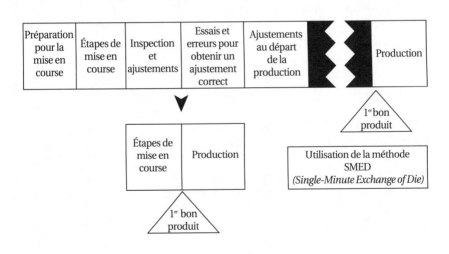

Source : Andersen Conseil

L'élimination maximum des délais

Chaque étape de la mise en course, selon le modèle de Shingo, est revue et corrigée pour éliminer le maximum de facteurs de retard. Cela vaut aussi bien pour la préparation de mise en course que pour les inspections, essais et ajustements de pièces ou de machines. La simplification est à l'honneur si l'on veut tendre vers l'élimination des ajustements, la standardisation des pièces et la réorganisation du travail.

De nombreux constructeurs automobiles consacrent encore près d'un an à modifier leurs installations pour produire un nouveau modèle. Quand ils ne ferment pas l'usine pour effectuer ces transformations ! Ils se complaisent dans une production « à valeur diminuée » pendant que Toyota reconfigure ses équipements pour assembler quatre modèles différents sur une même ligne de montage, sans interrompre la production.

Les coûts et le temps consacrés à la réorganisation de lignes de production pour la fabrication de nouveaux produits se répercutent donc directement sur la productivité de l'usine. Il en va de même pour des opérations plus courantes, par exemple changer le format d'une ligne d'empaquetage de produits alimentaires. En concevant un projet pilote de réduction du temps de mise en course sur une telle ligne, un fabricant québécois a réussi avec la participation de ses employés à réaliser le changement en 20 minutes au lieu de quatre heures.

La simplification des pratiques

La réduction des délais est en fait rarement redevable à l'introduction de technologies sophistiquées. Bien au contraire. C'est plutôt la simplification des pratiques et l'attention portée à chacune de celles-ci qui produisent les meilleurs résultats. La division de papiers fins de la firme Rolland, par exemple, n'a pas attendu longtemps pour tirer les leçons de la première expérience tentée dans ce domaine, sans aucun changement technologique. Aujourd'hui, le chargement des couteaux sur les machines coupant le papier prend seulement 20 % du temps qu'il nécessitait auparavant.

À Anjou, le fabricant de plaquettes de freins Distex s'est attaqué à ses méthodes de fabrication. Changer les matrices de ses presses prend au minimum une heure, mais en se dotant de nouveaux mécanismes pour les faire glisser au bon endroit sans recourir à un système complexe de manipulation et de fixation, il espère bien réduire ce délai à cinq minutes.

Chaque entreprise peut trouver ses propres « trucs », adaptés à sa situation. Celle-ci choisira d'uniformiser le format des boulons de ses machines. Celle-là procédera à l'ajustement de ses outils pendant le cycle de production plutôt qu'à l'arrêt. L'usine Kraft de Mont-Royal connaissait pour sa part un problème sur la chaîne de remplissage des bocaux de fromage Cheez-Whiz. L'ajustement des convoyeurs qui acheminait sur cette chaîne des bocaux de formats différents prenait jusqu'à six heures, réduisant la souplesse de l'usine et ses possibilités de production en petites séries. Aujourd'hui, trente minutes suffisent à ajuster la chaîne de remplissage.

Après avoir bien analysé le problème, on a opté pour un moyen simple permettant d'éliminer le goulot d'étranglement qui ralentissait tout le processus de fabrication. Pour remplir les bocaux de petit format, on a installé des séparateurs amovibles de largeurs variables entre les clôtures servant à aligner les rangées de grands bocaux.

Le changement d'équipement

D'autres entreprises renonceront carrément à leurs équipements ultra-modernes, très performants pour une production de masse, mais totalement inadéquats pour des séries courtes. Avon Canada, par exemple, n'a pas choisi de gaieté de coeur de délaisser une superbe machine automatique capable de fabriquer 80 tubes de rouge à lèvres à la minute. Ce petit bijou, qui a coûté 400 000 $, ne répondait plus qu'à de « vieux besoins » de l'usine de Pointe-Claire. Il lui faut aujourd'hui des machines plus souples pour produire la centaine de rouges à lèvres différents destinés à sa clientèle canadienne, des machines capables de fabriquer en 10 minutes des séries de 500 unités. Or, chaque changement de couleur exigeait deux heures d'ajustement sur la machine...

La réorganisation par produit

Les gains de temps, d'argent et d'énergie que permet la modification des processus de mise en course pavent la voie à une production de très courtes séries de produits. Mais pour répondre « juste à temps » à la demande, l'entreprise doit aussi, parallèlement, simplifier le plan de ses installations et réorganiser sa production en structurant son usine selon les gammes de produits plutôt que par fonction. C'est ce qu'on appelle la linéarisation des flux de production.

La restructuration de l'usine

Dans le modèle traditionnel d'une usine, on trouve ainsi des services de fraisage, de polissage, de perçage et de peinture. La configuration est celle d'une chaîne où les pièces circulent d'un atelier à l'autre. Le processus de fabrication est donc fort complexe, les parcours souvent illogiques et les retards nombreux. Les stocks s'accumulent pendant qu'on usine la première pièce d'un lot et chaque arrêt de la chaîne impose des files d'attente.

CENTRALISATION ET SPÉCIALISATION PAR FONCTION

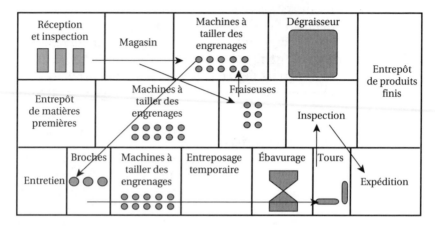

– Longues séries
– Long délai entre les opérations
– Stock élevé
– Problèmes de qualité cachés
– Communication difficile
– Manutention importante
– Longues distances

Source : Andersen Conseil

Aménagement typique d'une usine ou d'une unité de production où les équipements sont regroupés par fonction. Les caractéristiques : un inventaire imposant de produits en cours, beaucoup de manutention et de déplacements, défauts entraînant des pertes importantes, communication difficile.

Heureusement, il n'y a plus guère d'usines de ce type et, en rendant leurs flux de production plus linéaires, nombre d'entreprises sont déjà parvenues à réduire leurs délais de fabrication et à diminuer la manutention. On est encore loin cependant de l'adoption généralisée des techniques du « juste-à-temps » qui permettent d'accroître la productivité sans dépenses majeures en capital.

Selon le cabinet-conseil Arthur Andersen, l'application de telles techniques a pourtant fait ses preuves comme processus de simplification. Le juste-à-temps repose sur « l'idée que l'entreprise ne doit acheter ou produire que ce dont elle a besoin. Il permet d'éliminer les stocks excédentaires qui encombrent les ateliers ».

La réorganisation de la production

Pour une bonne application de ces techniques, la condition première est d'avoir adopté au préalable un mode de fabrication en cellules plutôt qu'à la chaîne. On renonce donc à spécialiser chaque aire de l'usine par fonction et on linéarise les flux par produit. Autrement dit, dans la mesure du possible, chaque cellule assure la fabrication complète d'une seule gamme de produits. Toute la machinerie et les postes de travail qui effectuent des opérations relatives aux mêmes pièces ou aux mêmes produits sont ainsi regroupés dans l'usine.

Linéarisation des flux par produit

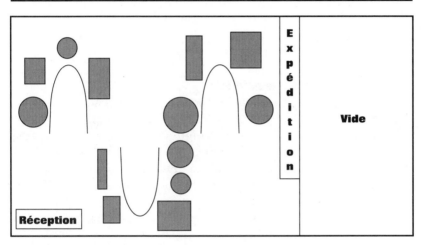

Disposition en U des cellules de production

Source : Andersen Conseil

Traditionnellement, dans une usine, les équipements sont regroupés par fonction (spécialisation). La circulation (ou flux) des produits est alors caractérisée par les points suivants :
- *longues séries ;*
- *long délai entre les opérations ;*
- *inventaire élevé de produits en cours ;*
- *problèmes de qualité cachés ;*
- *communication difficile ;*
- *manutention importante ;*
- *longues distances à parcourir.*

La cellule en U permet de faire circuler les produits dans une suite de machines et de postes de travail, où sont effectuées toutes les opérations relatives aux mêmes pièces ou aux mêmes produits.

De cette façon, on réduit considérablement les inventaires de produits en cours et on améliore la qualité et la communication.

Chaque cellule est conçue pour que s'enchaîne la série complète des opérations concernant les pièces ou produits dont le processus de fabrication est analogue. Ces cellules sont en fait des lignes de fabrication, généralement disposées en U, où chaque machine alimente la suivante, jusqu'à ce que toutes les opérations propres à la cellule soient menées à bien. À Saint-Laurent, Vapor Canada, qui usine des portes de véhicules, a opté pour une disposition en U de cellules de production. Deux ans après la réorganisation, sa capacité avait augmenté de 35 %.

« La configuration de la cellule, explique-t-on au cabinet Arthur Andersen, rend possible les manipulations de main à main d'une machine à l'autre. Elle permet à un opérateur de surveiller plusieurs machines à la fois, ce qui augmente la productivité de la main-d'œuvre. La taille des lots, les stocks d'encours, les opérations de manipulation et les délais de fabrication sont ainsi considérablement réduits. »

L'élimination de la circulation

Ce mode de production ne requiert aucun équipement nouveau ni personnel supplémentaire. En outre, il élimine complètement la circulation inutile de pièces, favorise la communication et l'esprit d'équipe, donne une meilleure vue d'ensemble sur l'évolution de la production et — avantage des plus appréciables — permet de réduire systématiquement d'un tiers sinon de la moitié la surface nécessaire à la fabrication. Qui dit mieux ?

Produire deux fois plus sur une surface de plancher divisée par deux : c'est le résultat obtenu par Venmar Ventilation à Drummondville. En misant sur le « juste-à-temps », l'entreprise est aujourd'hui capable de répondre à une commande en une semaine plutôt qu'en six. Au lieu d'avoir un seul grand entrepôt, elle en a aménagé plusieurs petits à proximité immédiate des machines, économisant sur l'espace et le temps de déplacement tout en réduisant au minimum les risques de bris.

Allié à la compression des temps de mise en course de la production, ce type de réorganisation en gammes de produits rend les travailleurs plus polyvalents et le contrôle de la qualité plus facile. Toute une série d'opérations ou d'activités n'ajoutant pas de valeur réelle au produit (inspection de lots, supervision, déplacements, entreposage) se trouvent réduits au minimum. Enfin, la production en courtes séries est rendue possible par la simplification de l'usine et de ses pratiques de mise en course.

La planification en flux tendu

La réduction des délais de mise en course, le regroupement des produits et la création de cellules de fabrication contribuent déjà à la création d'un flux tendu à l'intérieur du processus de fabrication. Pour le compléter, l'entreprise doit s'engager à acheter ou à produire uniquement ce dont elle a besoin pour répondre à la demande du client, et uniquement quand elle en a besoin. On planifie et on exécute le travail au plus près (en temps) de cette demande et non en fonction des prévisions de l'entreprise ou de ses stocks d'inventaire. Le « juste-à-temps » a d'ailleurs pour effet d'éliminer les stocks excédentaires qui encombrent entrepôts ou ateliers.

La culture du juste-à-temps

Contrairement à certaines idées reçues, le juste-à-temps n'est pas seulement une façon de réduire les stocks en imposant des contraintes nouvelles aux fournisseurs. Si son objectif ultime est d'assurer une réponse quasi immédiate à la demande, il concerne aussi l'ensemble de l'entreprise, qui doit réduire aussi bien ses stocks que ses propres délais de production.

En ce sens, le juste-à-temps relève davantage d'une nouvelle culture d'entreprise que d'une technique ou d'un programme précis. Les moyens importent peu, du moment qu'on atteint le plus haut niveau possible d'intégration et de souplesse pour répondre à la demande en un minimum de temps. C'est ainsi que Panasonic Bicycle peut offrir partout dans le monde, dans un délai de deux semaines, des vélos fabriqués sur mesure dans ses usines japonaises.

La gestion de la circulation

Parfois, la mise en place du juste-à-temps exigera une informatisation planifiée de la production en vue de soutenir la réorganisation du travail de production. Mais non l'inverse. Certains en profitent pour planifier leurs besoins de matières premières grâce à un système de gestion intégrée de l'information de production (MRP).

Conversion au mode de gestion « juste-à-temps »

En 1936, Daignault-Rolland fabriquait des harnais de ski et des raquettes de tennis. Aujourd'hui, l'entreprise est reconnue pour ses équipements de hockey et de baseball, avec une vingtaine de familles de produits et quelque 2 000 variantes de formes et de couleurs. Pourtant, on ne trouve pas d'équipements *high tech* dans ses ateliers, mais des machines à coudre bien ordinaires. Pour produire en petites quantités une grande variété de gants, jambières et culottes dans des délais très courts, Daignault-Rolland s'est convertie en 1989 au mode de gestion « juste-à-temps » en adoptant la méthode Sewing System de Toyota (TSS). Grâce à la souplesse des cellules de production, celle-ci permet, en l'espace de quelques heures seulement, de modifier complètement l'agencement des équipements en vue de fabriquer une nouvelle gamme de produits.

Plusieurs ont adopté le système de signalisation Kanban, qui gère la circulation des stocks à l'intérieur de l'usine et même en amont, dans les relations avec les fournisseurs. Les pièces sont déplacées par un système simple de manipulation d'une cellule de production à une autre, en petits lots et dans des contenants standardisés. Les fournisseurs eux-mêmes peuvent utiliser les mêmes contenants. La règle veut que les pièces venant du fournisseur ou d'une autre cellule ne soient produites ou déplacées que sur demande expresse de celui qui en sera l'utilisateur.

Le maillage avec les fournisseurs

Afin de réduire le cycle de production, la dernière méthode consiste à susciter la participation des fournisseurs dans la nouvelle approche de l'entreprise. C'est en effet grâce à eux qu'on parvient à comprimer les délais d'approvisionnement. Le partenariat ou maillage idéal repose sur un réel partage de l'information et de la technologie qui profitera à tous à long terme. Il ouvre la voie à la fourniture de composants de meilleure qualité ainsi qu'à une réduction des stocks et des inspections.

L'échange direct d'informations

L'entreprise visera généralement à réduire le nombre de ses fournisseurs en favorisant les plus proches. Elle négociera des ententes à long terme qui consolideront les relations commerciales et, surtout, misera sur la collaboration du personnel de production des deux entreprises. Ce dialogue peut notamment se traduire par un échange direct d'informations, une entraide en vue de résoudre des problèmes techniques et la participation au processus d'inspection des pièces ou des produits.

Un fervent partisan du maillage-fournisseurs

Multi-Marques, le plus important fabricant québécois de pain, ne jure que par le maillage avec ses fournisseurs pour obtenir ce dont il a besoin, et seulement ce dont il a besoin. C'est ainsi qu'il a conçu puis amélioré des paniers à pain — autrefois fournis par une société albertaine — de concert avec le fabricant de produits de plastique IPL. Les dirigeants des deux entreprises se sont rencontrés au Cercle des chefs meilleurs de la qualité du Québec avant de concocter leur projet commun. Aujourd'hui, Multi-Marques utilise 200 000 exemplaires de paniers fabriqués par IPL.

Multi-Marques n'en est pas à son coup d'essai. Il a multiplié les expériences de maillage avec Sun Maid, afin d'offrir à ses clients un excellent pain au raisin, avec la Commission canadienne du lait afin de mettre au point un pain à haute teneur en lait, ainsi qu'avec un autre fournisseur qui l'approvisionne en garnitures variées pour bûches de Noël. L'entreprise a même réalisé un maillage avec les ingénieurs de plusieurs fabricants d'équipements en vue d'aménager selon ses besoins sa nouvelle boulangerie de Laval.

L'usine Kraft de Ville Mont-Royal, par exemple, s'est convertie au « juste-à-temps » à la faveur d'un projet pilote de réduction des délais d'ajustement des convoyeurs acheminant les bocaux de Cheez Whiz sur la chaîne de remplissage. Tous les produits Kraft ont par la suite fait l'objet d'une opération d'amélioration de la qualité et de réduction des délais de livraison et des inventaires. Les fournisseurs eux-mêmes se sont mis à l'heure du juste-à-temps, parvenant à livrer les bocaux à l'usine le jour même de leur remplissage.

La plupart des grandes entreprises demandent de plus en plus à leurs fournisseurs d'augmenter la qualité de leurs produits, d'être plus souples ou de réduire leurs délais de livraison. Elles savent bien que leur propre compétitivité dépend, au moins en partie, de celle de leurs sous-traitants.

Mais la mise en place de véritables réseaux de partenariat industriel, comme cela se fait couramment en Asie, est loin d'être la règle dans les pays occidentaux.

Le travail en partenariat

Selon cette nouvelle approche partenariale, l'entreprise n'est plus seulement cliente de son fournisseur mais partenaire, voire « offreur » de services. Elle peut être appelée à aider le sous-traitant qui veut réorganiser son processus de production, à donner une formation technique à son personnel, à faciliter la mise en place de nouvelles technologies de gestion ou de production, etc. Chez Digital, les principaux fournisseurs sont même intégrés aux équipes de planification de la production, en compagnie des ingénieurs et des techniciens.

Dans une étude récente sur la sous-traitance au Québec, Yves Martin note que les coûts de plus en plus élevés rattachés au développement de nouveaux produits dans le secteur aéronautique ont entraîné de sérieux changements dans les relations entre fournisseurs et grandes entreprises. Bien souvent, ceux-ci travaillent de concert à la conception des programmes de développement et ils échangent constamment les informations utiles tout au long du processus de fabrication.

Dans le secteur de l'électronique, qui compte au Québec une cinquantaine de sous-traitants, le contrôle de la qualité est devenu indispensable pour faire face à la concurrence japonaise. « Le processus de choix des sous-traitants, explique Yves Martin, devient plus complexe et plus long. On enquête sur les modes de gestion, la santé financière, les procédés de fabrication et les capacités d'innover de la firme sous-traitante envisagée ». Les prix du fournisseur deviennent presque secondaires en regard de ces facteurs.

RÉDUCTION DE LA LONGUEUR DU CYCLE DE PRODUCTION
ET INCIDENCE SUR LES COÛTS

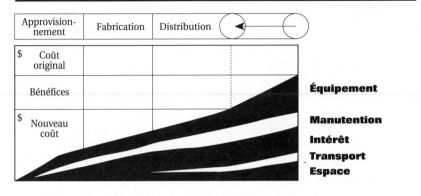

Source : Andersen Conseil

Un enjeu de premier plan

Dans une économie qui se globalise et qui évolue rapidement, l'entreprise n'a d'autre choix que de prendre tous les moyens nécessaires afin de gagner du temps à toutes les étapes de la production, de la conception du produit jusqu'à sa mise en marché. Il est non seulement capital d'améliorer le temps de réponse, mais aussi de planifier la production selon la demande et de tirer avantage d'un nouveau style de partenariat avec ses fournisseurs en amont comme en aval. Tout cela devient un enjeu de premier plan. Une nécessité absolue pour atteindre l'objectif ultime de produire plus à meilleur coût.

Chapitre 9

Produire plus
à moindre coût

Avoir le souci constant de gagner du temps dans l'ensemble du processus de fabrication est un élément crucial pour augmenter simultanément la valeur des produits et diminuer les coûts. La démarche, pour être primordiale, n'en est pas moins insuffisante. Pour la compléter, il faut viser non seulement à valoriser les produits mais à en fabriquer plus avec des coûts moindres.

Le producteur à valeur ajoutée s'engage ici, parallèlement à son travail pour améliorer le temps de réponse, à faire la chasse aux problèmes et à tout ce qui n'ajoute pas de valeur aux produits. C'est l'élimination du gaspillage sous toutes ses formes.

Il doit, enfin, réaliser des économies de gamme, c'est à dire optimiser les flux de production de l'entreprise de manière à être capable d'élargir l'éventail des produits fabriqués et ainsi mieux répondre aux besoins particuliers de sa clientèle. Il faut chercher à minimiser les coûts supplémentaires d'une telle production en utilisant au maximum les mêmes composants, machines ou outils et en rendant plus flexible le travail des employés.

L'élimination du gaspillage

Une entreprise qui, s'inspirant des principes de la production à valeur ajoutée, se lance dans la fabrication de 10 unités d'un produit plutôt que de 1 000 ne dispose d'aucune marge d'erreur. Il lui faut réussir la mise au point de son produit du premier coup, car elle ne peut reporter ses frais fixes sur des séries plus longues. Elle doit donc faire la chasse aux problèmes et réduire le gaspillage sous toutes ses formes au cours du processus de production. Son objectif est d'éliminer les activités qui n'ajoutent aucune valeur aux produits, qu'il s'agisse de la manutention, de la surproduction, des stocks, des défauts ou des interruptions de l'appareil de production.

Pour ce faire, elle aura notamment recours à un programme d'entretien productif, à l'implantation de la qualité totale et au réaménagement des postes de travail, toutes des démarches qui se situent en amont du processus de production plutôt qu'au milieu ou à la fin, lorsqu'il faut par exemple rejeter les produits défectueux.

ÉLIMINATION DU GASPILLAGE

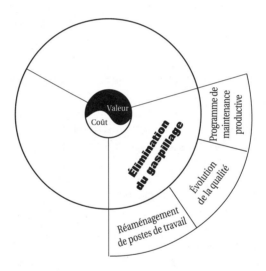

Source : Ministère de l'Industrie, du Commerce et de la Technologie

L'instauration de la maintenance productive

L'un des objectifs du programme de maintenance productive est d'éliminer, dans toute la mesure du possible, les pannes d'équipements, en misant sur l'entretien préventif. Il peut aussi ouvrir la voie à diverses améliorations à l'intérieur de l'usine. Ainsi, en installant une chute qui achemine dans un contenant les débris d'usinage tels des copeaux, plutôt que de les laisser tomber par terre, on évite 30 minutes de nettoyage à la fin de chaque quart et on limite les risques d'accidents.

Les différentes formes de maintenance

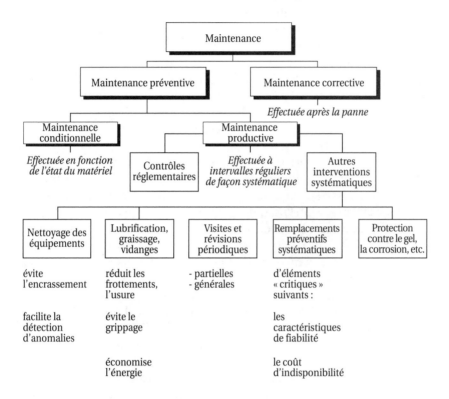

D'après : Alain Boulanger, « La maintenance conditionnelle », *travail et méthodes* ;
Arnold Ogus, « Pour une meilleure maintenance : un problème pour l'industrie de demain »,
Revue Achats et Entretien.

Une maintenance efficace vise à réduire l'écart entre le temps de fonctionnement des machines et le temps réel (disponibilité), la vitesse nominale et la vitesse d'exploitation (performance) ainsi que le nombre de bons produits et celui des produits fabriqués (qualité). En limitant les accidents et les sources de pollution, elle favorise en outre la sécurité au travail.

Pour toute industrie qui se veut compétitive, la maintenance industrielle est une façon de rentabiliser ses opérations de fabrication et son investissement technologique. La sûreté de fonctionnement de l'appareil de production (l'absence de dysfonctionnement, le zéro-panne, le zéro-défaillance) devient une source importante de gains de productivité lorsque l'on tient compte de facteurs tels que la fiabilité, la maintenabilité, la disponibilité, la durabilité, la sécurité et la rentabilité des opérations.

Concrètement, les gains anticipés de l'implantation d'un système simple de gestion en maintenance préventive peuvent représenter :

- une augmentation de 15 à 20 % de la productivité de la main-d'œuvre de maintenance ;
- une réduction de 25 à 50 % des temps d'arrêt imprévus ;
- une diminution de 10 % des coûts des pièces de rechange ;
- une réduction de 40 à 50 % des appels de service ;
- une diminution de 20 à 40 % des heures supplémentaires après installation d'un tel système.

Il ne faut pas perdre de vue que la mondialisation des marchés a créé de nouvelles exigences de production dont une des conditions majeures repose sur la maîtrise de la qualité de réalisation. Pour donner à la fabrication l'assurance d'une performance qualité-coût de haut niveau, il faut disposer de moyens parfaitement adaptés et en parfaite condition de fonctionnement. Cette interdépendance fabrication-maintenance devient essentielle depuis que s'accentue l'implantation de l'automatisation et de l'informatisation dans l'industrie.

Enfin, les nouvelles pratiques de maintenance industrielle se trouvent au coeur d'une politique de transfert de technologie avancée. C'est un facteur clé de la mise en place et de la diffusion du savoir-faire technologique et d'une flexibilité accrue de la main-d'œuvre.

L'élimination des défauts par la qualité totale

L'amélioration de la qualité passe nécessairement par la participation des employés et leur responsabilisation dans le processus de production. L'intervention repose ici sur la connaissance, l'information et le souci, pour les employés, d'améliorer constamment le processus.

L'absence de stocks de dépannage et l'intégration des opérations au sein de l'usine rend en effet indispensable, pour l'application fructueuse des techniques du juste-à-temps, de produire uniquement des pièces de bonne qualité. Cela vaut pour les fournisseurs comme pour les employés.

Diverses méthodes ou instruments peuvent servir dans le cadre d'une démarche globale visant à « bâtir la qualité à même le produit ». L'entreprise misera à cet égard sur l'inspection à la source des produits ou des pièces. La vérification de départ établit les mesures correctives urgentes et vise à éliminer tous les défauts possibles. Au cours du processus de production, la méthode statistique SPC *(Statistical Process Control)* sert à évaluer les tendances à la déviation d'un procédé et même à anticiper ces déviations. Cette « assurance-qualité » permet la détection constante des défauts, l'analyse de leurs causes et le choix des mesures correctives appropriées.

OUTIL D'ANALYSE STATISTIQUE

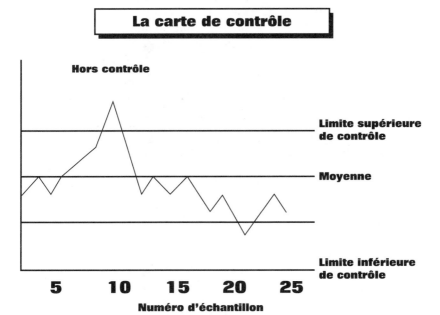

La carte de contrôle est une technique statistique utilisée pour mesurer et réduire la variabilité d'un procédé. Bien utilisée, elle peut aider à éliminer les distorsions inhabituelles.

Il y a deux types de variations :
- les variations habituelles (inhérentes au procédé) ;
- les variations inhabituelles (perturbations imprévisibles qui signalent l'existence d'un problème dans le procédé).

Chaque carte de contrôle est établie en calculant les limites supérieure et inférieure de variabilité. Pour ce faire, on recueille les données pertinentes et on procède à un calcul statistique.

Par la suite, on inscrit les données obtenues pour chaque échantillon. On utilise habituellement deux sortes de cartes : l'une pour la moyenne d'un échantillon et l'autre, pour ses valeurs supérieure et inférieure (carte de moyenne et carte d'étendue).

Si un échantillon dépasse les limites établies, il faut prendre des mesures correctives pour éliminer totalement la cause de ce dépassement. Si toutes les données des échantillons demeurent à l'intérieur des limites, le procédé peut être considéré comme étant « sous contrôle ».

La carte de contrôle est un autre instrument d'analyse utile lorsqu'il s'agit de vérifier des échantillons, tout comme l'est le diagramme « cause à effet », une méthode graphique qui permet de déterminer les causes des problèmes de qualité en mettant en relation toutes les variables en présence (méthodes, matières, personnel, environnement ou équipement). Facile à construire et à interpréter, l'outil d'analyse « Pareto » sert quant à lui à mesurer l'importance des problèmes de qualité (rebuts, taches, défauts de surface ou de couleur, fissures, etc.) et à établir les mesures les plus urgentes à prendre.

OUTIL D'ANALYSE : ISHIKAWA

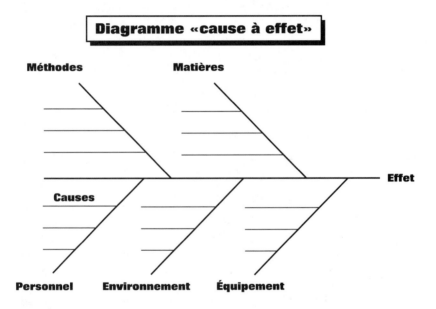

Le diagramme « cause à effet » sert à identifier les causes possibles de problèmes reliés à la qualité. Ce diagramme est également connu sous les noms d'« arête de poisson », en raison de sa forme, et de diagramme d'Ishikawa.

L'effet, c'est-à-dire le problème à régler, est décrit à la droite du diagramme ; plus la description sera détaillée, meilleur sera le résultat.

Les causes sont déterminées et disposées par catégories. Chaque catégorie est constituée d'une branche principale, et chaque cause dans cette catégorie forme une sous-branche. Les causes peuvent à leur tour être divisées en sous-causes et constituer des sous-branches supplémentaires.

Bien qu'il existe des catégories standard (méthodes, matières, personnel, équipement, environnement), il n'y a aucune restriction à cet égard.

Avantages du diagramme « cause à effet »
• C'est un outil de groupe qui encourage les gens à travailler ensemble ;
• il permet d'établir une liste des sources possibles de problèmes ;
• il oriente la collecte de données vers l'identification de l'origine réelle du problème ;
• il peut être utilisé comme outil de gestion dans la distribution des tâches pour la recherche des causes.

OUTIL D'ANALYSE : PARETO

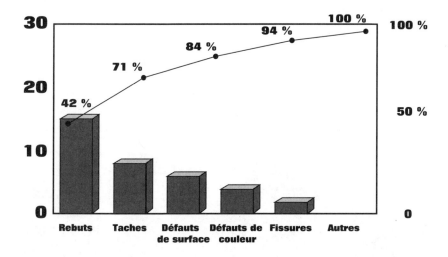

La loi de Pareto a été développée à la fin du XIXe siècle par l'Italien Vilfredo Pareto, ingénieur de son état. En étudiant la concentration de la richesse et des revenus dans son pays natal, Pareto a constaté qu'une très grande proportion du revenu national était concentré entre les mains de 20 % de la population. Il mit au point une formule mathématique pour exprimer cette concentration des revenus. Pendant longtemps, cette relation pourtant intéressante a eu très peu d'applications.

Au cours de la Seconde Guerre mondiale, une analyse de contrôle des inventaires a démontré que 10 à 20 % des articles représentaient 80 à 90 % de la valeur totale d'un inventaire. Ce même phénomène s'observe dans d'autre domaines :

- il suffit de quelques étudiants pour causer des problèmes à l'échelle de l'école ;
- quelques personnes suffisent à faire grimper le taux d'absentéisme ;
- quelques défauts sont responsables de la plupart des pertes reliées à la qualité.

Le diagramme de Pareto est une représentation graphique de cette loi. Les catégories de défauts sont placées sur l'axe horizontal et les totaux cumulatifs, exprimés en pourcentages, sur l'axe vertical.

L'analyse de Pareto permet d'établir un ordre de priorité dans les problèmes à résoudre ou les domaines qui se prêtent à amélioration.

Le réaménagement de postes de travail

La chasse aux défauts, essentielle à l'amélioration de la qualité et à l'élimination du gaspillage, s'accompagne presque toujours de la transformation de certains postes de travail. L'objectif est ici de limiter le plus possible les déplacements inutiles en mettant à la disposition immédiate du personnel les meilleurs outils ou machines. Un poste de travail peut ainsi comprendre un tapis roulant sur lequel arrivent les pièces ou produits dont l'employé a besoin, un gabarit, un établi lui donnant un accès direct aux outils servant à l'entretien ou au contrôle de la qualité, un chariot sur roulettes et tout appareil nécessaire à ses tâches.

L'espace de travail s'en trouve mieux structuré. Les problèmes peuvent être plus rapidement identifiés et les risques d'erreur sont réduits. On facilite de plus le travail en équipe grâce à une meilleure communication entre les employés d'une même cellule de production.

EXEMPLE D'UN POSTE DE TRAVAIL

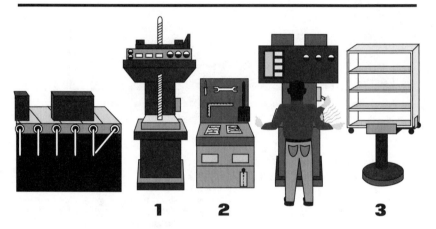

1. Utilisation d'un gabarit

2. Accès direct aux outils nécessaires pour l'entretien, le contrôle qualité, etc.

3. Chariot sur roulettes placé directement au poste, monté sur vérin

Source : Andersen Conseil

Le réaménagement des postes de travail procure un espace de travail mieux structuré permettant d'identifier les problèmes plus rapidement, de réduire les déplacements, de faciliter la recherche des outils, d'améliorer la communication et de minimiser les risques d'erreur.

Les économies de gamme

Faire des économies de gamme, c'est proposer un éventail élargi de produits répondant aux besoins particuliers de la clientèle tout en utilisant, pour les fabriquer, les mêmes composants, machines, outils, procédés, connaissances et employés. On doit tenir compte de l'ensemble de ces éléments dès le début du processus de développement du produit afin de concevoir son design en conséquence.

Pour résoudre l'équation « plus de produits à moindre coût », qui est à la source des économies de gamme, il faut simplifier le produit au maximum, rendre les équipements souples et enrichir les tâches des employés.

ÉCONOMIES DE GAMME

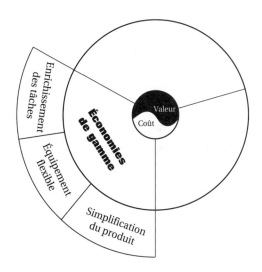

Source : Ministère de l'Industrie, du Commerce et de la Technologie

La simplification du produit

L'organisation de la production par famille de produits, l'ingénierie simultanée et la restructuration en cellules de travail concourent déjà à simplifier le processus de production. Pour aller plus loin, c'est au produit lui-même qu'il faut s'attaquer. Il s'agit ici de concevoir différents produits faisant appel aux mêmes composants. Les pièces ont ainsi avantage à être standardisées et conçues de manière à faciliter l'assemblage.

Avon Canada, par exemple, peut proposer 100 variétés de rouge à lèvres avec un même tube et une même capsule. La simplification du processus de production a aussi guidé la décision de l'entreprise d'adopter un seul contenant pour tous ses désodorisants, l'étiquette distinguant chacun des produits.

RÉDUCTION DU NOMBRE DE PIÈCES

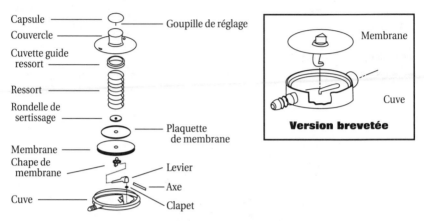

Vue éclatée du détenteur initial

Source : *Le mieux produire* de C. Marty

Réaliser des économies de gamme (c'est-à-dire offrir une variété de produits tout en réduisant les coûts) se fait entre autres en utilisant le plus possible les mêmes pièces dans plusieurs produits, ou encore en réduisant le nombre de pièces. Cela fait partie des principes du design qui facilitent la fabrication et l'assemblage.

Dans la mesure du possible, le design sera similaire pour ce qui est de la fabrication et de l'assemblage. D'ailleurs, les constructeurs automobiles adoptent cette démarche de simplification quand ils réduisent le nombre de systèmes de freinage, d'amortisseurs, de moteurs, de composants électriques et de sièges servant à l'ensemble de leurs modèles.

La flexibilité des équipements

L'entreprise à valeur ajoutée fait face aux mêmes contraintes que d'autres. Elle doit s'adapter à une demande changeante et à la réduction du cycle de vie des produits. Pour insérer dans le processus des matières premières variées et livrer des produits finis tout aussi variés, il lui faut assouplir ses équipements pour qu'ils conviennent à l'usinage de pièces de dimensions et de types différents.

On doit donc concevoir ces équipements en prévision d'opérations multiples et de la fabrication de plusieurs produits. Le fait d'utiliser une même pièce d'équipement à plusieurs tâches et pour de nombreux produits permet de maximiser le rendement sur l'investissement. Leur mise en route doit être rapide et leur fonctionnement très simple. Ils peuvent intégrer des mécanismes d'auto-analyse et des programmes de prise de données informatisées. Ces machines « à valeur ajoutée » permettent d'augmenter la souplesse et de réduire le temps de réaction aux besoins du client, mais elles présentent aussi l'avantage de maximiser leur propre utilisation et de diminuer les risques d'erreurs.

Circo Craft, l'un des plus importants fabricants canadiens de circuits imprimés, a ainsi misé sur la flexibilité de ses procédés pour élargir sa gamme de produits, tout en répondant aux délais très serrés exigés par sa clientèle. Ses trois usines de Granby, Kirkland et Pointe-Claire sont dotées d'outils ultra-modernes favorisant cette souplesse : système de gestion manufacturière MRP qui planifie la production et réduit les délais de livraison, techniques du juste-à-temps, système informatisé de simulation et d'exécution des lots de commande, etc. La combinaison de ces outils a permis à Circo Craft de réduire à 10 jours un cycle de production qui en durait 23 auparavant.

DES ÉQUIPEMENTS ET DES LOGICIELS ADAPTÉS À LA PVA

Critères de choix

- Permettent de réduire les temps de mise en course
- Utilisables : à plusieurs tâches (opérations)
  à la fabrication de plusieurs produits
- Permettent de boucler les processus
- Faciles à utiliser
- Saisissent les données nécessaires à la mesure de la performance
- Accessibles
- Distribués

Note : La vitesse est rarement le critère de sélection le plus important.

Source : Ministère de l'Industrie, du Commerce et de la Technologie

L'enrichissement des tâches

La valorisation des ressources humaines est une nécessité absolue dans un mode de production à valeur ajoutée. En effet, la réalisation d'économies de gamme passe aussi par une meilleure productivité des employés. La souplesse, la prise de responsabilités et la créativité du personnel doivent à cet égard être encouragées par un enrichissement des tâches.

Les Lingeries Claudel, qui ont entièrement repensé leurs ateliers en modules de production, tirent un grand avantage de l'autonomie des employés. On a valorisé l'esprit d'équipe et remplacé les postes de contremaîtresses et de contrôleurs de la qualité par des postes de chefs d'équipe. On a aussi amélioré la formation pour permettre aux couturières de réaliser une vingtaine d'opérations au lieu de deux. La polyvalence du personnel est aussi une règle d'or chez Circo Craft, où les opérateurs prêtent main-forte à leurs collègues après avoir fini leur travail. Pour « assouplir » ses 710 employés, Circo Craft consacre près de 100 000 heures par an à leur formation.

L'accent mis sur la formation, l'aptitude à travailler en équipe et à différentes tâches sont autant de facteurs de souplesse. La responsabilité naît d'un engagement constant envers l'amélioration du processus de production, d'un parti pris en faveur de l'autonomie et de l'appui de la direction. Enfin, la créativité est soutenue par une bonne formation — qui aide par exemple les employés à résoudre eux-mêmes les problèmes qu'ils rencontrent —, par les responsabilités qu'on leur donne dans la mise en place d'un changement et par l'attention portée aux idées et aux projets de chacun. La participation passe aussi par une certaine sécurité d'emploi garantie par l'entreprise.

Miser sur la formation continue

La formation continue des employés est primordiale chez le fabricant de produits en plastique IPL dont l'usine a été complètement réorganisée dans les années 80. Chaque employé suit ainsi quarante heures de formation par an en moyenne. Entièrement réaménagée au milieu des années 80, l'usine d'IPL a accru sa productivité de 30 % en réduisant ses coûts de production et en adoptant les principes de la qualité totale. Elle dispose aujourd'hui d'équipements ultra-modernes fonctionnant 24 heures sur 24, sept jours sur sept. C'est en misant sur la formation continue que l'entreprise réussit à en tirer le maximum de productivité.

LA VALORISATION DES RESSOURCES HUMAINES

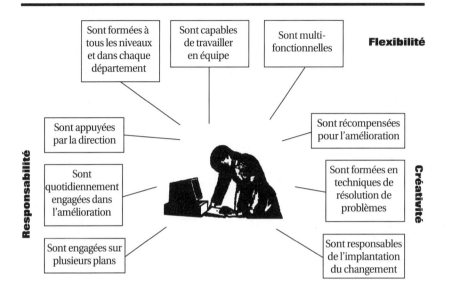

Source : Andersen Conseil

Souplesse et formation continue sont aussi des éléments clés de la gestion en mode « juste-à-temps » chez Daignault-Rolland, leader en équipements de hockey et de baseball. Les employés apprennent sans cesse à fabriquer de nouveaux produits. Ils réalisent ainsi plusieurs opérations plutôt qu'une seule tâche répétitive sur la chaîne de production, et vérifient eux-mêmes leur travail. La responsabilisation du personnel concourt à une meilleure qualité des produits.

Divers moyens, souvent très simples, peuvent donc stimuler la participation du personnel : allègement de la structure hiérarchique, élargissement du champ de responsabilités, libre circulation de l'information et des résultats, résolution des problèmes en équipe, utilisation des suggestions des employés, encouragement à la formation. En bout de ligne, l'employé multifonctionnel a plusieurs « casquettes ». Il fait fonctionner une machine, assure la mise en course, l'entretien et le contrôle de la qualité, il travaille en équipe tout en participant aux décisions et en soumettant ses idées.

Les résultats éloquents d'un virage

Si la compagnie Schneider — l'un des leaders canadiens de l'industrie bioalimentaire, qui a racheté la Charcuterie Roy de Saint-Anselme au Québec — avance à pas de géant depuis 1990, c'est parce que l'entreprise s'est engagée, cette année-là, dans la voie de la production à valeur ajoutée. Elle est depuis lors citée comme un exemple en matière d'élimination du gaspillage et d'économie de gamme. Le virage a été pris en misant notamment sur le développement d'une nouvelle culture d'entreprise. L'épicentre de sa démarche : tout faire pour valoriser le travail de ses employés. Aujourd'hui, Schneider récolte les fruits d'un changement basé, entre autres, sur le renforcement de la qualité de vie au travail, l'implication des salariés (devenus de véritables créateurs dans un processus d'amélioration continue), l'assurance qui leur est donnée d'une sécurité d'emploi, des circuits de communication interne simplifiée et réelle...

Les résultats sont à la mesure du bouleversement des mentalités qui a été opéré. Aujourd'hui, les dirigeants de Schneider affirment fièrement que la réduction de plus de 8 millions de dollars en 1991 des coûts de production de l'entreprise est le résultat direct du formidable travail accompli par ses employés. La baisse drastique du niveau des inventaires ou la coupure de plus de 40 % des coûts associés au manque de qualité des produits en sont d'autres exemples. Ce sont les équipes mises en place au sein de l'entreprise qui ont également trouvé le moyen de réduire de plus du tiers le volume d'eau utilisé dans le processus de fabrication. L'appel aux suggestions et, surtout, le suivi qui y est donné (35 % des 6 000 idées soumises par les employés en 1991 ont été retenues pour application) ont permis à Schneider de « sauver », cette année-là, 7,5 millions de dollars. La baisse de 23 % du taux d'absentéisme dans l'entreprise a sans doute été l'un des meilleurs indicateurs du niveau de satisfaction dans le travail qui a découlé de la nouvelle démarche.

Le premier facteur de productivité

Jack Welch, le grand patron de General Electric, affirme à qui veut l'entendre que le seul moyen d'améliorer la productivité réside dans la participation et l'enthousiasme des employés. C'est en grande partie grâce à cette motivation que, selon lui, GE a réussi à réduire de 75 % les délais entre la réception d'une commande et la livraison du produit fini.

L'élément humain demeure donc la première source de productivité de l'entreprise. C'est sur le personnel que reposent les véritables possibilités d'améliorer le processus de production et non, comme certains le croient encore, sur l'automatisation, les robots ou d'autres technologies de pointe. L'enrichissement des tâches permet en fait de capter l'intelligence collective ; plus les tâches sont enrichies, plus on utilise l'intelligence disponible au sein de l'entreprise. Là encore, c'est toute une culture d'entreprise qu'il faut souvent recréer, en misant sur la collaboration harmonieuse entre dirigeants et employés.

En somme, aucune entreprise ne peut espérer pouvoir ajouter de la valeur à sa production, éliminer le gaspillage et réduire l'ensemble des coûts sans créer un environnement de travail qui y soit propice. La qualité des relations humaines, l'implication continue des employés, les responsabilités qui leur sont données et l'appel constant à la créativité du personnel sont quelques-uns des éléments clés à inscrire en lettres d'or sur le fronton de l'entreprise qui « aspire » à la valeur ajoutée.

Des avantages réels

L'expérience des entreprises qui ont appliqué les principes de la production à valeur ajoutée donne une idée des avantages de celle-ci. Selon le cabinet-conseil Arthur Andersen, ces entreprises ont en moyenne réussi à accomplir les exploits suivants :

- réduire de 75 % les temps de mise en course ;
- réduire de 90 % les délais de fabrication ;
- réduire de 75 à 90 % le nombre de pièces rejetées ;
- diminuer de 5 à 20 % le coût des pièces achetées ;
- diminuer jusqu'à 90 % le niveau des stocks ;
- augmenter de 5 à 20 % la productivité de la main-d'œuvre ;
- réduire jusqu'à 50 % la surface des aires de fabrication ;
- simplifier les systèmes de contrôle et de manutention ;
- augmenter la souplesse des équipements ;
- améliorer le service à la clientèle.

Dans un marché où la compétitivité est la clé du succès, la production à valeur ajoutée est certes un atout majeur.

Chapitre 10

De la théorie
à la pratique

Comment passer de la théorie à la pratique quand vient le temps d'appliquer en entreprise les principes de la production à valeur ajoutée ? Avant tout, il faut faire appel au bon sens et éviter de compliquer inutilement les choses. Chaque entreprise a ses difficultés propres, mais aussi des atouts qu'elle doit bien étudier avant d'entreprendre les changements en profondeur qui apporteront une solution « adaptée » aux problèmes soulevés.

Le plus important est sans doute de garder à l'esprit que toute nouvelle démarche, pour donner le maximum de résultats, doit s'appliquer à la totalité de l'entreprise, c'est-à-dire à son personnel, à ses processus, à ses flux d'information, à ses infrastructures, etc. La direction doit s'engager à fond et maîtriser les principes sur lesquels repose la production à valeur ajoutée, notamment celui qui dicte d'éliminer tout ce qui n'apporte aucune valeur au produit. Ce qui n'empêche pas de procéder étape par étape, plutôt que de bouleverser tout l'appareil de production au risque de perdre le contrôle de sa transformation.

D'abord et avant tout, la simplification

On peut définir trois étapes précises de mise en œuvre. La première consiste à prendre résolument parti pour la simplification avant de s'engager plus avant. Simplifier les produits, les procédés, les technologies, l'organisation de la production, les postes de travail et même les rapports humains sont autant de moyens de franchir cette première étape, la moins chère et la plus « enrichissante » sur le plan du rapport coûts-bénéfices. Toute amélioration de la productivité dépend de cette simplification, qui donne à l'entreprise une base plus solide et la prépare aux changements majeurs précédant les deux autres étapes, soit l'arrivée de nouvelles technologies et l'intégration du processus de production.

ANALYSE COÛTS BÉNÉFICES

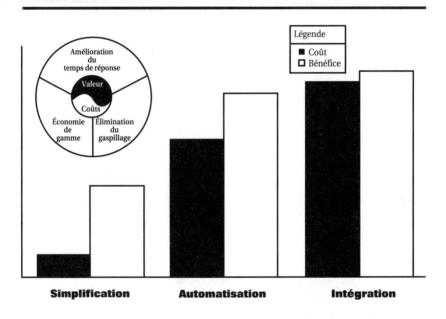

Légende
■ Coût
□ Bénéfice

Amélioration du temps de réponse

Valeur
Coûts

Économie de gamme

Élimination du gaspillage

Simplification   **Automatisation**   **Intégration**

Source : Andersen Conseil et MICT

Pour l'entrepreneur qui se convertit à la production à valeur ajoutée, la simplification est un indispensable pré-requis, un gage de la réussite de l'automatisation des opérations et de l'intégration profitable de l'appareil de production. En donnant une image plus nette des besoins en technologies de pointe, elle garantit un juste retour sur les investissements envisagés, souvent majeurs. Dans ces conditions, les bénéfices apparaîtront à terme supérieurs à la mise de départ, comme c'est le cas pour l'étape suivante de l'intégration, qui exige également un investissement lourd pour une moindre marge bénéficiaire de départ. C'est à l'aune de la performance de l'ensemble du système et de ses nouvelles méthodes de production qu'on mesurera ensuite la « valeur ajoutée ». Celle-ci sera le fruit d'un

effet multiplicateur entre les avantages combinés de la simplification, de l'automatisation et de l'intégration.

Les étapes de la mise en œuvre

La plupart des entreprises engagées dans une démarche de production à
valeur ajoutée ont démarré avec un ou plusieurs projets pilotes ayant
souvent servi de catalyseur à sa mise en œuvre à l'échelle de l'usine
entière.

L'identification d'objectifs ambitieux

Dans un premier temps, ces entreprises ont défini leurs objectifs à
partir d'études prospectives qui évaluent le potentiel d'amélioration
(réduction du temps de mise en course, élimination du gaspillage,
économies de gamme) tout en relevant les problèmes majeurs à régler
(délais, stocks, espace, déplacements, qualité insuffisante, etc.). Ces
« symptômes » sont *a contrario* les meilleurs indicateurs de la nécessité
de la production à valeur ajoutée, les signes d'une perte de valeur et
de bénéfices.

En pareil cas, il convient de se « surpasser » en fixant des objectifs
très ambitieux. L'analyse coûts-bénéfices sera d'autant plus fiable que
les possibilités sont déterminées en fonction des projets proposés.
Ceux-ci viseront par exemple à réaliser la fabrication ou l'assemblage
en mode juste-à-temps, à instaurer un programme d'entretien préventif
ou un plan de maillage avec les fournisseurs.

La conception préliminaire du projet

Lors de la conception préliminaire du projet pilote, on évalue à la fois
le coût global des efforts d'amélioration et les bénéfices attendus. On
prévoit également l'expertise et les équipements qu'il faudra acquérir.
Le choix même du projet doit tenir compte de plusieurs facteurs tels
que la valeur de l'en-cours, le volume, le délai de production, l'espace,
le temps de mise en course et le coût du produit. On confirme ensuite
les objectifs de réduction : réduire, par exemple, le délai de production
de trois jours à une heure ou diminuer l'espace requis de 30 %.

On pourra alors entreprendre le travail de conception d'une cellule
de production, à partir du plan en vigueur. Une fois l'emplacement de
la cellule choisi, on en dresse le plan en fonction des machines, des
matériels ou des bureaux nécessaires à la mise au point de l'ensemble
du processus (réception, coupe, entreposage, expédition, vente, etc.).
C'est aussi à ce stade qu'on prévoit les modifications à apporter aux
postes de travail. Enfin, il est important de réévaluer les coûts

(équipements et installations) et les bénéfices attendus (diminution de l'espace requis, des délais de production ou de la main-d'œuvre).

Le calendrier de mise en œuvre

La conception préliminaire d'un projet pilote a tout intérêt à se faire en collaboration avec le personnel chargé des opérations et une équipe de travail multidisciplinaire. C'est avec eux qu'on fixe le calendrier de mise en œuvre. Selon le cabinet Arthur Andersen, celui-ci doit être aussi serré que possible, ne pas s'étaler par exemple sur des années au risque de miner le dynamisme de l'équipe. Une petite PME peut ainsi réaliser en trois semaines une étude prospective. Si elle choisit un projet portant sur la réduction du temps de mise en course d'une ligne de production peu complexe, le calendrier pourra compter quatre semaines pour sa conception détaillée et 6 à 12 semaines pour la mise en œuvre même. Deux mois supplémentaires seraient nécessaires à un projet analogue sur une ligne de production plus complexe. Selon le même cabinet-conseil, le réaménagement de l'usine d'une petite PME exigerait de 10 à 14 semaines pour la conception détaillée et de 16 à 20 semaines pour la réalisation proprement dite.

La conception détaillée du projet

Cette étape permet de voir plus loin que les premières études de faisabilité. Elle vise à détailler la solution retenue, à établir les nouvelles procédures, à confirmer l'analyse coûts-bénéfices et à réaliser les modifications possibles avant la mise en œuvre finale du projet.

Il est extrêmement utile d'établir une bonne communication avec les fournisseurs afin d'éviter le prolongement des délais. Surtout, l'entreprise doit pouvoir compter sur l'engagement complet de l'équipe de travail choisie. Le projet doit donc répondre aux attentes des employés et prévoir à leur intention une bonne formation théorique et pratique. L'équipe doit en effet se familiariser avec les principes et les outils qui permettent l'instauration de la production à valeur ajoutée avant de créer une première cellule pilote. Pour effectuer un bon travail, cette équipe doit par ailleurs bénéficier de l'appui concret de la direction.

La mise en œuvre du projet

Le démarrage du projet se trouve grandement facilité lorsqu'on a bien conduit les étapes antérieures. On dispose alors de meilleures chances de succès puisque les possibilités d'erreurs sont réduites au minimum. Les simulations et les essais effectués à l'étape de la conception détaillée éliminent aussi quantité de risques potentiels.

Le suivi du contrôle est ensuite assuré par l'équipe de travail elle-même. Bref, l'information est gérée en temps réel et les correctifs peuvent être apportés par les opérateurs, avant même l'apparition d'un problème.

MISE EN ŒUVRE DES PRINCIPES

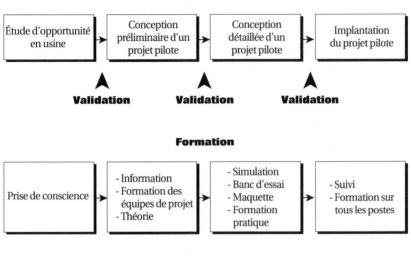

Source : Andersen Conseil

Le développement des produits

Le lancement rapide et efficace d'un nouveau produit répondant à une demande précise exige de comprimer le cycle d'innovation et d'intégrer aussi complètement que possible certaines fonctions de l'entreprise comme la recherche-développement, la production, le marketing et la vente.

C'est ce que réussit très bien le fabricant de plastique IPL qui innove constamment en proposant 600 produits différents, de la caisse de manutention conçue pour Coca-Cola au bac de déchets domestiques, en passant par le mobilier de jardin. Ici, aucune fabrication de produits standard. On mise sur la recherche et l'innovation pour séduire le client et lui vendre un produit à valeur ajoutée qui fait le bonheur des deux partenaires. Le lien est direct entre les besoins du marché et la conception du produit, entre marketing et ingénierie.

La stratégie commerciale

Pour atteindre l'intégration des fonctions, la direction doit, dans un premier temps, formuler ses stratégies de développement, fixer ses objectifs et établir des critères en matière d'évaluation des idées et des concepts. L'appel à la créativité du personnel, qui sera stimulée à tous les échelons, est tout aussi essentiel. C'est à cette étape, rapide et peu coûteuse, qu'on désigne les projets qui donneront lieu à une étude prospective plus poussée.

L'analyse de marché

Lors de la conception préliminaire du produit, on analyse le marché pour en confirmer le potentiel. Une fois l'équipe de projet choisie, il faut établir un programme de développement, fixer un calendrier de mise en œuvre, faire une analyse détaillée du rapport coûts-bénéfices et approuver les études financières. C'est à ce stade qu'on veillera à ce que le concept se conforme aux besoins précis du client, plutôt que de réaliser, plus tard, différents prototypes destinés à « coller » à la demande.

Le processus de fabrication

L'étape finale de la conception va de pair avec l'élaboration du processus de fabrication et la planification des activités de lancement par le service de marketing. On peut alors amorcer la production, toujours en donnant priorité au contrôle et à l'évaluation continue du processus de fabrication, qui peut dès lors être amélioré en temps réel. Cela réduira les délais tout en assurant au produit final la meilleure qualité possible.

Des modèles québécois

Le Québec ne manque pas d'entreprises qui ont su tirer profit de leur conversion à la production à valeur ajoutée. Elles ont toutes en commun d'avoir adapté un modèle gagnant à leur propre situation en faisant appel à la créativité de leur personnel et en imaginant des moyens, souvent très simples, pour se distinguer sur un marché de plus en plus compétitif.

Des fiches remplacent l'ordinateur

À Valcourt, l'usine de motoneiges de Bombardier a en partie délaissé l'informatique, qui gérait l'approvisionnement en pièces détachées de sa chaîne de production, pour le remplacer par des fiches cartonnées et des contenants de plastique tout ce qu'il y a de plus ordinaire. Bombardier a réorganisé la chaîne de montage de son énorme hangar en commençant par le plus simple et le plus apte à réduire aussi vite que possible les stocks et les délais de fabrication.

Le réaménagement de l'usine a permis de rapprocher tous ceux qui travaillaient sur un même ensemble de pièces. Grâce à la méthode Kanban, un système de suivi des commandes qui fonctionne par fiches cartonnées et contenants de pièces standard, on en est ensuite arrivé à ce que chaque monteur de la chaîne commande lui-même ce dont il a besoin pour son poste. En prenant réception de la première pièce d'un contenant, il commande ainsi par fiche les fournitures à venir, et lorsqu'arrive le nouveau contenant, il en extrait une autre fiche qui sert à passer directement la commande au fournisseur.

La réorganisation a d'abord exigé la simplification des procédés, des méthodes et des rapports de travail. Résultat : Bombardier a gagné à Valcourt 28 % de surface de production, fait baisser de 21 à 2 jours les délais d'assemblage des cellules carter et des freins du Ski-Doo, réduit de 66 à 5 mètres la distance entre la ligne d'assemblage et les stocks, de sorte qu'il peut désormais produire aussi bien en petites séries qu'en grandes.

Le monteur passe les commandes

Northern Telecom, géant de la haute technologie, s'est aussi converti aux fiches cartonnées de la méthode Kanban. Fabricant de multiples centraux téléphoniques et de produits de brève durée (rarement plus de trois ou quatre ans), Northern Telecom voulait réduire les stocks et les délais de production de son usine de Saint-Laurent. On a d'abord appliqué la méthode Kanban à de petits projets pilotes touchant de nouveaux produits, avant de la généraliser à toute l'usine en veillant à donner au personnel la formation et l'information nécessaires.

Les contenants standard de pièces ont cependant été remplacés par des chariots. Au lieu de remplir une fiche, les monteurs téléphonent aux fournisseurs pour passer leur commande. Raffinement et simplication ultimes : certains fournisseurs utilisent les mêmes chariots pour acheminer les ensembles de pièces mécaniques ou les carcasses de centraux téléphoniques.

Faire plus avec moins

Tandis que son usine de systèmes de ventilation résidentiels de Drummondville envisageait de s'agrandir, Venmar Ventilation s'est convertie à la production à valeur ajoutée pour s'apercevoir qu'il lui était préférable de réduire la dimension de ses locaux plutôt que de les agrandir. L'usine de plus de 3000 mètres carrés s'est révélée presque trop grande, alors qu'on songeait à lui ajouter environ 2000 mètres carrés. « Juste-à-temps », pourrait-on dire, elle a renoncé à une expansion inutile !

Réaménagée en cellules de production, avec de petits entrepôts contigus aux machines, l'usine a sauvé des centaines de mètres carrés, économisant sur les déplacements, les délais, les bris et les stocks. En bout de ligne, la production à valeur ajoutée lui a permis de réduire de plus de 70 % les délais de préparation et de fabrication, en plus de couper de moitié le niveau des stocks et d'accroître sans difficulté sa capacité de production.

C'est ainsi qu'on y fabrique désormais des produits de meilleure qualité, plus rapidement et en plus petites quantités. Ce qui a bien sûr ouvert de nouveaux marchés. Les fournisseurs eux-mêmes sont invités à s'adapter en livrant plus vite les matières premières sans défaut dont Venmar a besoin.

Le secret d'une belle coupe

L'importation à bas prix de vêtements n'inquiète nullement les Lingeries Claudel, qui concentrent leurs activités sur la confection de produits de milieu et haut de gamme. Leur valeur ajoutée vient toutefois d'ailleurs, soit d'une vaste refonte de ses méthodes de travail. L'entreprise montréalaise a mis l'accent sur la recherche conceptuelle, la qualité des produits et le service aux détaillants en réduisant radicalement ses délais de livraison.

Depuis deux ans, Claudel vit à l'heure du Toyota Sewing System, ayant remplacé le travail à la pièce et à la chaîne par des équipes de confection dont chacune est responsable du processus complet de fabrication d'un lot de vêtements. L'équipe organise elle-même le travail de ses membres et de l'atelier de production. Si Claudel se démarque aujourd'hui de bien des entreprises du secteur textile, c'est grâce à une souplesse qui lui permet de livrer en une semaine les commandes de ses détaillants, là où d'autres prennent un ou deux mois.

Etre ou ne pas être une bonne filiale

Difficile d'être une filiale du plus grand producteur américain d'appareils électroménagers ? L'usine Inglis de Montmagny, qui a dû « justifier » en 1985 sa raison d'être auprès du géant Whirlpool, peut être fière d'avoir relevé le défi que lui avait lancé sa propre société mère. Depuis un an, elle produit pour le marché américain des cuisinières haut de gamme Kitchen Aid. C'est l'usine même qui a proposé en 1985 à Whirlpool de redessiner les cuisinières qu'elle produisait en les adaptant aux nouveaux besoins des consommateurs : plus petites, elles sont aussi faciles à nettoyer et à encastrer, tout en présentant un design résolument moderne.

De l'étape du concept à celle de la production, il a fallu révolutionner le fonctionnement de l'usine en adoptant de nouveaux équipements, procédés de fabrication et méthodes de travail. On a installé des chaînes de presse modernes et réduit du tiers le nombre de pièces nécessaires à la fabrication, limitant les manipulations et les délais. En intensifiant la formation, on a réussi en moins d'un an à élever le niveau de productivité et de qualité des produits.

On ne trouve plus aucune chaîne de montage à Montmagny, où toutes les opérations sont aujourd'hui exécutées en équipes de 8 à 20 personnes, autonomes et responsables. L'objectif consiste à assurer une telle polyvalence des opérateurs qu'ils puissent remplir toutes les tâches confiées à l'équipe, y compris le contrôle de la qualité et la gestion des stocks informatisés. Autre avantage : l'adaptation sans problème de la production aux changements de commandes et à la fabrication de petits lots.

Des cosmétiques à valeur ajoutée

Demandez et vous serez servis ! Chez Avon Canada, qui œuvre dans le domaine fluctuant des cosmétiques, on produit en petites séries quelque 3000 produits dont une centaine de rouges à lèvres de couleurs différentes. Pour produire des cosmétiques à valeur ajoutée, Avon a opté à son usine de Pointe-Claire pour des équipements dont la souplesse permet de fabriquer 500 unités en 10 minutes, pour la formation continue des employés et le mode juste-à-temps. Là où la préparation des équipements prenait une heure et demie, trois minutes suffisent aujourd'hui pour l'ajustement des appareils. On a d'ailleurs rangé des machines automatisées ultra-performantes mais qui ne servaient qu'à la production de masse.

Place, donc, à la souplesse des équipements si l'on veut satisfaire aux exigences du marché (produits variés, livraison rapide). Certaines composantes du produit Avon, les flacons par exemple, ont aussi été standardisées pour faciliter le travail, et l'on a impliqué les fournisseurs dans la gestion du mode juste-à-temps. Quant aux employés, dont on valorise beaucoup la formation, leurs tâches ont été enrichies au sein d'équipes soucieuses de contribuer aux efforts de recherche et à l'amélioration du processus de production.

Avon Canada a enfin mis en œuvre un Système de gestion intégré de l'information de production (MRP) afin de planifier la production et ses besoins en matériels et en pièces, avec pour résultat qu'on a ramené dans bien des cas le délai entre commande et livraison de 15 à 2 semaines, en plus d'éliminer à toutes fins utiles les stocks de produits finis.

Profiter des aides offertes

La conversion à un mode de production à valeur ajoutée est si importante pour l'avenir du secteur manufacturier québécois que l'entreprise peut s'appuyer, pour y arriver, sur une foule de programmes d'aide, autant publics que privés. Elle peut aussi obtenir de l'information à plusieurs sources, notamment dans le cercle des associations d'affaires.

Les programmes gouvernementaux

Le ministère de l'Industrie, du Commerce et de la Technologie du Québec possède depuis 1991 une Direction de la promotion des technologies de production qui fournit documentation et soutien aux entreprises qui désirent se moderniser. Elle a organisé, de concert avec le groupe de consultant Andersen Conseil, un séminaire intitulé « Le défi manufacturier : la production à valeur ajoutée ». Ce séminaire, dispensé à la grandeur du Québec, a d'ailleurs servi de base à la rédaction de la présente section sur la production à valeur ajoutée.

Le ministère offre aussi aux PME trois programmes de subventions. Le premier, appelé Innovation PME, permet d'accélérer le transfert et la diffusion des technologies en région, en subventionnant par exemple une part des dépenses de consultation consacrées à l'analyse des besoins de modernisation.

Le Programme de soutien aux centres spécialisés, le deuxième programme, est une aide indirecte qui est cependant très utile aux entreprises des secteurs visés. Les 18 centres existants se chargent en effet du développement de nouveaux produits, des tests en laboratoires, de l'implantation de nouveaux procédés de production et de la formation du personnel, comblant de la sorte différents besoins. Enfin, le Programme de soutien à l'emploi stratégique vise à pallier la faiblesse en personnel spécialisé des PME en subventionnant l'embauche d'ingénieurs ou de technologues ou la formation de techniciens.

Plusieurs organismes publics, dont la Société de développement industriel (SDI) au Québec, offrent par ailleurs une aide financière aux entreprises qui souhaitent s'engager dans la voie de la modernisation. La SDI finance entre autres des projets de développement technologique, soit pour améliorer des produits ou adopter des procédés innovateurs, soit pour favoriser l'utilisation du design industriel. Elle finance aussi des projets d'augmentation de la capacité de production, d'automatisation, d'acquisitions de technologies et d'équipements antipollution. Les prêts participatifs de la SDI peuvent atteindre 35 % des dépenses dans tous les cas ou 50 % s'il s'agit de projets d'automatisation ou de dépollution.

Les services de consultants

Pour améliorer sa productivité, l'entreprise peut faire appel aux services d'un consultant extérieur, auquel on confiera par exemple une étude prospective qui fournira aux gestionnaires les données préalables au lancement d'un projet pilote. Un consultant sérieux ne propose pas de projets en kit. Il étudiera chaque cas dans son ensemble et proposera des solutions uniques qui tiennent compte des objectifs de la direction.

Au moment d'apporter les changements recommandés, une équipe de consultants peut aussi se charger de la conception détaillée et de la mise en œuvre. Généralement, le consultant est présent pendant la mise en route du projet afin d'assurer que tout se déroule comme prévu. Les cabinets de consultants jouent souvent un rôle important en matière de formation grâce aux séminaires et aux ateliers qu'ils organisent sur la production à valeur ajoutée, les techniques de juste-à-temps, les programmes d'entretien productif ou la qualité totale.

Le soutien des associations

Plusieurs associations offrent un appui technique aux entreprises qui souhaitent améliorer leur productivité. C'est le cas de l'Association des manufacturiers du Québec (AMQ), qui met notamment à leur disposition un guide diagnostic des meilleurs choix technologiques. La démarche de l'AMQ est « centrée sur l'amélioration du fonctionnement actuel de la PME manufacturière et tient compte des disponibilités des ressources humaines et financières ». L'Association canadienne pour la gestion de la production et des stocks, l'Association québécoise de la qualité et la

Fédération de l'automatisation du Québec (FAQ) peuvent également offrir un appui technique ou être source de renseignements utiles.

Récemment, la FAQ, par exemple, a ouvert un service de prédiagnostic afin d'aider les entreprises à mieux définir leurs besoins. Service de dépistage, et donc « de première ligne », le prédiagnostic permet d'évaluer les possibilités d'amélioration du processus de production : temps de mise en course, aménagement de l'usine, équipements, manutention, techniques du juste-à-temps, design des produits, traitement de l'information, besoins en automatisation, etc.

Le grand défi québécois

Le tissu industriel du Québec a connu une formidable mutation dans les années 80 grâce à une forte poussée des investissements. Les entreprises manufacturières ont mis les bouchées doubles, notamment pour s'équiper des plus récentes technologies de fabrication (CAO-FAO, systèmes informatisés de gestion, activités de stockage automatisées, etc.) Mais ce virage technologique n'a pas encore permis de rattraper l'industrie américaine, ce qu'explique en partie la timidité des efforts de redéploiement vers des activités à plus forte valeur ajoutée.

Bon nombre d'entreprises s'entêtent à voir dans la production de masse la seule façon de rester concurrentielles. Les préceptes du fordisme imprègnent encore largement les esprits, alors même que les marchés desservis se prêtent de moins en moins à une production standardisée. Les inconvénients de ce modèle désuet sont perçus comme un mal nécessaire, tandis que la production à valeur ajoutée est jugée « formidable » mais, « malheureusement », d'application difficile dans telle ou telle usine...

Bien sûr, cette vision des choses se rencontre ailleurs qu'au Québec. Le débat sur les mérites comparatifs des différentes approches fait rage partout en Europe et en Amérique du Nord. Mais on a suffisamment tergiversé. L'heure de mettre fin à cette polémique a sonné depuis longtemps, d'autant plus qu'on assiste sur les marchés mondiaux à une véritable course contre la montre entre concurrents occidentaux et asiatiques, mais aussi entre Occidentaux eux-mêmes.

C'est de plus en plus clair : les premiers à franchir le fil d'arrivée seront ceux qui auront vu dans le mode de production à valeur ajoutée un atout concurrentiel plutôt qu'une source de complications. Les gains réalisés se mesureront à l'engagement des entreprises, petites ou grandes, envers une approche globale qui exige la participation de l'ensemble du personnel à un processus continu d'amélioration et d'innovation. Les entreprises qui se sont converties à la production à valeur ajoutée en tirent déjà des avantages indéniables et elles se trouvent aujourd'hui en bonne position pour subir l'épreuve du temps.

LA PRODUCTION À VALEUR AJOUTÉE

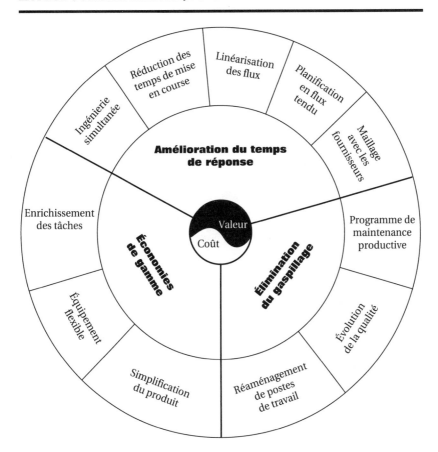

Source : Ministère de l'Industrie, du Commerce et de la Technologie

L'entreprise à valeur ajoutée cherche simultanément à augmenter la valeur du produit offert au consommateur tout en réduisant ses coûts et en livrant ce produit le plus rapidement possible.

Trois principes le guident dans cette démarche :

1) l'amélioration du temps de réponse (réduire le délai entre l'idée et la distribution) ;

2) l'élimination du gaspillage (exclure les activités qui n'ajoutent pas de valeur) ;

3) les économies de gamme (offrir une variété de produits tout en réduisant les coûts).

Plusieurs méthodes simples, qui ne font appel à aucune technologie ni aucun concept sophistiqué, peuvent être appliquées à l'usine pour réaliser ces objectifs.

Quatrième partie

Le projet
d'entreprise

Le projet d'entreprise, c'est le livre de bord de l'entreprise à valeur ajoutée. S'appuyant sur un diagnostic en profondeur des forces et des faiblesses de l'organisation, il renferme toutes les valeurs clés et propose des voies d'action concrètes. Le plan d'affaires, le bilan technologique, la gestion environnementale, la démarche qualité totale et la stratégie d'exportation sont cinq outils qui font du projet d'entreprise un véritable plan d'action stratégique. Le projet d'entreprise trace ainsi la voie du développement et permet à tous de contribuer à sa réalisation.

Un guide d'action stratégique

Peu courant il y a quelques années à peine, le concept de « projet d'entreprise » est aujourd'hui largement répandu. Il peut s'agir d'une simple charte énonçant en quelques pages les grandes orientations de l'entreprise, ou d'un document extrêmement détaillé de plusieurs centaines de pages. Mais quelle qu'en soit la forme, il est essentiel pour l'entreprise de se projeter dans l'avenir, de déterminer des objectifs à atteindre et de définir des moyens à mettre en oeuvre pour y parvenir.

Aujourd'hui, on ne le répétera jamais assez, le succès repose sur une « vision » globale de l'entreprise : ce qu'elle est, ce qu'elle souhaite devenir, son environnement, ses concurrents. Tout le sens du projet d'entreprise est là. Connaître à fond son environnement commercial, technologique et social, ses forces et ses faiblesses, de façon à établir une stratégie de développement réaliste et... réalisable. Ce que les bons entrepreneurs faisaient autrefois de façon instinctive, on doit le faire aujourd'hui de façon structurée et systématique, en intégrant justement ces nouvelles valeurs de gestion.

Nouvelles valeurs, nouvelle vision

Le projet d'entreprise va donc beaucoup plus loin que le classique « plan d'affaires », qui se limitait à une vision comptable de l'entreprise. Si les données financières demeurent de toute évidence importantes, il faut désormais tenir compte d'éléments moins facilement mesurables mais tout aussi importants : la technologie, les ressources humaines, les programmes de qualité totale, la stratégie d'exportation, etc. Bref, le projet d'entreprise est un instrument de réflexion stratégique qui prend en compte tous les éléments de l'environnement interne et externe de l'entreprise, et qui détermine comment celle-ci peut influer sur ces éléments.

De plus, le projet d'entreprise permet à chacun — dirigeant, gestionnaire, cadre, professionnel, ouvrier — non seulement de définir son rôle au sein de l'entreprise et d'en connaître les grands enjeux, mais aussi de participer à son développement, d'adhérer à des valeurs communes, de s'impliquer activement dans la bataille de la compétitivité. Pour mieux circonscrire son projet d'entreprise, il est certes des plus utiles de rédiger son plan d'affaires, d'effectuer son bilan technologique, d'établir son programme de gestion environnementale, de préciser sa démarche qualité et de définir sa stratégie d'exportation.

Les cinq outils de l'action

Les textes qui suivent se veulent donc un guide pratique à l'intention des entrepreneurs qui souhaitent prendre le virage de la production à valeur ajoutée, une sorte de « coffre à outils » de la nouvelle gestion. Une fois réunis, les cinq outils présentés ici pourrant servir de base à tout projet d'entreprise.

- **Le plan d'affaires** - Le premier chapitre traite de la capitalisation et du plan d'affaires. Si l'argent demeure le nerf de la guerre, la recherche de capitaux obéit aujourd'hui à de nouveaux impératifs. Au financement traditionnel se sont ajoutées de nouvelles sources de capitaux, notamment le capital de risque et le capital de développement. Quant au plan d'affaires proprement dit, il doit aller au-delà de la dimension comptable pour devenir un véritable outil de gestion.

- **Le bilan technologique** - Le deuxième chapitre porte sur le bilan technologique. Dans un contexte de mondialisation des marchés, il est bien évident que le développement technologique est un facteur important de compétitivité. Mais attention. La technologie pour la technologie ne mène nulle part. Plusieurs expériences malheureuses l'ont démontré : l'acquisition d'équipements et de technologies de pointe n'est pas synonyme de productivité. Encore faut-il choisir avec soin les technologies appropriées et faire en sorte qu'elles contribuent réellement à accroître la capacité concurrentielle de l'entreprise. À cet égard, le bilan technologique est un outil précieux. Il consiste essentiellement à brosser le tableau de la situation technologique d'une entreprise par rapport à son secteur d'activité et à ses concurrents, de façon à alimenter le processus de planification stratégique de l'entreprise.

■ **La gestion environnementale** - De même, le bilan environnemental, dont il est question au troisième chapitre, dresse l'état de la situation interne et externe de l'entreprise. Quels sont les besoins et les attentes des consommateurs ? Quelles sont les paramètres légaux et réglementaires ? Comment transformer en actif les nouvelles exigences en cette matière ? Voilà quelques-unes des questions auxquelles le bilan environnemental permet de répondre.

■ **La démarche qualité** - Le quatrième chapitre plonge au cœur du processus de production pour aborder la question de la qualité totale. Voilà bien une expression galvaudée, par les temps qui courent. Tout le monde se réclame de la « qualité totale » sans trop connaître le sens précis de l'expression. Il s'agit en fait d'une démarche systématique qui touche tous les aspects de l'entreprise, et qui vise à assurer la plus grande qualité non seulement du pro-duit fini – ce que l'on croit trop souvent –, mais bien de toutes les étapes de sa production, depuis la conception jusqu'à la commercialisation.

■ **La stratégie d'exportation** - Enfin, nous abordons dans le dernier chapitre la question des exportations. La concurrence, on ne le répétera jamais assez, est aujourd'hui mondiale. L'entreprise qui souhaite se développer, sinon survivre, doit donc lutter sur deux fronts : d'abord localement, pour soutenir la concurrence des produits étrangers, puis sur les marchés d'exportation, afin d'assurer des débouchés à ses propres produits. L'exportation peut être une aventure douloureuse. Plusieurs s'y sont cassé les dents faute de bien connaître le marché visé. Il existe pourtant de nombreux programmes et organismes qui peuvent apporter une aide précieuse pour qui fait ses premiers pas en ce domaine.

La base du projet d'entreprise

Bien sûr, le présent document ne propose pas de recettes miracles ; il ne prétend pas non plus à l'exhaustivité. Mais l'entreprise qui se sera dotée d'un bon plan d'affaires, d'un bilan technologique et environnemental complet, d'une démarche qualité rigoureuse et d'une stratégie d'expor-tation mûrement réfléchie aura toutes les chances de son côté. Elle pourra en effet s'appuyer sur ces documents pour bâtir son projet d'entreprise. Il y aurait cependant lieu, à cette étape, de solliciter la collaboration de tous les membres et collaborateurs de l'entreprise.

Le projet d'entreprise, c'est l'art d'intégrer les nouvelles valeurs de gestion à une vision globale de l'entreprise et de son devenir. C'est aussi une façon d'arrimer l'entreprise à son environnement de manière à tirer parti de toutes les possibilités de développement qui s'offrent à elle. C'est enfin un guide pour l'action stratégique. L'époque de l'entrepreneur solitaire qui ne doit rien à personne est bel et bien révolue. L'entreprise à valeur ajoutée est une « entreprise-réseau » qui progresse en concertation avec son personnel, ses sous-traitants, ses fournisseurs, les établissements de recherche et de formation.

Chapitre 11

La saine capitalisation et le plan d'affaires

Début des années 80 : après une décennie de croissance et de prospérité, les PME du Québec font face à leur première récession. Encore jeune, l'entrepreneurship québécois est confronté à une dure réalité : trop faiblement capitalisées, plusieurs entreprises ne sont pas outillées pour affronter la conjoncture. Nombre d'entre elles seront acculées à la faillite.

Le gouvernement entreprend alors une vaste campagne de sauvetage reposant sur deux plans d'action consécutifs qui offrent des garanties de prêt aux entreprises en difficulté. Fort populaires, ces mesures gouvernementales entraîneront, par l'intermédiaire de la Société de développement industriel du Québec (SDI), plus de 1 900 interventions auprès des PME. Plusieurs d'entre celles-ci réussiront de la sorte à traverser la récession, au prix cependant d'un endettement qui, souvent, hypothèque leur développement futur.

Le problème est mis en lumière dès 1984 par la Commission Saucier : les entreprises québécoises sont en moyenne plus endettées que leurs concurrentes ontariennes et américaines. Ce constat engendrera différentes mesures gouvernementales visant à augmenter la capitalisation des entreprises, tout en suscitant des initiatives du secteur privé destinées à soutenir la structure de capital des PME.

Au cours des dernières années, le Québec a parcouru beaucoup de chemin en matière de capitalisation. Les sociétés de capital de risque ont commencé à se répandre dans divers secteurs d'activité, et même à se régionaliser. Les banques canadiennes ont, de leur côté, été invitées à financer les entreprises sur la base d'un plan d'affaires et non plus uniquement par le biais de garanties personnelles. Voyons un peu ce qu'est aujourd'hui une saine capitalisation, l'un des sept facteurs de compétitivité de l'entreprise à valeur ajoutée. Nous nous pencherons ensuite sur ce que doit contenir un bon plan d'affaires.

Les sources de financement

Une saine capitalisation, selon Gabriel Savard, président-directeur général de la SDI, constitue une police d'assurance indispensable aux entreprises qui veulent réussir dans une économie mondialisée, dominée par la concurrence. « Bien capitalisée, une entreprise est certes mieux équipée pour faire face aux imprévus de la conjoncture. De plus, et c'est un aspect tout aussi important, cela lui permet de profiter des occasions de développement qui se présentent dans son secteur. »

La capitalisation fait référence à l'équilibre que traduit le rapport entre l'endettement et la valeur comptable d'une entreprise. L'amélioration de la structure de capital passe donc par deux principaux canaux : la réduction de la dette et l'apport de nouveaux capitaux. Dans ce dernier cas, plusieurs avenues s'offrent à l'entreprise qui recherche de nouveaux capitaux. Pour bien comprendre la notion de capitalisation, il importe de les analyser une à une.

Le financement traditionnel

Habituellement, l'entreprise qui recherche des capitaux pensera d'abord s'adresser à son banquier. Or la première préoccupation des banques est de protéger les épargnes que lui ont confiées ses clients. C'est pourquoi, souligne Paul Dell'Aniello, directeur du programme de doctorat en administration de l'UQAM, « les banques ne peuvent être que des fournisseurs de crédit à faible risque ». D'ailleurs, pour assurer la sécurité des épargnants, elles ne s'accordent généralement qu'une marge de manœuvre de 1 % en ce qui a trait aux pertes subies sur leurs prêts.

Le financement obtenu d'un établissement bancaire n'augmente donc pas la valeur du capital de l'entreprise, car il s'agit généralement de prêts à termes portant intérêts. La banque exigera des garanties suffisantes pour lui permettre, en cas de difficulté, de récupérer les sommes consenties. En conformité avec leur mission première, les banques prendront ainsi peu de risques en finançant un projet. Elles feront une évaluation rigoureuse de la situation financière de l'entreprise, en quête notamment d'un excellent ratio dette/équité. Ses méthodes de calcul seront prudentes, de sorte que les actifs intangibles telles les sommes investies dans les activités de recherche-développement seront rarement pris en compte.

Essentiellement, quoique qu'on assiste à une lente évolution des mentalités, les banquiers se fient beaucoup plus au rendement d'une entreprise qu'à son potentiel de développement. Bref, aux résultats financiers à court terme. Longtemps accusées de trop de prudence, les banques modifient maintenant leur approche pour, graduellement, étudier la qualité de la gestion et le plan d'affaires des entreprises qui s'adressent à elles pour du financement.

Le capital de risque

Quand les risques associés à un projet dépassent les normes des institutions financières traditionnelles, l'entreprise peut faire appel aux sociétés de capital de risque. Le capital de risque est actuellement une importante source d'appui au démarrage et à l'expansion d'entreprises dynamiques. Les institutions qui en fournissent se trouvent ainsi à investir dans le potentiel de développement d'une entreprise.

Le capital de risque est un financement non garanti, généralement assorti d'une prise de possession d'une partie du capital-actions ; l'investisseur qui en consent devient actionnaire de l'entreprise. En tant que participation aux fonds propres de celle-ci, le capital de risque contribue à l'amélioration de sa capitalisation puisqu'il en augmente la valeur nette réelle.

Étant, en principe, un placement à long terme, cette forme de capital correspond à ce qu'on appelle du « capital patient ». Les investisseurs visent la plus-value de leurs placements plutôt que des versements en dividendes ou en intérêts. C'est pourquoi ils exigent normalement que leur participation s'accompagne d'une représentation au conseil d'administration. Le propriétaire de PME qui recherche du capital de risque doit donc accepter le principe du partage de la propriété.

À peine existant il y a vingt ans, le marché du capital de risque est en pleine expansion. Au Québec, il loge à plusieurs enseignes. De nombreuses sociétés privées sont spécialisées dans ce type d'investissement et les grandes institutions financières, en particulier le Mouvement Desjardins et la Banque fédérale de développement, sont très actives dans le domaine. La Caisse de dépôt et placement du Québec et la Société générale de financement du Québec (SGF) consacrent une partie de leur portefeuille à ce genre d'activités.

Mis sur pied en 1985, le Fonds de solidarité des travailleurs du Québec (FTQ) est le premier fonds de capital de risque patronné par les travailleurs. Il est aujourd'hui considéré comme le plus important au Canada avec un actif dépassant les 650 millions de dollars.

Un peu partout au Québec, on assiste à la création de fonds régionaux de capital de risque. Ceux-ci découlent d'un partenariat étroit entre divers investisseurs privés et publics, dont le Fonds de solidarité, le Mouvement Desjardins, la Banque Nationale et La Laurentienne.

Le capital de développement

La notion de capital de développement est au Québec un concept d'apparition récente. Il s'applique aux institutions qui offrent du financement « mezzanine », à mi-chemin entre le financement garanti et le capital de risque classique.

C'est le cas par exemple de la SDI, qui offre des prêts participatifs. Quoique portant intérêt au taux du marché, ce prêt ne demande généralement aucune garantie. D'une durée maximale de huit à dix ans, le prêt participatif offre à l'entreprise des conditions spéciales de remboursement. Celui-ci peut normalement s'effectuer par versements variables, déterminés en fonction des fonds générés par l'entreprise. En contrepartie, la SDI demande à l'entreprise une « prime au risque », le plus souvent constituée d'une option d'achat d'actions équivalant à 10 % du montant du prêt consenti.

La SDI considère que le prêt participatif contribue à l'amélioration de la structure de capital des entreprises parce qu'il s'ajoute à l'avoir propre des actionnaires. Cependant, en pratique, les institutions financières traditionnelles l'ajoutent à la somme des dettes de l'entreprise lors du calcul des différents ratios destinés à évaluer sa santé financière.

Depuis peu, la Banque fédérale de développement offre également des prêts à redevance inspirés des mêmes principes. Destiné aux entreprises qui ont peu ou pas de garanties à fournir aux investisseurs, ce prêt se caractérise par ses conditions de remboursement très souples. La BFD convient avec l'entreprise d'une entente qui tient compte de sa capacité de payer. Compte tenu du risque élevé que comporte ces prêts, l'institution les réserve aux entreprises qui ont un solide potentiel et elle exige un rendement supérieur à celui d'un prêt traditionnel.

Pour une saine capitalisation

Règle générale, les établissements financiers et les comptables, qui jouent auprès des entreprises un important rôle conseil, évaluent qu'un ratio dettes/équité de 1 : 1 est signe d'une bonne capitalisation. Toutefois, l'interprétation de la santé financière peut varier selon les institutions ou les programmes de financement auxquels l'entreprise fait appel.

Mais quel que soit le projet mis de l'avant par l'entreprise, les investisseurs potentiels, avant de s'associer à sa démarche, vérifieront sa structure financière. Le prêteur, parce qu'il veut récupérer son placement, l'investisseur, parce qu'il souhaite le rentabiliser. « L'entrepreneur doit alors être à même de démontrer à l'investisseur, ou à l'institution prêteuse, que son projet s'inscrit dans un plan de développement à moyen terme. C'est là qu'intervient le plan d'affaires », précise Gabriel Savard.

Le rôle du plan d'affaires

Selon les résultats d'une enquête réalisée à l'automne 1991 par l'Association des banquiers canadiens (ABC), près de 40 % des entrepreneurs interrogés n'ont aucun plan d'affaires. Près de 60 % avouent mal comprendre les aspects financiers de leur entreprise. Cette enquête a également montré que moins de 20 % des dirigeants d'entreprise prennent le temps d'évaluer sérieusement leurs besoins de financement avant de s'adresser à leur banquier. Ils présentent alors des propositions incomplètes, réduisant ainsi leurs chances d'obtenir le financement recherché. Pourtant, les banquiers affirment qu'une demande de prêt bien documentée, si elle est liée à un projet sérieux géré par une entreprise en bonne santé financière, est rarement rejetée.

C'est pourquoi l'ABC, avec l'appui d'autres partenaires dont l'Ordre des comptables agréés, les chambres de commerce et le ministère de l'Industrie, du Commerce et de la Technologie, a tenu, en 1991-1992, une vingtaine de colloques dans les grandes villes du Québec. Leur objectif était d'expliquer aux dirigeants de PME comment préparer leur dossier d'affaires avant de rencontrer leur banquier. L'ABC a profité de l'occasion pour remettre aux participants un modèle de plan d'affaires.

Un outil de gestion stratégique

« Un bon plan d'affaires, selon Paul Dell'Aniello, est un outil de travail qui amène l'entrepreneur à regarder objectivement ses projets de développement et permet au banquier de mieux évaluer les dirigeants de l'entreprise. » En fait, le plan d'affaires force l'entreprise à faire preuve de cohésion, à dresser le bilan de ses forces et de ses faiblesses ainsi qu'à établir avec réalisme ses besoins financiers. En plus d'augmenter ses chances d'obtenir du financement, le plan lui procure un outil susceptible d'améliorer la qualité de sa gestion.

Pour sa part, le président de la SDI estime que le plan d'affaires constitue en quelque sorte le « plan de match » de l'entreprise. C'est pourquoi, à l'instar des banquiers et des autres institutions financières, la SDI exige des entreprises qui lui soumettent une demande de financement de l'assortir d'un plan d'affaires. Les entreprises à fort potentiel de croissance sont celles qui ont une vision globale de leur évolution à moyen et à long terme. Cette réflexion, et la planification qui en découle, prend forme dans un document destiné à guider l'entreprise dans les choix que lui impose son développement.

Un document orienté vers l'action

Le plan d'affaires est utile non seulement lors du démarrage d'une PME, mais aussi en période d'expansion, de développement ou de difficulté temporaire. Il doit donc être révisé régulièrement, à tout le moins aux cinq ans. Certaines organisation qui œuvrent dans des secteurs où les changements se succèdent rapidement, dans le domaine des technologies de l'information par exemple, jugent mieux à propos de le réviser tous les trois ans. En fait, une entreprise doit revoir son plan d'affaires chaque fois qu'elle envisage un nouveau projet de développement.

Le plan d'affaires ne remplace cependant pas le plan d'action annuel de l'entreprise, document où sont définis les objectifs à court terme en matière d'activités, de production, de marketing, de formation de la main-d'œuvre, etc.

Essentiellement, le plan d'affaires a trois fonctions. Il favorise d'abord l'auto-évaluation de l'entreprise et de son environnement. Il permet ensuite d'élaborer la stratégie de développement et, enfin, il constitue un outil de gestion pratique lorsqu'il fait l'objet d'un bon suivi. À ce titre, il est très utile à l'équipe de gestion quand vient le temps de prendre une décision stratégique. De plus, il aide à bien illustrer le rendement de l'entreprise, notamment auprès des prêteurs et des investisseurs.

Le contenu du plan d'affaires

Il existe plusieurs modèles de plan d'affaires. Les institutions financières, les grandes firmes comptables et l'Association des banquiers canadiens comptent parmi les organismes susceptibles de guider l'entreprise dans le choix d'un modèle. Il importe que celui-ci soit adapté à la taille de l'entreprise, à son secteur d'activité et à son degré d'évolution.

Mais quel que soit son modèle, « un bon plan d'affaires, dit l'Association des banquiers canadiens, présente, noir sur blanc, en lettres et en chiffres, la stratégie d'ensemble d'une entreprise, ouvrant ainsi la voie de sa réussite. Outil de planification et de suivi, ce document énumère les objectifs de l'entreprise, énonce les décisions visant la mise sur pied ou la croissance de l'entreprise, traite du financement, des frais d'exploitation, présente les plans pour faire face aux imprévus et expose les objectifs à long terme. » Il fournit toujours un minimum d'informations en répondant aux questions fondamentales qui suivent.

Le contenu du plan d'affaires

1) PROFIL DE L'ENTREPRISE
   Mission et buts
   Secteur d'activité
   Produits et services
   Objectifs de développement
   Situation concurrentielle
   Technologies utilisées
   Alliances stratégiques
2) SON FONCTIONNEMENT
   Plan de marketing
   Plan de production
   Plan environnemental
   Équipe de direction

3) PERSPECTIVES DE DÉVELOPPEMENT
   Plan d'avenir
   Projets anticipés
   Financement nécessaire
   Mécanismes de contrôle
4) RÉSULTATS
   Historique financier
   Prévisions financières
   Bilan du dernier exercice
5) PROPOSITION DE FINANCEMENT
   Prévisions de trésorerie
   Modalités de remboursement
   Garanties

De quelle entreprise s'agit-il ?

Le plan d'affaires doit, dès le départ, fournir un profil dynamique de l'entreprise. Il faut donc produire un bref historique de l'entreprise et présenter sa mission, les perspectives de développement de son secteur d'activités et ses objectifs à moyen terme.

Un bon plan d'affaires inclut des données sur l'environnement de l'entreprise, les principaux enjeux auxquels elle fait face, sa position par rapport à ses principaux concurrents et la qualité de ses installations technologiques. Il souligne également les principales alliances qu'elle entretient ou compte développer avec d'autres entreprises afin d'augmenter sa productivité et son rendement.

Comment fonctionne l'entreprise ?

Le plan d'affaires comprend également le plan de marketing proposé par l'entreprise, y compris des données sur l'analyse du marché, ses produits ou services, ses objectifs et sa stratégie de marketing ainsi que les ressources qui leur sont consacrées. C'est l'un des éléments les plus importants du plan d'affaires.

Il en va de même du plan de production, qui doit inclure des données sur les technologies utilisées, les fournisseurs, les matières premières requises, la stratégie de production et les ressources. Il est toujours pertinent, surtout dans un environnement économique hautement concurrentiel, de donner quelques informations sur la place qu'occupe l'innovation au sein de l'entreprise.

Enfin, le plan d'affaires présente la structure de l'entreprise, l'équipe de direction, la stratégie de gestion, les services professionnels et la répartition des ressources humaines. Il est de plus suggéré d'indiquer les ressources consacrées à la formation de la main-d'œuvre. Si besoin est, l'entreprise joindra au document son « plan de gestion environnementale », avec les mesures préconisées en matière de protection de l'environnement (voir chapitre 15).

La proposition de marketing

La proposition de marketing doit traiter de votre produit ou service, du prix de revient, des stratégies de marketing et de promotion et du profil démographique de vos clients. Avez-vous défini et évalué les points suivants ?

1) Quel produit ou service comptez-vous vendre ? Pourquoi est-il unique ? Comment se distingue-t-il des produits concurrents ?

2) Quel est le prix de revient de votre produit ou service ? Les modalités des échanges commerciaux ont-elles une incidence sur ce prix ?

3) Votre prix soutient-il la comparaison avec celui de la concurrence ? S'il est plus élevé, qu'est-ce qui justifie l'écart ? S'il est inférieur, offrez-vous un produit ou un service de qualité ?

4) Où comptez-vous lancer votre produit ?

5) Sur quel segment du marché vous concentrerez-vous ? Par exemple, visez-vous les propriétaires d'une première maison intéressés à rénover en ajoutant des armoires, des garde-robes, des tablettes, etc. ?

6) Votre marché cible est-il suffisamment important pour justifier la mise sur pied de votre entreprise ?

7) Le matériel de promotion véhicule-t-il une image professionnelle de votre entreprise ?

8) Devriez-vous prévoir un budget pour de la publicité dans les médias et une campagne de relations publiques ?

9) Où se trouvent vos clients potentiels ? Comment comptez-vous les atteindre ?

10) Qu'ont vos client en commun ? La majorité d'entre eux habitent-ils dans la même région ? Reçoivent-ils un quotidien ? Synthonisent-ils le même poste de radio ? Empruntent-ils les transports en commun pour se rendre au travail ?

S'il existe une demande pour votre produit ou service, si vous pouvez repérer votre clientèle, l'intéresser à votre produit en utilisant d'habiles techniques de vente et en projetant une image de marque, vous rejoindrez votre public cible et votre volume de ventes ne pourra aller qu'en augmentant.

Source : Association des banquiers canadiens (ABC)

Comment l'entreprise voit-elle son développement ?

L'un des principaux rôles du plan d'affaires est d'aider l'entreprise à établir les grandes lignes de son développement à moyen terme. À ce stade, les dirigeants ont une vue d'ensemble de leur organisation et sont en mesure de planifier les projets à entreprendre au cours des prochaines années.

Le document doit alors présenter les projets envisagés en indiquant en quoi ils contribueront à la réalisation des objectifs fixés. On indiquera aussi de quelle façon l'entreprise entend financer ces projets ainsi qu'une évaluation sommaire des fonds nécessaires.

Cette partie du document permettra aux dirigeants de suivre l'évolution de leur entreprise. Ils pourront ainsi réévaluer leurs projections quant à son développement futur, tout en mesurant l'impact sur ses projets de croissance, d'expansion, de diversification ou autres, des nouveaux enjeux qui apparaissent dans son environnement.

Quels sont les résultats de l'entreprise ?

Il va de soi qu'un plan d'affaires fournit également des données sur la situation financière de l'entreprise. En plus d'un historique financier, on indique donc les prévisions pour la durée du plan de développement présenté dans le document.

Il peut être habile de donner quelques renseignements sur le calcul du seuil de rentabilité et d'indiquer avec quels outils de gestion l'entreprise compte suivre son évolution financière au cours des prochaines années.

Vers un changement des mentalités

L'élaboration d'un bon plan d'affaires est une tâche parfois délicate qui nécessite un certain bagage de connaissances en gestion et une habileté en matière de planification stratégique. C'est pourquoi plusieurs demanderont l'assistance d'un comptable ou d'un conseiller.

En revanche, il est fortement recommandé aux dirigeants de participer activement à la réflexion entourant la préparation du document. Il est en effet essentiel pour la direction et les gestionnaires d'être partie prenante du processus de définition des objectifs. Cette démarche facilitera l'adhésion aux moyens et mesures mis de l'avant.

De plus, en contribuant à la rédaction du plan d'affaires, les gestionnaires se sensibilisent à la structure et au contenu d'un document de ce genre. Ils sont donc mieux en mesure d'en assurer le suivi et de s'y référer tout au long des activités de gestion courante.

Des dirigeants et des gestionnaires

L'intégration du plan d'affaires aux activités courantes de l'entreprise exige un profond changement de la mentalité des dirigeants et des gestionnaires. « Dans un climat aussi concurrentiel que celui qui règne à l'heure actuelle, une PME ne peut tout simplement plus se fier à l'intuition et à l'improvisation pour assurer sa croissance, à plus forte raison sa survie », explique Gabriel Savard.

C'est pourquoi les entreprises sont appelées à utiliser de nouveaux outils de gestion. La préparation du plan d'affaires est un exercice de réflexion et de planification qui permet de cerner les forces et les faiblesses de l'organisation. Elle sert de guide aux dirigeants amenés à choisir quelles mesures ils doivent privilégier pour renforcer leur entreprise et consolider sa position concurrentielle.

Des institutions financières

La généralisation des plans d'affaires provoquera le même changement de mentalité au sein des institutions financières. En effet, un document de ce genre apporte la preuve qu'on ne peut systématiquement juger du rendement d'une entreprise à la seule lumière de ses profits à court terme. En présentant des données sur les technologies disponibles, la formation de la main-d'œuvre et le degré d'innovation, le plan d'affaires révèle toute l'importance des actifs dits intangibles.

Car l'entreprise qui investit dans l'automatisation ou la technologie pour assurer sa réussite à moyen terme éprouve, encore en 1993, plus de difficultés à obtenir du capital qu'une entreprise qui maintient un bon profit à court terme avec des équipements désuets. « À cet égard, ajoute le président de la SDI, les investisseurs, y compris les institutions prêteuses, doivent reconnaître entre autres la valeur du bilan technologique (voir chapitre 14) au regard de l'actif de l'entreprise. »

Dans la même optique, l'Ordre des comptables encourage ses membres à inscrire au bilan des entreprises des notes complémentaires sur les efforts de formation et d'innovation, ainsi que sur les ressources humaines permettant aux investisseurs et aux prêteurs de mieux évaluer leur potentiel de croissance.

Pour une croissance planifiée

Avec un bon plan d'affaires en main et des dirigeants ouverts à l'innovation, une PME est fin prête à se lancer à la recherche de nouveaux capitaux pour consolider sa structure financière ou réaliser ses projets de développement. Et tous les experts le confirment : on peut trouver du capital au Québec. En fait, le Québec est le chef de file du capital de risque au Canada. Il abrite le tiers des capitaux sous gestion et 40 % de l'activité en ce domaine depuis 1989.

Que ce soit en se tournant vers les établissements financiers traditionnels, les institutions spécialisées dans le capital de risque ou les sociétés gouvernementales vouées au développement économique, les PME québécoises peuvent trouver à améliorer leur capitalisation. Mais une saine capitalisation fait avant tout appel à une nouvelle mentalité qui exige de mettre de côté les résultats à court terme pour planifier sa croissance en vue de l'an 2000...

Chapitre 12

Le bilan technologique

Dans une économie sans frontières où les marchés sont immenses et les technologies quasi universelles, il n'est plus possible de dissocier développement industriel et développement technologique. À l'heure de la libre circulation des capitaux, ce sont les pays qui jouissent d'une structure industrielle dynamique, animée par des entreprises novatrices, qui parviennent à créer une nouvelle richesse collective.

Nombre d'économistes reconnus confirment que le progrès technologique constitue l'une des principales sources de la croissance économique d'un pays. D'aucuns estiment qu'à lui seul, le progrès technologique influe davantage sur la productivité globale d'un pays que les facteurs de main-d'œuvre et de capital réunis. Cette seule affirmation confirme que, dans le contexte de la mondialisation des marchés, les entreprises québécoises devront miser sur le développement technologique pour améliorer leur compétitivité.

Relever le défi de l'innovation

L'avenir des industries et notamment des PME québécoises est donc intimement lié à leur capacité d'innover, capacité qui repose sur la qualité et la flexibilité de son infrastructure technologique. Mais, dans un contexte de mondialisation des marchés, où les leaders imposent leurs normes et leurs standards, l'infrastructure technologique des entreprises est constamment remise en question.

Comment alors, l'entreprise réussira-t-elle à maintenir et à développer une infrastructure technologique concurrentielle ? Quels choix technologiques s'imposent compte tenu de ses marchés et de ses produits ?

Quelques intervenants économiques se sont intéressés à cette problématique et ont développé des outils susceptibles d'aider les dirigeants de PME dans leur développement technologique. Industrie, Science et Technologie Canada (ISTC), par exemple, a proposé au début des années 90 une approche basée sur l'évaluation et l'optimisation de l'infrastructure technologique des entreprises canadiennes. Le ministère de l'Industrie, du Commerce et de la Technologie a, pour sa part, développé un « diagnostic préliminaire », disponible depuis deux ans, dont l'objectif est d'accompagner l'entrepreneur dans une réflexion stratégique sur son développement technologique.

L'Ordre des ingénieurs du Québec (OIQ) a également consacré, depuis presque deux ans, de nombreux effort afin de sensibiliser les entreprises québécoises à l'importance d'un bilan technologique. Il travaille en ce moment à la mise au point d'un modèle type de bilan technologique qui définira les paramètres selon lesquels mesurer l'incidence réelle des technologies employées par les PME ou que possèdent leurs concurrents.

Rester en état de veille technologique

Pour négocier le virage de la mondialisation des marchés, il est clair, selon l'Ordre, que les entreprises doivent rester en état de veille techno-logique. C'est pourquoi il a lui aussi pressenti l'urgence d'élaborer un outil stratégique qui permette aux entreprises d'avoir une meilleure prise sur leur évolution, tant au chapitre de la technologie que de la concurrence. Un outil qui pourrait former sous peu la pierre angulaire de tout plan de développement stratégique bien conçu.

Les dix commandements de la croissance technologique

1- Se donner une vision à long terme.

2 - Trouver un bon créneau sur le marché et saisir les occasions d'affaires.

3 - Évaluer de façon réaliste le développement d'un produit.

4 - Maîtriser à fond la technologie requise.

5 - Recruter un personnel compétent et le former de façon continue.

6 - Établir solidement sa crédibilité auprès de ses clients.

7 - Adhérer aux principes de la qualité totale et viser l'excellence.

8 - Accepter le changement et être assez flexible pour s'ajuster.

9 - Innover constamment en canalisant bien ses efforts de R-D.

10 - Développer des partenariats complémentaires et rentables.

Présentement, estime l'Ordre, si le concept de bilan technologique sert de plus en plus aux ingénieurs et aux gestionnaires des grandes entreprises à élaborer leur plan d'action, ceux-ci procèdent encore un peu intuitivement, sans trop de rigueur ni d'exhaustivité. C'est pourquoi il est urgent de mettre au point le modèle type de bilan technologique mentionné plus haut. Les PME seront alors mieux à même d'évaluer quelles technologies acquérir ou délaisser, en fonction des produits qu'elles fabriquent et de leur secteur d'activité.

Un outil stratégique

Donner à la technologie la place qui lui revient ne signifie pas seulement automatiser la production ou informatiser la conception et le design. L'usage des technologies n'est pas une fin en soi. Leur valeur dépend de leur capacité à augmenter la compétitivité d'une entreprise, et c'est pourquoi il faut rester vigilant quand vient le temps d'en acquérir de nouvelles et d'en adopter les applications les plus récentes.

C'est dans cette perspective qu'une entreprise a besoin d'un outil stratégique qui lui permette de consigner toutes les informations utiles à son développement technologique. Et c'est précisément ce que permet le bilan technologique.

Un portrait clair de la situation

Le bilan technologique brosse un tableau de la situation technologique d'une entreprise par rapport à son secteur d'activité et à ses principaux concurrents nationaux et internationaux. C'est une synthèse qui repose sur une analyse rigoureuse de ses forces et de ses faiblesses à ce chapitre. « Pour bien comprendre ce qu'est le bilan technologique, il suffit de le comparer au bilan financier : il établit ainsi le rapport entre l'actif et le passif en matière de technologie », déclare Michel Normandin, de l'Ordre des ingénieurs du Québec.

Cette synthèse repose sur deux éléments clés : un diagnostic interne et un diagnostic externe. Le premier détermine le savoir-faire et l'état des connaissances technologiques de l'entreprise. Il dégage les caractéristiques que confèrent à ses produits et services les procédés de fabrication et les façons de faire employés. Pour sa part, le diagnostic externe recense les principales tendances à l'œuvre dans le domaine. Il analyse l'évolution des technologies et des produits de pointe, ce qui permet à l'entreprise de mieux définir sa position concurrentielle.

La combinaison des deux diagnostics donne à l'entreprise une vision globale qui lui sert à établir avec précision ses besoins et ses priorités en matière de développement technologique.

Une vision globale de l'entreprise

L'entreprise qui dresse son bilan technologique aura donc une indication claire de sa position par rapport à ses concurrents. Mais pour obtenir ce résultat, est-il indispensable de s'astreindre à un tel exercice ? Michel Normandin répond en notant cet avantage majeur du bilan : « Il donne une vision globale de l'entreprise, de son secteur d'activité et de ses concurrents. Avec ces éléments en main, l'entreprise accroît ses chances de concevoir une stratégie de développement efficace. »

La difficulté qu'éprouvent les entreprises à bien gérer leur évolution technologique s'explique par le fait que le « management de la technologie » s'apparente à la « gestion du changement ». Or le bilan technologique amène l'entreprise à mieux définir les changements qu'il est nécessaire de réaliser à court et à moyen terme. Par le fait même, il alimente le processus de planification stratégique et aide les gestionnaires à prendre des décisions éclairées en la matière.

Le bilan technologique permet par exemple à l'entreprise de déterminer s'il vaut mieux recourir au transfert technologique plutôt que de lancer un programme élaboré de recherche-développement. Rares sont en effet les PME québécoises qui disposent des fonds nécessaires au maintien d'activités structurées de recherche-développement. L'analyse des tendances et du marché pourra les inciter à faire appel à des technologies qui ont fait leurs preuves à l'étranger.

Parallèlement, l'analyse des technologies utilisées par ses concurrents aide l'entreprise à évaluer si elle maîtrise bien les siennes, et l'amène à s'interroger sur l'intérêt de les conserver ou d'en acquérir de nouvelles.

Un complément au bilan financier

Enfin, le bilan technologique fournit des informations indispensables à l'appréciation de la valeur réelle de l'entreprise, ce que ne peut faire le seul bilan financier. Ainsi complète-t-il l'inventaire des actifs en établissant notamment la valeur du potentiel technologique de l'entreprise, de ses activités de recherche-développement, des technologies qu'elle possède ou exploite, ainsi que de ses moyens techniques de production. Il est donc très utile pour appuyer les efforts de recherche de capitaux préalables au lancement d'un nouveau projet.

La préparation du bilan

Pour dresser son bilan technologique, l'entreprise doit essentiellement analyser trois éléments : ses ressources technologiques, la position concurrentielle de ses produits ou services et les tendances à l'œuvre dans son secteur d'activité. La validité des conclusions qui se dégageront du bilan dépendra de la rigueur de cette analyse.

L'élaboration du diagnostic technologique

La première étape de la préparation du bilan consiste à déterminer les ressources et les capacités technologiques de l'entreprise. Il s'agit à ce stade d'établir la base technologique de celle-ci.

Pour ce faire, il lui faut tenir compte de l'ensemble des technologies utilisées ou susceptibles de donner lieu à des applications concrètes, pour différents produits ou secteurs d'activité. Le rapport établi entre ces technologies et les principaux produits de l'entreprise permet aux décideurs de déterminer les créneaux technologiques qu'elle peut maîtriser et développer à des fins commerciales.

On obtient une vue d'ensemble plus nette de la base technologique en la schématisant au moyen d'un tableau semblable à celui présenté ci-dessous.

SCHÉMA DE LA BASE TECHNOLOGIQUE DE L'ENTREPRISE

Technologies génériques

	Segment 1	Segment 2	Segment 3	Segment 4	Segment 5
Créneau 1					
Créneau 2					
Créneau 3					
Créneau 4					
Créneau 5					

Gammes de produits   Segment 1   Segment 2   Segment 3   Segment 4   Segment 5

À titre d'exemple, une entreprise qui utilise des senseurs et des capteurs inscrirait cette technologie dans le créneau 1. Cette technologie peut servir à la fabrication de produits de production (segment 1), de matériel roulant (segment 2) ou à la mise au point de systèmes de contrôle industriel (segment 3).

Source : Ordre des ingénieurs du Québec

Une fois en possession d'un tel schéma, l'entreprise peut d'ores et déjà établir si ses technologies génériques jouent un rôle moteur ou secondaire dans son appareil de production, et recenser les technologies dont elle a optimisé l'utilisation et la maîtrise.

Mais pour évaluer adéquatement ses forces dans le domaine des technologies génériques, elle doit se livrer à la même analyse pour ses concurrents. Cet exercice très révélateur lui indiquera si son rendement technologique est supérieur, égal ou inférieur à celui de ses principaux concurrents, tant sur le plan manufacturier que commercial.

L'analyse de chacune des technologies

Après avoir défini son profil technologique et recensé ses technologies génériques, l'entreprise doit faire l'analyse de chacune d'entre elles sous les aspects suivants :

- leur potentiel de développement dans tous les secteurs d'activité de l'entreprise ;
- le degré de maturité des différentes technologies et les avantages potentiels de nouvelles applications de celles-ci ;
- le niveau de spécialisation requis pour maîtriser et développer chaque technologie ;
- la menace de substitution que représentent les technologies concurrentes ;
- la marge de manœuvre de l'entreprise en matière de propriété intellectuelle et son degré d'autonomie technologique.

Les stratégies fondées sur les technologies génériques

1) La veille technologique de base.

2) L'acquisition de savoir-faire : brevets, licences et autres types d'ententes menant à des transferts technologiques.

3) L'acquisition d'entreprises.

4) Les alliances stratégiques permettant le développement conjoint de produits suivi d'une meilleure segmentation des marchés ; l'approfondissement de la recherche pré-compétitive ; l'établissement d'une base de coopération profitable avec les universités et les centres de recherche.

5) L'orientation des travaux de recherche interne : fondamentales, pré-compétitive ou compétitive.

L'inventaire des éléments de soutien

Pour obtenir un portrait détaillé de ses ressources et de ses capacités technologiques, l'entreprise doit aussi inventorier ses autres actifs technologiques, soit les technologies de l'information telle la bureautique, les méthodes de gestion de la production et des inventaires, les outils de comptabilité et d'administration, ainsi que le réseau de communication assurant les échanges de données informatiques.

Elle ajoute ensuite les éléments de soutien au développement des produits et services : installations telles que les laboratoires et la conception assistée par ordinateur (CAO), les ressources informationnelles comme les banques de données, les brevets et les accords de transferts de technologie, ainsi que les ressources humaines et les programmes de formation.

On complète le portrait technologique en insérant divers éléments liés à la production, notamment les méthodes de fabrication assistées par ordinateur (FAO), le niveau de standardisation des produits et composants ainsi que le degré d'implantation de concepts organisationnels, comme la gestion de la qualité totale et le mode de production juste-à-temps.

L'évaluation des produits ou services

La prochaine étape de préparation du bilan technologique consiste en une évaluation des produits ou services de l'entreprise. Il s'agit alors de positionner celle-ci par rapport à ses concurrents, plus précisément les leaders mondiaux.

Pour obtenir un portrait aussi fidèle que possible, on déterminera en particulier les éléments suivants :

- la position concurrentielle du produit ou du service, soit son rapport qualité/prix, son rendement, son caractère novateur et la qualité de son design ;
- la part de marché qu'il occupe et sa rentabilité ;
- la compatibilité, s'il s'agit d'un nouveau produit, avec les produits existants ;
- la qualité de la main-d'œuvre et de l'équipement, y compris les facteurs de productivité, de contrôle de la qualité et de respect des délais de livraison ;
- le niveau et la qualité du service offert aux consommateurs, y compris le service après-vente ;
- les stratégies de développement envisagées pour chacun des produits ou services.

Encore une fois, l'analyse sera d'autant plus utile qu'elle est réalisée en fonction des forces et des faiblesses de la concurrence.

Préparée avec rigueur, cette partie du bilan technologique mettra en lumière les produits affichant un faible rendement, les occasions ratées de développement et les insuffisances du plan de développement en vigueur. Ce faisant, on pourra non seulement évaluer les points forts et faibles de l'entreprise, mais aussi sa capacité concurrentielle sur les marchés nationaux et internationaux.

Les stratégies fondées sur les produits et services

1) Stratégie offensive : prendre le leadership technologique et commercial.

   Implications : assumer un haut niveau de risque et investir à fond dans la recherche et le développement (R-D) afin de s'assurer un niveau d'excellence constant. L'entreprise doit faire les choix suivants :

   - se doter des ressources nécessaires en recherche ;

   - s'associer à des chercheurs indépendants ;

   - mettre au point une politique de brevets et de secret industriel ;

   - fournir le support technique auprès des vendeurs et des clients.

2) Stratégie défensive : suivre de très près le leader.

   Avantage : minimiser le niveau de risque en développement de produit et de service.

   Condition : développer la capacité de réagir rapidement grâce notamment aux éléments suivants :

   - mener une veille technologique exhaustive ;

   - se donner des forces en développement et en ingénierie ;

   - savoir contrecarrer les stratégies de propriété intellectuelle du leader.

3) Stratégie d'imitation : innovation au niveau du design et des procédés de fabrication.

   Avantage : établissement de coûts de production moindres. Cette stratégie repose évidemment sur la qualité et la fiabilité du produit et du service.

4) Stratégie de complémentarité : occuper les créneaux laissés libres par d'autres entreprises.

5) Stratégie de dépendance

   La stratégie de dépendance est entre autres le fait de filiales de grandes multinationales qui détiennent des mandat mondiaux pour des produits et services très spécifiques ou pointus. Pratt & Whitney Canada en est un exemple typique.

6) Stratégie d'absorption de compétiteurs

   Cette stratégie s'appuie sur l'intérêt que peut avoir une entreprise à se spécialiser dans un créneau particulier qu'une autre est prête à délaisser pour s'investir davantage dans un segment où elle occupe déjà une place prépondérante sur le marché. Elle a comme avantage de permettre à une entreprise qui détient la technologie requise et la crédibilité commerciale d'acquérir des produits à maturité requérant peu de développement.

L'analyse prospective des tendances

Pour compléter son bilan technologique, l'entreprise se dotera d'une vision globale de l'évolution probable de son secteur d'activité et des technologies existantes. Pour ce faire, elle analysera toutes les tendances à l'œuvre dans les domaines qui la concernent, aussi bien en matière de technologie que de produits et services. Une analyse qui sera utile dans la mesure où elle tient compte des facteurs évolutifs touchant la dimension sociale, démographique, économique, politique, juridique et environnementale des domaines en cause.

Cet exercice de prospection permet de relever les tendances technologiques qui ont une influence sur les produits, la production, la normalisation internationale, le savoir-faire et les sources d'innovation. Il amène aussi l'entreprise à prendre en compte la concurrence actuelle et potentielle, en comparant les stratégies qui se dessinent en termes de pénétration de marché, de transfert technologique et de recherche-développement.

Armé d'un bilan technologique vraiment complet, tel que préconisé par l'Ordre des ingénieurs du Québec, le chef d'entreprise détient toute l'information nécessaire au choix des stratégies technologiques et commerciales les plus prometteuses. Il peut dès lors entreprendre une démarche de planification en vue de mettre au point un plan de développement détaillé qui fixe les priorités à court et à moyen terme.

L'innovation obligatoire

Pour comprendre l'importance du développement technologique dans la force économique d'un pays, citons une fois de plus le Japon en exemple. L'économie japonaise a connu une croissance fulgurante au cours des dernières décennies. Ses entreprises sont passées maîtres dans l'art de développer des procédés de fabrication leur assurant d'offrir des produits à des coûts extrêmement concurrentiels. La compétitivité du Japon repose sur des innovations technologiques qui lui permettent de fabriquer, plus rapidement et à meilleur coût, une gamme infinie de produits, même s'il ne les a pas inventés. Pensons aux caméra vidéo, aux magnétoscopes et aux télécopieurs, inventions américaines dont le Japon domine pourtant le marché. Les Japonais ont également misé à fond sur la formation de la main-d'œuvre, ce qui leur a permis notamment de s'imposer sur le marché des lecteurs de disques laser, autre invention d'un pays étranger, en l'occurrence les Pays-Bas.

Ce qui précède illustre éloquemment le besoin de sensibiliser les chefs d'entreprise à l'urgence d'intégrer le développement technologique à leur stratégie de croissance. Et pour y arriver, les efforts des décideurs doivent s'appuyer sur un outil stratégique des plus efficaces.

Le bilan technologique est sans nul doute cet outil d'avenir. Dans le contexte économique qui règne actuellement à l'échelle du globe, la réussite des PME québécoises passe par leur adaptation à un environnement technologique de plus en plus exigeant. En se dotant d'un bilan technologique, elles seront mieux à même de rester à l'affût des innovations de toutes sortes, et de faire des choix judicieux parmi les technologies de pointe les plus susceptibles de favoriser leur essor. C'est là une condition essentielle pour toutes les entreprises qui veulent se tailler une place de choix sur l'échiquier économique national et international.

Chapitre 13

La gestion environnementale

Pour trouver grâce auprès de l'opinion publique, des gouvernements et des établissements financiers, toute entreprise doit désormais intégrer à ses activités des principes écologiques, se conformer aux normes touchant l'environnement et se soumettre à une gestion environnementale efficace. Voilà qui peut paraître extrêmement contraignant. De fait, à court terme, c'est le prix à payer pour corriger les erreurs du passé. À moyen et à long terme, ce virage vert peut cependant s'avérer des plus profitables. C'est le temps où jamais de changer de cap, de conjuguer plan d'affaires et plan vert et de s'engager sur la voie de la vérification environnementale.

Un réel avantage concurrentiel

Les consommateurs ont aujourd'hui des préoccupations écologiques qui les font s'intéresser à plusieurs aspects d'un produit, notamment aux différentes étapes de sa vie. Les entreprises qui proposent des biens et services respectueux de l'environnement, de leur fabrication jusqu'à leur élimination, sont donc avantagées. Celles qui fabriquent des produits perçus comme nocifs risquent pour leur part de voir se fermer des marchés entiers. Le label environnemental et la conscience écologique sont devenus des avantages concurrentiels et des outils de positionnement des entreprises.

En fait, nous avons tous intérêt à limiter les impacts négatifs de l'activité humaine, car la dégradation de l'environnement entraîne des coûts sociaux qui, un jour ou l'autre, devront être assumés par les contribuables, individuels ou corporatifs. Dans l'immédiat, le virage vert représente certes un défi de taille et exige des investissements importants.

Ce même virage offre toutefois un potentiel élevé de croissance pour plusieurs années à venir.

Une hausse de productivité

Ainsi, la mise au point de procédés qui satisfont aux exigences environnementales se traduit par des innovations technologiques. Ces nouveaux procédés sont généralement plus efficaces, ce qui accroît la productivité des entreprises. Leur compétitivité profite aussi des économies résultant de la réduction des matières premières et des déchets, de leur réutilisation ou de leur recyclage. En outre, le développement de nouvelles technologies et de services environnementaux est à l'origine de l'essor accéléré de tout un secteur d'activité économique.

Les gouvernements font leur part pour aider les entreprises à s'engager dans cette nouvelle voie. D'abord la carotte : ils épaulent les entreprises dans leurs efforts de conversion par le biais de divers programmes de subventions ; puis le bâton : les législations de plus en plus sévères adoptées par les gouvernements ont obligé les établissements financiers à exiger des garanties environnementales avant de consentir un prêt ou de couvrir certains risques.

Le cadre réglementaire

La *Loi sur la qualité de l'environnement*, promulguée en 1972, est la pièce majeure de la législation québécoise en matière d'environnement. Elle encadre les nombreux autres textes de loi concernant la qualité des eaux, l'activité agricole, l'utilisation des pesticides, l'émission de contaminants, la gestion des déchets tant domestiques qu'industriels, l'impact environnemental de projets. En outre, les municipalités se sont vu conférer des pouvoirs en matière de nuisances, de bruit, de qualité de l'air et de protection des rives. Le gouvernement fédéral a aussi sa Loi sur la protection de l'environnement et de multiples textes législatifs et réglementaires relatifs à l'air, aux déchets, à l'eau et aux matières dangereuses.

Une loi d'une large portée

L'article 20 de la loi québécoise est un article clé. Il définit la prohibition de contaminer et de polluer qui assure le respect du droit de toute personne à la qualité de l'environnement, droit défini à l'article 19. Est considéré comme un contaminant toute matière solide, liquide ou gazeuse, tout micro-organisme, son, vibration, rayonnement, chaleur, odeur, radiation, ou toute combinaison de l'un ou de l'autre susceptibles d'altérer de quelque manière la qualité de l'environnement.

La loi québécoise impose l'obligation d'obtenir un certificat d'autorisation avant d'ériger ou de modifier une construction, d'entreprendre l'exploitation d'une industrie quelconque, l'exercice d'une activité ou l'utilisation d'un procédé industriel, ou avant d'augmenter la production d'un bien ou d'un service. Cette obligation vaut pour tous travaux susceptibles d'entraîner le rejet de contaminants ou une modification de la qualité de l'environnement. La Loi a une large portée et ne souffre que quelques exceptions. Mieux vaut donc s'informer avant de se lancer dans quelque projet industriel que ce soit.

Le principe du pollueur-payeur
Le Québec a modifié substantiellement la loi de 1972 depuis cinq ans. Il a reconnu le principe du pollueur-payeur et a renforcé les mesures d'application de la Loi. Les pouvoirs de saisie et de perquisition ont été étendus, la responsabilité des administrateurs et dirigeants a été introduite, les sanctions ont été accrues. Les amendes peuvent atteindre 1,5 million de dollars pour les corporations et 40 000 $ pour les individus. Une peine d'emprisonnement maximale d'un an peut s'ajouter aux amendes. La manipulation et l'utilisation des matières dangereuses de même que l'assainissement des rejets industriels et des terrains contaminés sont davantage réglementés. Le ministre de l'Environnement dispose enfin de pouvoirs d'ordonnance en matière de décontamination et de restauration de l'environnement.

Certains amendements ne sont encore qu'annoncés. C'est le cas notamment de l'obligation de détenir une attestation d'assainissement des rejets industriels – règlement qui devrait entrer en vigueur au cours de 1993 pour certaines catégories d'entreprises, dont celles du secteur des pâtes et papiers – et des articles concernant la responsabilité des nouveaux propriétaires dans la restauration des terrains qu'ils ont acquis alors qu'ils étaient déjà pollués.

Impact sur l'entreprise

La loi québécoise ainsi que les amendements proposés ont un effet dissuasif et entraînent des répercussions sur le financement des entreprises, de même que sur leur couverture d'assurances. Les banques, au premier chef, exigent désormais que les emprunteurs industriels intègrent des considérations écologiques à leur plan d'affaires, en faisant ainsi un véritable plan vert. Les entreprises doivent donc démontrer et même prouver que leurs activités n'ont pas d'effets néfastes sur l'environnement.

Pas de financement sans plan vert

« Il est peu probable, écrit l'Association des banquiers canadiens dans la brochure *Le financement d'une petite entreprise*, que la banque accorde un prêt à une entreprise qui exerce des activités qui nuisent à l'environnement. Car si la banque doit réaliser une garantie et que le bien offert est contaminé ou pollue l'environnement, elle peut être tenue responsable du nettoyage des biens contaminés. C'est pourquoi les risques liés à l'environnement et la possibilité de les corriger à court terme influent sur la tarification, les modalités et l'octroi d'un prêt. »

Désormais, les demandes de prêt émanant d'entreprises respectueuses de l'environnement recevront de ce fait un accueil plus favorable de la part des banquiers. L'Association des banquiers canadiens a d'ailleurs une idée très précise de ce qu'est un plan d'affaires vert (voir ci-dessous). Les banques veulent ainsi s'assurer que les entreprises emprunteuses « respectent ou dépassent les exigences de toutes les lois et de tous les règlements en vigueur ». Il en va également de la sécurité du prêt et de la quiétude de l'institution prêteuse.

Principaux éléments d'un plan d'affaires vert

- Une stratégie visant à assurer une bonne gestion de l'environnement.

- La preuve que les terrains ou les immeubles qui vous appartiennent ne constituent pas une menace pour l'environnement ; joindre un historique du terrain que vous occupez et la date de construction des immeubles qui s'y trouvent.

- La preuve que vous respectez toutes les lois et tous les règlements en vigueur ; si vous dépassez les normes minimales, le signaler.

- La preuve que les activités de votre entreprise n'ont que très peu d'effets néfastes sur l'air, l'eau, le sol et les organismes vivants.

- La preuve que votre entreprise emploie des techniques qui misent sur l'efficacité énergétique et qu'elle réduit au minimum l'utilisation des matières premières et la production de déchets.

- Les méthodes de gestion et d'élimination des déchets dangereux.

- Les plans d'urgence en cas d'accident écologique.

- Un calendrier des vérifications environnementales prévues dans votre entreprise en vue d'évaluer sa prestation à cet égard et de détecter les problèmes éventuels.

- La preuve que l'emballage de vos produits respecte l'environnement.

- La preuve, documents à l'appui, que vous avez relevé le défi que présentaient les problèmes d'ordre environnemental en vue d'accroître l'efficacité et la compétitivité de votre entreprise.

Source : Association des banquiers canadiens

La prudence des assureurs

Les sociétés d'assurances sont également très prudentes dès qu'il est question de risques environnementaux. La clause générale de responsabilité civile d'une entreprise couvre uniquement les sinistres de nature environnementale qui se produisent de façon soudaine et accidentelle et qui sont signalés dans les 120 heures (cinq jours). La pollution résultant des activités courantes de l'entreprise (la pollution dite « graduelle ») n'est pas couverte, si ce n'est par quelques assureurs très spécialisés.

L'obtention d'une telle assurance, dont le coût est très élevé, requiert une évaluation des risques faite par des experts et approuvée par l'assureur. Les couvertures offertes par ces quelques compagnies sont assez généreuses (elles ont doublé et même triplé depuis trois ans), bien qu'elles restent en deçà des besoins réels. Par ailleurs, un nouveau produit a fait son apparition : les primes sont utilisées pour constituer un fonds de réserve (au lieu d'acheter une protection) pour ces risques jugés non assurables.

La vérification environnementale

C'est dans ce contexte légal et d'affaires que nous entendons de plus en plus parler de bilan environnemental et de vérification environnementale, deux exercices forts différents. Le bilan trace le portrait de la situation à un moment donné. Il se compare aux états financiers qu'une entreprise dépose au terme de son année financière. On pourra retrouver à l'actif, par exemple, les investissements en R-D en vue de développer une façon de faire plus écologique et, au passif, les coûts de restauration d'un site particulier.

Quant à la vérification, c'est l'outil utilisé pour préparer le bilan. Ici, la comparaison avec la vérification financière n'est que théorique. Dans la pratique, il n'y a pas de reddition de compte. Il n'existe pas non plus de « normes généralement reconnues » sur la façon de réaliser une vérification environnementale et de communiquer les résultats. De même, la profession de « vérificateur environnemental » n'est pas encore réglementée, et les prix exigés peuvent varier grandement pour des mandats similaires. Il est donc très difficile de savoir si on assiste à une vérification environnementale sérieuse ou non. Faute d'uniformité et d'encadrement, la crédibilité du processus et des résultats n'est pas garantie.

Une profusion d'expressions

On trouve actuellement une profusion d'expressions pour désigner les services relatifs à l'environnement qui sont offerts aux entreprises.

Outre les services conseils en environnement, l'Institut canadien des comptables agréés (ICCA) propose de les regrouper sous quatre rubriques bien précises :

- les services-conseils en environnement ;
- l'évaluation environnementale de site ;
- le contrôle de conformité des activités ;
- l'évaluation du système de gestion environnementale.

L'ICCA classe à part les études d'impact environnemental ; celles-ci sont réalisées suivant des modalités fixées par réglementation, en vue de nourrir les délibérations d'un organisme chargé d'évaluer l'impact environnemental d'un projet.

Les services-conseils en environnement ne relèvent pas de la vérification environnementale. Ils visent à aider l'entreprise à atteindre les objectifs particuliers qu'elle s'est fixés. Il peut s'agir d'assainir un milieu de travail ; de réduire la consommation et les coûts d'énergie ; d'améliorer la technologie de production ; de déterminer les impacts et les coûts environnementaux du cycle de vie d'un produit, etc. Ces services-conseils nécessitent une expertise poussée dans le domaine des sciences, du génie et des techniques industrielles. Ils peuvent comporter un volet d'évaluation des risques.

Diagnostics environnementaux

En ce qui a trait à la vérification environnementale, il existe deux types de diagnostic, soit l'évaluation environnementale de site et le contrôle de conformité des activités.

L'évaluation environnementale de site est une enquête dont le but est de déterminer si un lieu (site ou propriété) renferme des contaminants, des substances ou des déchets toxiques qui, tôt ou tard, nécessiteront des mesures de décontamination.

Le contrôle de conformité des activités tient aussi de l'enquête. Celle-ci est axée sur la conformité des installations et des activités d'une entreprise à la réglementation environnementale à laquelle elle est assujettie ou aux règles internes qu'elle s'est données.

Ces deux vérifications servent souvent à répondre aux exigences des prêteurs, des acquéreurs, des assureurs ou des gouvernements. Le rapport de vérification environnementale que propose à ses membres l'Association des banquiers canadiens le démontrent clairement. Ces analyses peuvent avoir un effet sur la situation financière de l'entreprise si elles entraînent l'interruption de certaines activités, l'installation d'équipements ou la modification de procédés.

La vérification environnementale

Une vérification environnementale comporte habituellement deux étapes. Selon le niveau de risque que présente votre entreprise, votre établissement financier peut n'exiger qu'une seule de ces deux étapes.

Étape 1   Inspection du site et recherche de titres.

Étape 2   Analyse en laboratoire du sol, de l'eau, de l'air (émissions, etc.) dans votre propriété et les propriétés adjacentes.

Il arrive parfois, quoique rarement, qu'on exige une troisième et même une quatrième vérification.

Étape 3   Évaluation des pratiques et des politiques d'exploitation de l'entreprise.

Étape 4   Examen des systèmes de gestion de l'environnement mis en place par l'entreprise (formation, rapports, etc.) afin de vérifier si celle-ci respecte les normes environnementales prévues par la loi et celles de son secteur d'activité.

Source : Association des banquiers canadiens

La gestion environnementale

L'évaluation du système de gestion environnementale est ce qui ressemble le plus, à l'heure actuelle, à la vérification au sens comptable. Elle permet à la direction d'une entreprise de savoir dans quelle mesure les systèmes, les contrôles et les procédures qu'elle a mis en place sont fiables et garantissent l'application des règles environnementales qu'elle a adoptées. Elle permet de repérer les risques cachés et d'apporter des améliorations sur une base continue.

C'est un outil de gestion permanent et essentiel qui assure une évaluation systématique, documentée et objective du fonctionnement d'une organisation, de son système de gestion et de ses équipements de protection de l'environnement.

Pour une information crédible

Une même étude peut relever de plus d'un groupe. Par exemple, on peut faire une « vérification des rejets » en vue de trouver des moyens de réduire les rejets atmosphériques toxiques ainsi que des marchés pour les gaz rejetés (services-conseils en environnement). La même vérification peut s'intéresser au niveau de rejets (contrôle de conformité) tout en déterminant si les systèmes et pratiques de gestion permettent véritablement à l'entreprise de se conformer aux politiques et aux objectifs qu'elle a établis, par exemple la réduction des rejets de 10 % par année pendant cinq ans (évaluation du système de gestion de l'environnement).

Toutes ces enquêtes et évaluations produisent une information importante qui, éventuellement, devra être colligée et communiquée selon des normes qui en faciliteront la lecture et la rendront crédible. Le temps n'est sans doute pas loin où les entreprises devront rendre compte de l'intégrité et de la fiabilité de leurs systèmes de gestion environnementale. Encore faudra-t-il qu'elles aient un tel système, ce qui est loin d'être toujours le cas.

CRITÈRES DE CHOIX DES MESURES DE GESTION ENVIRONNEMENTALE

Critères techniques

- Sécurité des travailleurs
- Maintien/amélioration de la qualité des produits
- Espace disponible
- Compatibilité avec les équipements, les procédés, les taux de production
- Services d'appoint requis (eau, air, électricité)
- Arrêt temporaire de production pour la mise en place des mesures
- Expertise requise pour l'exploitation et l'entretien
- Service après vente
- Autres problèmes potentiels pour l'environnement

Critères économiques

Coûts directs en capitaux	Coûts indirects	Coûts ou économies d'exploitation
- bâtiments	- demande de permis	- matières premières
- procédés	- contracteur	- élimination des déchets
- matériaux	- coûts de démarrage	- production de résidus
- construction	- coûts de formation	- eau, énergie
	- intérêts	

Source : D'après U.S. Environmental Protection Agency, 1989,
Waste Minimization Opportunity Assessment Manual,
Hazardous Waste Engineering Research Laboratory,
Office of Research and Development, Rockville Government Institutes, p.m.

Deux approches d'implantation

Voici maintenant, pour clore ce chapitre, deux approches susceptibles de vous mettre sur la piste d'un réel système de gestion environnementale pour votre entreprise. Il vous appartient d'adapter à votre entreprise celui qui lui convient le mieux. Vous avez le choix des moyens pour y arriver. Quant à celui de respecter ou non l'environnement, il n'existe plus !

PRINCIPALES ÉTAPES D'UN PLAN D'ACTION ENVIRONNEMENTAL

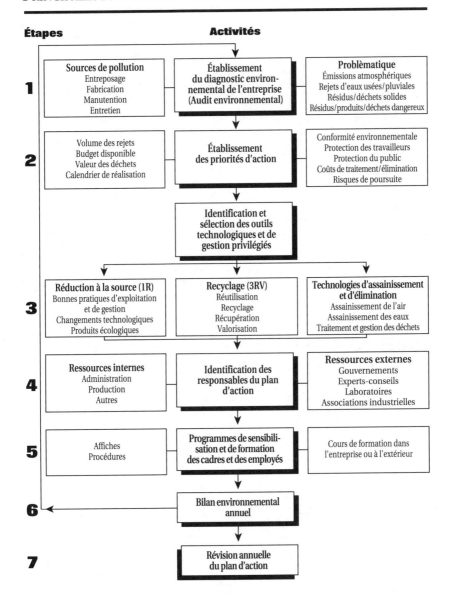

Source : Lavalin Environnement (1991)

MODULES PILOTES DU MODÈLE
DE GESTION ÉCOLOGIQUE INTÉGRÉE DE WINTER

Georg Winter est un industriel allemand qui, ayant décidé en 1972 de faire de la protection de l'environnement un des objectifs de son entreprise de fabrication d'outils de diamant, a développé un modèle de gestion écologique intégrée comprenant 28 modules. À noter que ceux-ci ne sont pas présentés par ordre chronologique, ni par ordre de priorité. Les cases ombragées indiquent les modules qui contribuent à la réduction des charges financières de l'entreprise.

Module	Description	Objectif	Type de mesure
1	Sommaire (module des modules)	Présentation de l'ensemble des modules	Administrative
2	Définition des priorités	Élaborer un calendrier de réalisation	Administrative
3	Motivation de l'encadrement	Sensibilisation et approbation de l'équipe de direction	Administrative
4	Objectifs et stratégies	Intégrer l'environnement aux objectifs de l'entreprise	Administrative
5	Marketing	Éliminer les risques reliés au marché	Administrative
6	Organes internes de protection de l'environnement	Identifier les responsables de la réalisation	Administrative
7	Motivation et formation du personnel	Motivation et formation continue	Personnel
8	Conditions de travail	Créer des conditions de travail ergonomiques	Personnel
9	Restauration collective	Saine alimentation du personnel	Personnel
10	Écoconseil dans les foyers du personnel	Encourager le comportement écologique au foyer	Personnel
11	Économies d'eau et d'énergie	Réduire la consommation	Technologique
12	Développement de produits	Développer des produits écologiques	Technologique
13	Gestion des matériels et des stocks	Gestion compatible avec l'environnement	Technologique

(SUITE)

Module	Description	Objectif	Type de mesure
14	Technologie de fabrication	Réduire les nuisances et les coûts de traitement	Technologique
15	Élimination et recyclage	Réduire les nuisances et les coûts de traitement	Technologique
16	Pollutions anciennes	Assainir les terrains contaminés et éviter d'en acquérir	Administrative
17	Matériel roulant	Sélection et entretien en fonction des aspects écologiques	Technologique
18	Bâtiments et entretien	Construire et entretenir selon des principes bio-architecturaux	Technologique
19	Terrains d'entreprise	Aménagement écologique du site	Administrative
20	Finances et aides financières	S'informer des programmes d'aide publique	Financière
21	Comptabilité écologique	Prise en compte des coûts liés à la pollution	Financière
22	Droit	Respect des lois et règlements	Juridique
23	Responsabilité civile	Réduire les risques et responsabilités civiles	Juridique
24	Responsabilité pénale	Éviter les fautes pénales	Juridique
25	Gestion du risque	Déceler, minimiser et prévenir les risques	Technologique
26	Assurances	Assurer les risques inévitables et inévaluables	Financière
27	Relations publiques	Publiciser les réalisations de l'entreprise	Financière
28	Relations économiques internationales	Exporter le modèle aux filiales et succursales à l'étranger	Financière

▢ Modules à établir en priorité pour réduire les charges financières de l'entreprise.

Source : D'après Winter, G. 1989,

Chapitre 14

La démarche qualité

Dans une économie à valeur ajoutée, le premier facteur de rendement d'une entreprise, où qu'elle soit dans le monde, est sans aucun doute la qualité de ses produits et services. Tous les entrepreneurs sérieux le savent.

Au Québec, près de 6 000 dirigeants d'entreprise ont apposé leur nom au bas de la *Charte québécoise de la qualité* lancée en octobre 1991 par le premier ministre Robert Bourassa. D'ici l'an 2000, on vise à franchir le cap des 20 000. Mais entre-temps, il ne suffit pas d'affirmer s'être converti à la qualité totale, il faut en faire la preuve. C'est-à-dire démontrer sans doute possible que ses produits et services se conforment rigoureusement non seulement à des spécifications techniques établies, mais aux normes désormais reconnues à l'échelle mondiale en matière de gestion de la qualité.

Les grands donneurs d'ordre exigent de plus en plus de leurs fournisseurs qu'ils produisent leur manuel d'assurance-qualité ou leur certificat d'accréditation aux normes internationales ISO 9000. Pour décrocher un contrat, c'est presque devenu une condition *sine qua non*. Sans compter que les grands maîtres d'œuvre nouent plus que jamais des alliances stratégiques avec leurs sous-traitants afin de mieux servir leur clientèle. Cependant, de telles alliances ne peuvent se faire qu'avec un nombre restreint de fabricants puisqu'elles nécessitent des liens d'affaires étroits et qu'elles supposent d'importantes mesures de soutien au développement des entreprises choisies. De leur côté, les clients veulent obtenir, en plus de la qualité, des prix qui leur assureront de rester concurrentiels, de sorte qu'ils n'hésitent pas à chercher sur d'autres continents le meilleur rapport qualité-prix possible.

Mais attention ! Obtenir un certificat d'accréditation n'est pas une fin en soi, mais l'un des premiers jalons à franchir sur la route qui mène à la qualité totale. Dans un premier temps, la rédaction d'un manuel d'assurance-qualité est certes un excellent moyen pour l'entrepreneur de convaincre chacun de sa détermination. Mais il lui faut aussi rassurer son client quant à la gestion concrète de sa production, lui donner l'heure juste quant aux processus décisionnels adoptés en vue de fournir des produits de qualité.

Des freins à l'implantation

Si l'on peut affirmer que plusieurs entreprises ont aujourd'hui dépassé l'étape de la sensibilisation en souscrivant fermement aux principes de gestion de la qualité totale, force est d'admettre qu'elles sont encore trop nombreuses à se décourager en cours de route. Trop souvent, l'expérience n'a pas donné les résultats escomptés parce qu'on a escamoté une étape importante ou parce que l'approche retenue ne convenait pas à la réalité de l'organisation.

Le mirage de la solution magique

On a tort de croire que la qualité totale peut être mise en œuvre du jour au lendemain et produire des miracles à la chaîne. Loin d'être un remède miracle, cette philosophie de gestion s'applique au contraire patiemment, au quotidien, après un long processus de transformation qui touche toutes les facettes de l'entreprise. C'est ce qu'on appelle en fait un processus d'amélioration continue.

Inutile, donc, de chercher une solution toute faite qui donnera des résultats instantanés en termes de rentabilité, il faut définir des objectifs à long terme qui assureront la mise en œuvre permanente d'un mode de gestion intégré à la vie quotidienne de l'entreprise. Il faut aussi éloigner la tentation à laquelle succombent trop de chefs d'entreprise en période de ralentissement économique, c'est-à-dire s'empresser de reporter la mise en place de la qualité totale, voire d'y renoncer en attendant que reviennent les beaux jours. C'est bien entendu la pire des solutions, puisque le meilleur moyen de retrouver leur capacité concurrentielle est de concevoir des produits de qualité au meilleur coût possible.

La vision trop vague du concept

Il arrive souvent que les dirigeants aient une vision trop vague du concept de qualité pour bien articuler la démarche qui leur permettra d'améliorer leurs produits et services. À ce propos, des indices révélateurs sont fournis pas une importante enquête menée en 1992 par le cabinet Ernst & Young auprès de 584 grandes entreprises canadiennes, américaines, japonaises et allemandes des secteurs bancaire, informatique, automobile et de la santé.

Les conclusions de cette étude comparative montrent que l'un des obstacles majeurs à l'application de la qualité totale réside dans la vision des chefs d'entreprise qui, abordant le concept comme un ensemble abstrait, s'engagent simultanément dans une série de changements.

Il est pourtant essentiel de planifier en détail l'introduction de ces changements organisationnels et, surtout, de donner à l'entreprise le temps nécessaire pour les absorber avant de passer à l'étape suivante. C'est un point sur lequel insiste beaucoup les conseillers de direction Towers Perrin qui qualifient chaque étape vers la qualité totale de « période de survoltage et de stabilisation », selon une alternance qui assure à l'organisation de progresser vers son but ultime.

LA PROGRESSION PAR ÉTAPES PLANIFIÉES

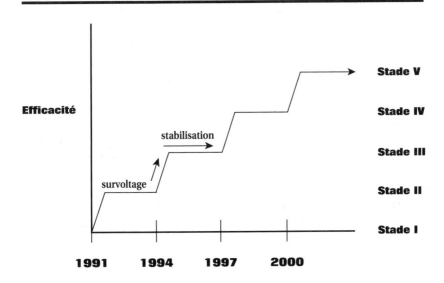

Source : Towers Perrin

255

La résistance aux normes

Les chefs d'entreprise québécois ont une vive allergie aux normes. Ils préfèrent une gestion intuitive, subjective, qui n'obéit à aucun indicateur de mesure. Bien sûr, on s'expose davantage en se dotant d'outils de contrôle susceptibles de révéler des lacunes qu'on devra combler en renonçant aux méthodes de travail et aux principes de gestion désuets qui ont porté leurs fruits du temps de la course traditionnelle aux profits.

Pourtant, ceux qui se sont astreints à respecter les normes édictées par l'Organisation internationale de normalisation (ISO) ont découvert un instrument de diagnostic efficace qui leur a permis de progresser. Ils ont pu établir clairement les causes cachées de la « non-qualité », rajuster leur tir et s'engager à temps à mieux contrôler la qualité de la production et des processus de fabrication. L'adhésion aux normes ISO sert en quelque sorte de complément aux spécifications techniques définies par le client, auquel on fournit ainsi une preuve indiscutable de l'efficacité du système de production.

Les voies de la transformation

La qualité totale doit être considérée comme un outil de transformation de la culture organisationnelle, qui exige de l'entreprise des efforts cohérents et permanents. « La qualité, illustre Michel Bricaud, président de la société française Bronze Acior, c'est une véritable toile d'araignée qui se tisse lentement par une foule de petits gestes qui visent, en dernier ressort, la satisfaction des besoins du client. C'est d'abord et avant tout une finalité qui s'obtient grâce à un consensus de toutes les ressources humaines de l'entreprise. Le reste n'est que rhétorique. »

Ce consensus, allié à la responsabilisation graduelle des employés, modifie en profondeur les mentalités et transforme en douceur la culture organisationnelle de l'entreprise, à mesure que les travailleurs, désormais partenaires à part entière, en viennent à partager un même objectif qui est la satisfaction du client.

L'adhésion à une démarche sur mesure

Quelle que soit l'approche retenue pour mettre en œuvre la qualité totale, elle doit nécessairement s'adapter à la culture, aux structures et aux besoins de l'entreprise. La pire erreur consiste à miser sur une formule toute faite, une recette miracle du genre « qualité en kit » comme en présentent certains pseudo spécialistes peu scrupuleux à des dirigeants trop heureux de s'épargner effort et réflexion.

LES VOIES CONTINUES DE L'AMÉLIORATION

Stade	I	II	III	IV	V
Calendrier	Maintenant	1 à 2 ans	3 à 5 ans	6 à 10 ans	10 ans et plus
Qualité/Focus	Inspection	Fiabilité du procédé	Efficacité du procédé	Satisfaction du client	Bonheur du client
But à atteindre	Faire les choses correctement	Faire les choses correctement la première fois	Réduire le cycle	Faire les bonnes choses	Acquérir un avantage concurrentiel
Démarches d'amélioration	Éteindre les feux	Résoudre les problèmes	Adapter	Innover	Passer à la génération suivante
Méthodes d'amélioration	Raccommodage	Simplification	Réarrangement	Refonte	Simulation
Conscience des autres joueurs	Compagnons de travail	+ clients	+ fournisseurs	+ concurrents	+ bailleurs de fonds
Relations avec la clientèle	Ventes	Engagement	Conventions	Alliances	Liens

Source : Towers Perrin

Deuxième écueil à éviter : s'engager dans la démarche qualité sans le ferme appui de la direction comme de tous les niveaux de l'entreprise. Sans consensus, les mirages s'évaporent très vite, et le découragement risque de nuire sérieusement aux chances d'un second essai. Avant tout, il s'agit donc de définir avec précision le cadre du projet qualité, de fixer les balises jugées acceptables à tous les échelons et de s'assurer par la suite que tous les engagements soient respectés.

La circulation de l'information

Il va sans dire que la mise sur pied de réseaux de communication efficaces à tous les niveaux et dans tous les secteurs de l'entreprise est indispensable à la réussite de la démarche qualité. L'information doit circuler de haut en bas, et inversement. Mis en confiance, les travailleurs doivent parler librement des problèmes qu'ils rencontrent et suggérer toute modification utile aux méthodes de travail en vigueur.

Cette nouvelle vision de l'organisation du travail pose sans doute comme principal défi l'élimination des barrières entre services. Sur ce point, certains auteurs préconisent d'ailleurs une approche qui encourage non seulement la participation de la base aux décisions, mais aussi l'application, au sein de l'entreprise, d'une relation client-fournisseur entre les équipes de production. Chaque unité devient ainsi le « fournisseur » de l'équipe en aval, laquelle, à titre de « client », formule des demandes et des suggestions qui, en bout de ligne, donnent un produit de plus haute qualité.

La participation des syndicats

À l'unanimité, les syndicats s'entendent pour affirmer qu'un projet qualité auquel ils n'auraient pas été associé dès le départ est voué à l'échec. En réalité, il est aussi nécessaire qu'avantageux de travailler en étroite collaboration avec les représentants ouvriers tout au long du processus, puisque la démarche qualité est avant tout une démarche d'association.

Les chefs syndicaux posent d'ailleurs des conditions très strictes à leur adhésion à cette « relation de coopération » d'un nouveau genre. La première consiste à faire du syndicat comme de la haute direction un élément de la structure de production ; la deuxième, à solliciter la participation aussi bien des gérants et des cadres intermédiaires que des travailleurs ; et la troisième, à transformer les rapports de pouvoir au sein de l'entreprise.

Le partage des responsabilités

La gestion participative que suppose la démarche qualité vise à faire du contrôle du travail un exercice collectif. Elle exige par conséquent de revoir un ensemble de fonctions de surveillance jusque-là réservées à l'équipe de gestion, en considérant que les travailleurs sont aussi bien placés pour prendre d'excellentes décisions et s'adapter rapidement aux impératifs de la production.

Cela réclame bien sûr des cadres intermédiaires qu'ils modifient leur attitude en délaissant leurs anciennes habitudes de gestion, de manière à partager leurs responsabilités. En échange, ils assument le rôle primordial de susciter les initiatives individuelles et de favoriser l'expression maximale des idées pour le bien collectif de l'entreprise.

L'ÉVOLUTION PROGRESSIVE DES RÔLES

Stade	I	II	III	IV	V
Calendrier	Maintenant	1 à 2 ans	3 à 5 ans	6 à 10 ans	10 ans et plus
Qualité/focus	Inspection	Fiabilité du procédé	Efficacité du procédé	Satisfaction du client	Bonheur du client
Environnement d'équipe formel	Hiérarchie traditionnelle	Équipe naturelle de travail	Équipes multi-disciplinaires	Équipe auto-gérées	Grappes
Modèles informels	Cliques	Alliances forcées	Réseaux	Alliances	Grappes
Style de leadership	Directif	Consultatif	Facilitateur	Participatif	Situationnel
Comportement des employés	Travailleur	Contributeur	Partie prenante	Intrapreneur	Propriétaire
Reconnaissance du « héros »	Suiveur/ haute direction	Joueur d'équipe	Champion	Pivot	Pionnier

Source : Towers Perrin

La formation continue du personnel

L'autonomie, la responsabilisation et la créativité des travailleurs ne peuvent se développer sans formation appropriée. En fait, placer les ressources humaines au centre du processus d'amélioration continue signifie pour les dirigeants donner priorité à la motivation, à la compétence et à la souplesse de la main-d'œuvre. L'enrichissement des tâches passe obligatoirement par le perfectionnement des employés, une partie intégrante du projet qualité. Plus encore, l'innovation restera un vœu pieux tant que le personnel lui-même ne maîtrisera pas entièrement les nouvelles technologies.

La révision constante des processus

En plus de donner lieu à une meilleure gestion des ressources humaines, la mise en œuvre de la qualité totale doit viser à améliorer la production. L'un ne va pas sans l'autre, comme le démontre les

Démarche d'implantation de la qualité totale

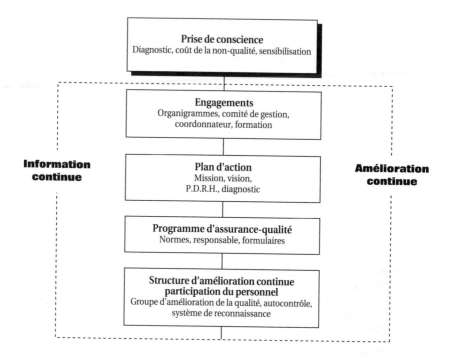

Source : Guide d'implantation de la qualité, Ministère de l'Industrie , du Commerce et de la Technologie

chapitres de cet ouvrage consacrés à la production à valeur ajoutée. Seules les entreprises qui ont revu en profondeur leurs processus et leurs méthodes de travail progressent vraiment sur la voie de la qualité totale. Celles qui l'ont compris ont déjà entrepris une seconde refonte qui, elles le savent, sera suivie de plusieurs autres. La démarche qualité, on l'a dit, est un processus d'amélioration continue. En aucun temps il n'est question de s'asseoir sur ses lauriers.

La mise en œuvre

La présente section décrit les principaux mécanismes qui assureront la mise en œuvre réussie de la démarche qualité, à condition bien sûr qu'ils soient interprétés correctement et appliqués avec rigueur.

Le diagnostic de l'entreprise

Avant d'élaborer un projet qualité et d'en fixer les objectifs, il importe de dresser un bilan clair de la situation de l'entreprise. Le diagnostic qualité donnera de celle-ci une image nette et à jour grâce à l'examen détaillé de deux éléments clés : la structure organisationnelle, évaluée selon le degré d'intégration de la qualité totale à son mode de fonctionnement ; et les coûts associés à la non-qualité.

Plusieurs entreprises demanderont à l'un de leurs gros clients de poser ce diagnostic s'il applique déjà un système de qualification de ses fournisseurs. Dans ce cas, l'examen se limite le plus souvent à un audit du programme d'assurance-qualité. En principe, un diagnostic qualité de la structure organisationnelle prend de un à trois jours. Pour évaluer les coûts de la non-qualité, et par conséquent ce qu'il en coûterait pour se convertir à la qualité, on peut compter jusqu'à six mois si l'entreprise n'a fixé aucun système de prix de revient qui lui permette de mesurer cet élément.

À noter que le ministère de l'Industrie, du Commerce et de la Technologie (MICT) fournit à ceux qui en font la demande un guide intitulé *Évaluation des coûts de la qualité*, où les dirigeants d'entreprise trouveront les critères d'évaluation de ces coûts.

Les dix étapes initiales

Voici en résumé les dix étapes que doivent franchir les entreprises de toutes tailles pour se convertir à la démarche qualité. Elles ont été établies sur le modèle de sociétés comme AT & T, Avon, Corning Glass, General Motors, Hewlett-Packard, IBM, Polaroid et 3M.

1. S'assurer de l'engagement de la haute direction.
2. Mettre sur pied un conseil Qualité de l'amélioration.
3. S'assurer de la mobilisation de l'ensemble des cadres.
4. Mettre au point une stratégie de groupes de travail.
5. S'assurer de la participation de chacun.
6. Mettre sur pied des équipes d'amélioration (ou de maîtrise des processus).
7. Solliciter la participation des fournisseurs.
8. Mettre en place un système d'assurance-qualité.
9. Élaborer et appliquer des programmes d'amélioration à court terme ainsi qu'une stratégie à long terme.
10. Reconnaître les mérites de chacun et de chaque équipe.

Source : *Objectif Qualité totale*, de James H. Harrington.

Le MICT a aussi préparé à l'intention du secteur manufacturier un outil audiovisuel, le *Guide d'implantation de la qualité*, qui propose un modèle de diagnostic comprenant l'évaluation des coûts de la non-qualité et une stratégie de mise en place d'un système de collecte des données relatives aux coûts de la qualité.

L'énoncé de la politique qualité

Après avoir analysé le diagnostic, la direction est en mesure d'établir la meilleure stratégie de mise en œuvre de son programme d'amélioration de la qualité. Il convient ensuite de présenter à tout le personnel l'énoncé d'une politique de qualité qui détaille les orientations adoptées, les grandes étapes de la mise en œuvre et la structure proposée.

Pour s'assurer de l'adhésion de tous les niveaux de l'entreprise à cette démarche, le chef d'entreprise ne peut se contenter d'une déclaration formelle. Son engagement doit se concrétiser par une série d'actions qui font de la qualité l'une des priorités de la gestion et l'introduisent graduellement au quotidien de l'entreprise.

Le groupe d'amélioration de la qualité

Comme on l'a vu, la démarche qualité fait appel à la participation et à la créativité des employés, invités à constamment améliorer la production collective. Pour ce faire, le meilleur moyen consiste à former des groupes d'amélioration de la qualité (GAQ). Généralement animés par un gestionnaire clé de l'entreprise, ces groupes pourront se réunir régulièrement afin de définir, d'analyser et de résoudre des problèmes précis qui font obstacle à la qualité, à la sécurité et à la productivité. Les participants élaboreront des solutions en recourant par exemple à une méthode collective de résolution des problèmes.

Mais avant de former ces GAQ, certaines conditions doivent être remplies :

- la légitimité des GAP doit être dûment reconnue par le président et les cadres de l'entreprise ;
- les objectifs de l'entreprise doivent être transmis à tout le personnel grâce à une circulation efficace de l'information ;
- la direction doit clairement s'engager à considérer les employés comme des partenaires, autorisés à émettre des critiques et à proposer des solutions, et non comme des subalternes.

La mise en place de l'autocontrôle

L'autocontrôle consiste à donner à celui qui exécute une tâche précise la responsabilité de la qualité de son travail. Bien sûr, le travailleur n'est pas responsable de la qualité du produit qu'il reçoit mais, le cas échéant, il signalera aux responsables la présence d'une défectuosité ou l'insuffisante qualité d'une pièce.

Pour s'intégrer concrètement à la conduite des opérations, l'autocontrôle demande que les conditions suivantes soient satisfaites :

- il doit régner un climat de confiance entre cadres et travailleurs ;
- on doit favoriser la délégation des tâches et obtenir l'adhésion du personnel et du syndicat aux objectifs de la direction ;
- des consignes précises doivent être transmises au personnel sur la marche à suivre en cas de défaillances ;
- le personnel doit être dûment formé et informé pour lui assurer une réelle autonomie à son poste de travail.

La mise en place de l'autocontrôle est progressive. C'est une méthode de travail qui doit être intégrée graduellement aux tâches du personnel, selon un plan préétabli. Le service de la qualité a pour responsabilité de vérifier périodiquement les progrès accomplis.

Mise en place d'un système d'évaluation du coût de la non-qualité

- Obtenir l'engagement et l'appui de la direction.
- Former une équipe de projet.
- Choisir un département pilote.
- Obtenir la coopération et l'appui des utilisateurs et des fournisseurs d'information.
- Définir concrètement et classer par catégories les coûts de la non-qualité.
- Déterminer les sources d'information sur les coûts de la non-qualité.
- Établir le mode de présentation des coûts de la non-qualité.
- Fixer la procédure servant à recueillir les données sur les coûts de la non-qualité.
- Accumuler l'information, produire et distribuer des rapports.
- Éliminer les dysfonctionnements.
- Appliquer le système aux autres départements.

Source : Groupe de concertation sur la qualité, Ministère de l'Industrie, du Commerce et de la Technologie.

ÉVALUATION DES COÛTS DE LA NON-QUALITÉ

Tableau récapitulatif pour le mois de : _____   Nombre d'heures : _____

Chiffre d'affaires : _____   Main-d'œuvre directe : _____

Coûts des anomalies internes
Rebuts
Déclassements _____
Retouches, remises en état et réparations _____
Achats inutilisables _____
Absentéisme _____
Accidents de travail _____
Rotation du personnel _____
Pollution, élimination des déchets _____
Procédés superflus _____

Coûts des anomalies externes
Dommages causés à autrui _____
Dédommagements _____
Travaux non facturés _____
Garanties _____
Retour des produits refusés _____
Produits finis retirés de la vente _____
Retards _____
Expertises attribuables à la non-qualité _____
Assurances pour couverture de la responsabilité du prix des produits _____
Retenues pour retard _____
Rabais pour non-qualité _____
Pertes de clientèle _____

Coûts de prévention
Rédaction et mise à jour des documents _____
Évaluation des fournisseurs _____
Formation à la qualité _____
Vérifications internes _____
Mise en place et gestion des groupes d'amélioration
de la qualité _____

Coûts de détection
Salaires et charges liés aux vérifications _____
Frais du contrôle exécuté en sous-traitance _____
Fournitures et produits utilisés pour les essais _____
Amortissement du matériel de contrôle et d'essai _____
Frais d'étalonnage _____

Total des coûts de la non-qualité _____
% du chiffre d'affaires _____
Coûts par heure de main-d'œuvre directe _____

Source: *Qualité totale, Guide d'implantation,* Groupe de concertation sur la qualité,
Ministère de l'Industrie, du Commerce et de la Technologie.

L'assurance-qualité

L'assurance-qualité est l'ensemble des dispositions (organisation, règles de fonctionnement, planification et systématisation des contrôles) qu'il est nécessaire de mettre en œuvre pour évaluer la conformité des plans et des systèmes de l'entreprise aux objectifs qualité.

La fonction assurance-qualité, en pleine évolution, recouvre de plus en plus d'éléments : contrôle des processus, analyse des défaillances, étude de l'efficacité des processus, normes d'exécution, revues de conception, mesures correctives, etc. La grille d'évaluation s'élargit sans cesse, à mesure que plus d'employés sont invités à participer aux équipes qualité, tandis que les contrôleurs et les vérificateurs d'autrefois se présentent désormais comme des guides et des facilitateurs.

La série de normes ISO 9000

Le respect de la norme de qualité ISO 9001 est de plus en plus exigé sur les marchés européens et asiatiques. Elle fournit aux clients potentiels des entreprises québécoises une assurance-qualité en ce qui touche la conception et le développement des produits, la production comme telle ainsi que l'installation et le service après-vente. Elle tient compte aussi bien de l'information sur le produit que de la facturation et du mode de livraison. Autrement dit, elle couvre toutes les facettes de la relation client-fournisseur.

La norme ISO 9002 traite pour sa part de la qualité en matière de production et d'installation des produits, tandis que la norme ISO 9003 concerne uniquement les contrôles et les essais finaux. La relation est assez étroite entre ISO 9001 et 9002, mais l'écart est énorme entre ISO 9002 et 9003. C'est pourquoi, selon la nature des produits en cause, certains fabricants préfèrent s'en tenir à la norme canadienne Z-299.3, à mi-chemin entre ces dernières, qui touche plusieurs aspects de la relation client-fournisseur.

Enfin, les normes ISO 9000 et 9004 constituent essentiellement des lignes directrices servant respectivement à choisir et à appliquer diverses normes, ainsi qu'à évaluer la gestion de la qualité. La norme ISO 9004 se présente donc comme un document de base que toute entreprise consultera avant de définir sa démarche qualité. La norme ISO 9004.2 concerne plus particulièrement les entreprises de services.

L'audit externe et la certification

Pour obtenir la certification ISO 9001, 9002 et 9003 ou Z-299.3, il ne suffit pas d'appliquer mécaniquement le modèle proposé d'assurance-qualité. Il faut l'adapter à son entreprise et produire un manuel qui établisse clairement sa vision de la qualité. Une fois mis en œuvre, le système d'assurance de la qualité doit être soumis à un audit externe qui, après vérification, décernera officiellement le certificat d'accréditation.

ÉTAPES D'IMPLANTATION D'UN PROGRAMME D'ASSURANCE-QUALITÉ

1. Choix d'un responsable de projet

2. Détermination de la norme

3. Implantation de l'assurance-qualité

- **Standard opératoire**
  Détermination des standards
  Rédaction des procédures de travail
  Formation des employés aux standards
  Application des procédures opérationnelles

- **Plan d'inspection et d'essai**
  Détermination du processus
  Détermination des caractéristiques
  Détermination des types de contrôle
  Mise en place du plan d'inspection
  Formation des employés

- **Méthodologie**
  Inventaire de tous les appareils de contrôle
  Métrologie des appareils
  Établissement d'un calendrier d'étalonnage
  Formation en métrologie

- **Manuel**
  Détermination des procédures
  Rédaction des procédures
  Formation aux procédures
  Implantation des procédures

- **Évaluation des fournisseurs / sous-traitants**
  Détermination des critères d'évaluation
  Composition d'un cahier d'audit
  Sensibilisation des fournisseurs
  Mise en place du système d'audit

- **Évaluation de la perception du client**
  Détermination des paramètres
  Composition du questionnaire
  Envoi du questionnaire
  Analyse des réponses
  Divulgation des réponses
  Mise en place des correctifs

- **Accréditation**
  Audit interne
  Audit externe

- **Contrôle statistique des procédés (CSP)**
  Détermination des paramètres
  Détermination des lieux de contrôle
  Formation des employés CSP
  Mise en place des chartes
  Analyse des chartes
  Action corrective

Source : *Guide d'implantation de la qualité*, Ministère de l'Industrie, du Commerce et de la Technologie.

À l'heure actuelle, au Canada, seul le Groupe QMI, créé il y a une dizaine d'années, est autorisé à faire des audits qualité en vue d'une certification. Toutefois, six autres groupes canadiens, dont un seul québécois, ont demandé en février dernier leur accréditation auprès du Conseil canadien des normes (CCN). Le Groupement québécois de certification de la qualité (GQCQ) devrait normalement recevoir son accréditation en tant qu'organisme registraire dès l'automne 1993.

Cet organisme a été mis sur pied, entre autres, par le Bureau de normalisation du Québec (BNQ), le Centre de recherche industrielle du Québec (CRIQ) et le Centre de gestion de la performance organisationnelle (CGPO). En tout, dix-huit organismes intermédiaires — des firmes de consultants comme MGLB Groupe-conseil et des entreprises privées comme Somapro — font partie des membres fondateurs.

Le Groupement québécois de certification de la qualité a été formé sur le modèle de l'Association française pour l'assurance-qualité (AFAQ). « C'est l'un des meilleurs modèles qui existe », explique François Lambert, du Bureau de normalisation du Québec et administrateur du GQCQ. « Il colle très bien à la mentalité du Québec. Nous fonctionnons sur la base de comités de manière à assurer l'impartialité de l'organisme. Les donneurs d'ordre, par exemple, siégeront à un comité d'orientation. Cette structure commune nous permettra d'être toujours aux aguets des besoins et des exigences de chacun. »

En effet, il faut souligner en terminant qu'un des premiers objectifs d'un programme d'assurance-qualité, une fois le fournisseur et le client rassurés, consiste à clairement identifier les problèmes en vue de mettre en place des mécanismes qui les empêcheront de se reproduire.

La reconnaissance du mérite

Pour stimuler la participation des employés et les encourager à viser la qualité totale, il est essentiel de reconnaître la valeur de leur contribution. Il existe plusieurs façons de souligner leurs mérites : reconnaissance personnelle, reconnaissance publique du groupe, reconnaissance publique individuelle, primes en argent ou en actions et autres avantages.

Toutefois, l'établissement d'un régime d'intéressement donnant aux travailleurs la possibilité de profiter des gains que leur contribution a engendrés constitue le complément idéal à une approche qualité où employeur et employés sont associés en vue d'une réorganisation structurée et planifiée du travail. À vrai dire, les régimes d'intéressement

L'ADOPTION D'OBJECTIFS PARTAGÉS

Stade	I	II	III	IV	V
Calendrier	Maintenant	1 à 2 ans	3 à 5 ans	6 à 10 ans	10 ans et plus
Qualité/focus	Inspection	Fiabilité du procédé	Efficacité du procédé	Satisfaction du client	Bonheur du client
Horizons de l'employé	Département/ service	« Entreprise dans l'entreprise »	Centre de valeur	Portfolio	Entreprise
Sens de la direction	Réaction/ protection	Planification/ stratégie	Stratégie/ vision	Vision/jeu	Jeu/chasse
Cibles de rendement	Budgétaires	Historiques	Points de repère chez la concurrence	Attentes des clients	Rendement du capital
Gestion du rendement	Évaluation individuelle	Évaluation à l'intérieur de l'équipe	Évaluation inter-équipes	« Le client est maître »	Évaluation personnelle
Paie pour rendement	Partage du but	Partage des gains	Formule mixte	Partage des profits	Partage de valeur

Source : Towers Perrin

sont de plus en plus populaires parce qu'ils incitent les employés à participer à la gestion et la croissance de l'entreprise en leur redistribuant une partie des gains résultant des efforts supplémentaires qu'ils ont fournis de façon volontaire.

Les divers plans d'intéressement

Il existe divers types de plans en matière d'intéressement collectif, mais avant d'adopter l'un ou l'autre d'entre eux, les dirigeants doivent évaluer dans quelle mesure les mentalités ont changé depuis la mise en place de la qualité totale. « En effet, explique Yves Trépanier, conseiller senior chez Towers Perrin, certaines approches peuvent sembler moins intéressantes sur le strict plan économique, mais elles ont l'énorme avantage de mobiliser les travailleurs qui, poursuivant un même but, s'attaqueront avec énergie à un problème de non-qualité bien défini. »

« Dans une entreprise où l'on est aux premiers échelons de l'efficacité organisationnelle, précise le conseiller, on pourra proposer une approche d'intéressement basée sur le partage d'objectifs. » Ainsi, les employés qui contribuent à des améliorations telles que la réduction des rejets, la diminution des accidents de travail, la baisse de l'inventaire ou un meilleur service aux clients reçoivent une prime, même si ces améliorations ne se traduisent pas en gains monétaires mesurables à la fin de l'année. C'est une première expérience qui témoigne avant tout d'une vraie reconnaissance des efforts de chacun et du respect par la direction de ses engagements.

Par la suite, on pourra opter pour une approche plus conforme aux résultats économiques comme le partage des gains de productivité ou encore une formule mixte qui combine partage des gains de productivité et partage des profits. « Le partage des profits convient souvent mieux à une PME qu'à une grande entreprise, explique Yves Trépanier, car les données, plus faciles à quantifier, sont aussi plus accessibles à l'ensemble des travailleurs et sont sous leur contrôle plus immédiat. »

Enfin, tout en haut de l'échelle de la justification économique se trouve le partage de la valeur. « Mais, prévient-il, cette dernière formule exige de l'ensemble des employés un niveau de formation économique très élevé afin que tous comprennent les enjeux à long terme du partenariat financier dans lequel ils s'engagent. »

TYPES D'INTÉRESSEMENT COLLECTIF

Type de plans	Génération du fonds	Justification économique	Compréhension
Partage d'objectifs	Un but bien défini : observable, mesurable ou quantifiable en argent	Basse	Facile
Partage des gains	Résultats opérationnels quantifiables en argent	Modérée	Plutôt facile
Partage des profits	Bénéfices ou rentabilité	Élevée	Difficile
Partage de valeur	Croissance	Très élevée	Très difficile

Source : Towers Perrin

L'IMPACT FINANCIER

Stade	I	II	III	IV	V
Calendrier	Maintenant	1 à 2 ans	3 à 5 ans	6 à 10 ans	10 ans et plus
Qualité/focus	Inspection	Fiabilité du procédé	Efficacité du procédé	Satisfaction du client	Bonheur du client
Rentabilité **Liquidité générée**					
1. Augmentation des revenus		○	○	●	●
2. Réduction des coûts		○	●	●	●
Capital utilisé					
3. Gestion du capital			○	●	●
4. Coûts du capital				○	●
Croissance du capital					
5. Investissement				○	●
6. Liquidation				○	●

○ Une certaine emphase

● Emphase majeure

Remarque
Souvent, les organisations qui ont adopté GQT bloquent au stade II ; on se fatigue avant de voir des résultats tangibles

Source : Towers Perrin

Les conditions du succès

La société-conseil Towers Perrin a mené une enquête auprès de plus de 150 entreprises qui ont adopté pour leur personnel des régimes d'intéressement. Il en est clairement ressorti que ce genre de formule donne les résultats escomptés à deux conditions : l'appui ferme de la haute direction, et l'engagement de chaque employé. Ces conditions remplies, l'adoption d'un régime d'intéressement peut constituer un élément stratégique de premier plan dans la mise en place d'une nouvelle approche de gestion. Appliqué avec discernement, un tel régime pourra être bénéfique pour stimuler la productivité, encourager la participation des employés et favoriser l'émergence d'un esprit d'équipe.

Mais quels que soient les principes qui guident le régime de rémunération au mérite et au rendement, ils doivent être définis avec soin dans le cadre d'une politique de rémunération connue de tous et jugée équitable par tous, ce qui implique que les résultats puissent être facilement mesurables.

Le nécessaire consensus

Bref, pour donner des effets profitables et durables, l'intéressement collectif, tout comme la démarche qualité, doit être adapté à la réalité de l'entreprise, faire consensus à tous les niveaux et reposer sur une confiance mutuelle entre direction, cadres et employés.

« La consultation continue, souligne d'ailleurs Fernand Daoust, président de la Fédération des travailleurs et travailleuses du Québec (FTQ), et l'entière participation des travailleurs à toutes les étapes de la démarche qualité constituent des ingrédients indispensables. »

Chapitre 15

La stratégie d'exportation

C'est désormais un fait admis : la croissance des entreprises québécoises dépend chaque jour davantage de leur capacité à s'imposer sur les marchés internationaux, et de l'ingéniosité qu'elles manifestent pour y arriver. La mondialisation des échanges de biens et services a rendu impératif le développement de marchés d'exportation. À l'orée du prochain siècle, les entreprises ne peuvent plus sous-estimer cette exigence, quels que soient leur taille ou leur secteur d'activité.

Cette opération « cap sur le monde », si elle est beaucoup plus qu'un moyen de traverser les périodes de ralentissement économique, doit cependant être vue pour ce qu'elle est : un parcours exaltant mais semé d'embûches et de tracasseries de toutes sortes. Une entreprise avertie en vaut deux. Se lancer à la conquête d'un marché où culture et mœurs sont différentes exige en effet du temps, du doigté et un savoir-faire considérable. La stratégie sur laquelle faire reposer une opération de ce genre nécessite beaucoup de méthode et une planification minutieuse. Elle ne souffre aucune improvisation, car les risques d'échec sont proportionnels aux investissements et aux efforts consentis.

Une foule d'appuis techniques et financiers
Pour obtenir aide et soutien dans leur démarche, les entrepreneurs désireux de diversifier leurs marchés peuvent compter sur une foule d'appuis techniques et financiers. Les ministères et les organismes publics de même que les cabinets privés d'experts-conseils peuvent défricher une partie du terrain, aplanir les premiers obstacles et, de la

sorte, favoriser les chances de réussite des entrepreneurs audacieux. De l'avis de tous, les ressources à cet effet sont innombrables.

Au cours des vingt dernières années, les gouvernements du Québec et du Canada se sont pourvus d'antennes un peu partout à travers le monde. Peu importe où elle envisage d'exporter, l'entreprise qui convoite un nouveau marché trouvera toujours sur place une forme quelconque d'appui, que ce soit par l'entremise de l'ambassade ou du consulat canadien, ou encore d'une délégation générale du Québec.

Mais dans tous les cas, la direction de l'entreprise devra parfaitement connaître les caractéristiques et les habitudes de consommation des marchés qu'elle convoite. Et surtout – règle élémentaire mais fondamentale entre toutes – détenir un produit et un savoir-faire qui la démarquent de ses concurrents.

Un choix de trois stratégies

Les candidats à l'exportation qui abordent un marché étranger ont le choix de trois grandes stratégies. Leur décision reposera généralement sur les objectifs de vente fixés par l'entreprise et sur la marge de manœuvre financière dont elle dispose.

La première stratégie consiste à exporter les produits à partir de leur lieu de fabrication ; la deuxième, à investir dans le marché visé en fabriquant sur place le produit qu'on souhaite imposer ; la dernière, à octroyer un contrat de fabrication à une entreprise locale ou à conclure toute autre forme d'entente avec celle-ci.

L'exportation directe ou indirecte

L'exportation comme telle peut être directe ou indirecte. Commençons pour plus de clarté par la seconde hypothèse, suivant laquelle l'entreprise confie à un intermédiaire établi dans son propre pays la responsabilité des expéditions. Dans le premier cas, l'intermédiaire est du pays dont on convoite le marché, ce qui permet à l'entreprise de lui expédier directement ses produits. Cet intermédiaire peut être un agent distributeur indépendant ou, si le marché est très prometteur, un bureau de vente de l'entreprise succursale de l'entreprise spécialement créée à cette fin qui verra sur place à la commercialisation du produit. Bien entendu, cette première forme d'implantation directe suppose des déboursés plus élevés.

La fabrication sur place

L'entreprise peut également investir directement dans le marché visé en établissant une succursale ou une usine qui fabriquera sur place le produit qu'elle souhaite commercialiser à l'étranger. Les investissements requis sont ici très importants et les risques plus élevés. L'entreprise retiendra donc cette dernière solution si elle ne peut compter sur une production excédentaire, si les études de marché ont montré que la demande est assez forte pour justifier la construction ou l'acquisition d'une unité de production, ou si des frais d'expédition élevés empêchent de fixer des prix concurrentiels.

L'unité de production établie à l'étranger peut n'effectuer que l'assemblage final du produit, auquel cas il lui sera possible d'importer les intrants nécessaires du siège social ou de ses sous-traitants et fournisseurs. Elle peut tout aussi bien être autonome et prendre entièrement à sa charge la fabrication du produit. En ce qui concerne la propriété et la gestion de cette unité, elles seront le fait du siège social ou partagées avec un partenaire local.

Les alliances stratégiques

On peut aussi percer un marché étranger en concluant une entente à long terme, par le biais notamment d'une franchise accordée à un investisseur étranger ou d'une entente de licence accordée à un partenaire local. Dans ce cas, l'entreprise permet à une société étrangère d'exploiter, pendant un certain nombre d'années et moyennant redevances, le brevet d'une technologie qu'elle a inventée ou une marque de commerce qu'elle détient. Quoi qu'il en soit, l'entente suppose un transfert de technologie et de savoir-faire.

Ce type d'alliances stratégiques profite aux deux parties. Pour l'entreprise d'ici, elle favorise la conquête d'un nouveau marché sans exiger d'investissements colossaux, tandis que le partenaire étranger y trouve une possibilité de diversifier ou d'améliorer sa production.

Si les entreprises québécoises ont longtemps hésité à nouer des alliances de cette sorte, elles sont aujourd'hui de plus en plus enclines à le faire, surtout depuis que ces ententes sont devenues une condition majeure de réussite, un moyen quasi idéal de vendre leurs biens et services à l'étranger. Depuis quelques années, même les plus grandes s'y sont mises, Bombardier par exemple. Preuve s'il en est qu'aucune entreprise ne peut désormais partir à l'aventure sans se munir de solides garanties.

Un accord de commercialisation ou de fabrication conclu avec une société étrangère lève bien des obstacles qui, autrement, risqueraient d'être insurmontables. L'allié étranger, grâce à sa connaissance approfondie du marché local, s'impose vite comme un atout de choix. Il facilite notamment l'accès à ce marché en éliminant la nécessité pour le candidat à l'exportation de mettre sur pied un vaste et coûteux réseau de distribution. En échange, celui-ci mettra le sien à la disposition de son nouvel allié, s'il en exprime le vœu.

Quel que soit le type d'alliance conclu, l'entreprise devra donner à son équipe de représentants à l'étranger les outils et la formation appropriés, une équipe dont dépendent désormais ses succès de vente.

Des PME sans complexes

Mondialisation des échanges oblige, les entreprises, en particulier les PME qui forment l'ossature de l'économie québécoise, doivent se

---

Les programmes d'aide québécois

Les conseillers du ministère québécois des Affaires internationales peuvent renseigner les chefs d'entreprise sur les diverses stratégies de pénétration des marchés étrangers, en plus de leur proposer le programme d'aide le mieux adapté à leur situation.

Le ministère des Affaires internationales du Québec offre aussi divers programmes d'aide financière et technique. L'un d'entre eux, APEX, est un programme d'aide à la promotion des exportations qui couvre une partie des frais de déplacement nécessaires à la préparation et à la réalisation de missions commerciales. Un autre, APEX Études et Stratégies, fournit une aide à l'analyse prospective des marchés et à l'élaboration d'un plan de marketing efficace. Il prévoit aussi une aide directe à l'exportation de biens, de services, de technologies ou de savoir-faire, en plus d'un soutien à l'adaptation des documents utiles et à l'homologation de produits auprès des autorités étrangères. Enfin, le programme APEX Emploi permet de retenir les services d'un spécialiste en marketing international, auquel on confiera la commercialisation d'un produit à l'étranger.

Outre les trois programmes APEX, le gouvernement québécois a mis sur pied le programme SAM (Service d'agents manufacturiers), conçu pour dépister des agents commerciaux aux États-Unis, où sont acheminés près des trois quarts de nos exportations.

Plus spécifique, un programme de coopération créé par le ministère des Affaires internationales et l'Agence pour la coopération technique, industrielle et économique de France s'adresse aux PME françaises et québécoises qui souhaitent conclure une alliance industrielle. Ces entreprises peuvent aussi faire appel aux conseillers économiques de la vingtaine de bureaux, délégations et délégations générales que compte le Québec sur quatre continents.

La Société de développement industriel du Québec propose de son côté un programme d'aide à l'exportation, par lequel une entreprise peut notamment obtenir un prêt remboursable moyennant des redevances calculées à partir du revenu des ventes. Les dépenses admissibles touchent aussi bien les études de faisabilité que l'investissement dans un réseau de distribution.

---

débarrasser pour de bon du complexe qu'elles ont longtemps entretenu à l'égard de l'exportation. Celle-ci n'est pas la chasse gardée des seules grandes firmes aux importantes ressources humaines et financières. Généralement, ce qui fait la différence entre le succès et l'échec d'un projet d'exportation est moins la taille de l'entreprise que la qualité de ses produits (en matière d'innovation technologique par exemple) et du service qui les accompagnent.

Ces dernières années, plusieurs PME ont su identifier un créneau peu encombré et créer un produit novateur qui lui convienne parfaitement, avec pour résultat qu'elles en exportent maintenant partout dans le monde. Le Groupe Cerveau par exemple, spécialiste du développement et de la commercialisation de systèmes d'audio-tex et de messageries vocales multifonctionnelles et multilingues. Cette PME montréalaise a signé depuis un an des contrats de distribution avec des entreprises de 12 pays : France, Belgique, pays scandinaves, Hong Kong, Singapour, Mexique, Brésil, Venezuela et Colombie.

Des possibilités dans tous les secteurs

Pas plus que la taille de l'entreprise, son secteur d'activité n'est déterminant lorsqu'il s'agit d'exporter. Trop d'idées reçues ont faussé la perspective sur ce point, notamment celle qui dicte que le Québec doive se retirer de certains secteurs traditionnels comme le vêtement, pour n'en citer qu'un.

Pourtant, si cette industrie a durement subi les effets de la concurrence des pays asiatiques et autres, plusieurs de ses entreprises ont su, en dépit de la récession, tirer leur épingle du jeu en se tournant vers le marché américain. Avec un chiffre d'affaires de 110 millions $ en 1991, en hausse d'un incroyable 40 % par rapport à l'année précédente, Les Vêtements Peerless exportent aujourd'hui 90 % de leur production aux États-Unis. Un exploit qui fait suite à l'introduction de nouveaux procédés technologiques et à de solides études de marché, d'où il est ressorti que les complets pour hommes de gamme supérieure constituaient un créneau très porteur.

Pour vraiment tirer profit de la mondialisation des échanges et combattre la vive concurrence qui en découle, les entreprises doivent de plus ajouter de la valeur à leurs produits et services et ce, non seulement pour conquérir de nouveaux marchés ou se maintenir en selle, mais aussi pour résister à la concurrence étrangère sur leur propre marché local.

Pour donner plus de garanties de réussite aux entreprises qui tentent leur chance sur de nouveaux marchés, la chaîne des responsables de chaque secteur industriel doit se mobiliser en vue de promouvoir l'innovation ainsi que la production et la commercialisation de produits distinctifs de qualité, offerts au meilleur coût possible. Ainsi les complets de laine de Peerless coûtent-ils, pour une qualité comparable, 300 $ de moins que les fameux complets Hugo Boss, une marque haut de gamme dont les fidèles aiment afficher leur réussite sociale. Le succès outre-frontière de l'entreprise ne s'explique pas autrement.

Exporter au moment le plus favorable

Nul besoin d'attendre qu'une récession frappe son propre marché pour s'ouvrir à de nouveaux horizons. Mais à quel moment au juste déployer ses ailes ? La règle est aussi simple qu'universelle. Toute entreprise peut envisager d'exporter lorsqu'elle possède un produit, un savoir-faire ou une technologie qui se comparent avantageusement à ceux de ses concurrents. On doit cependant avoir de solides assises et d'excellents rapports avec ses clients et fournisseurs. Sans parler de la formation et de la motivation de son personnel, de sa santé financière et d'une bonne image corporative. Bref, des conditions simples à définir, moins faciles à remplir.

La détermination compte aussi pour beaucoup. L'entreprise qui se tourne vers l'exportation doit le faire avec la ferme intention d'accroître ses ventes et profits. Or ceux-ci se porteront d'autant mieux que les coûts fixes seront déjà couverts par les ventes sur le marché d'origine. L'exportation n'est pas un remède miracle aux maux internes de l'entreprise. Elle ne résoudra aucun problème de gestion, elle risque plutôt de les aggraver si le bateau menace déjà de couler.

Car l'investissement initial exigé est lourd, inutile de se le cacher. Les coûts d'expédition, l'énergie consacrée aux mille et une formalités sont considérables. Ainsi les entreprises qui se sont taillé une place au soleil hors du Québec avaient-elles pour la plupart fait leurs preuves ici même. Avant de partir à l'aventure, il faut donc avoir fait ses classes.

Pour vendre à l'étranger

Vendre à l'étranger, c'est aussi composer avec des habitudes de consommation différentes, avec une autre culture, une autre mentalité et de nouvelles valeurs. De même, en matière d'affaires et de commerce, on fait face à d'autres codes, d'autres réglementations et d'autres lois.

Connaître à fond le territoire visé

Il est essentiel pour le candidat à l'exportation de connaître à fond le marché convoité. « C'est l'un des seuls atouts qui peuvent faire la

L'appui du gouvernement fédéral

Les candidats à l'exportation peuvent obtenir du gouvernement fédéral un appui auprès des Centres de commerce international et des délégués commerciaux du Canada.

Les premiers fournissent des services-conseils en matière d'exportation, recrutent des participants pour les foires commerciales et les missions à l'étranger, aident les entreprises à trouver de nouveaux débouchés et à élaborer leur plan de commercialisation.

Quant aux quelque 500 délégués commerciaux du Canada à l'étranger, ils repèrent pour le compte de futurs exportateurs les entreprises étrangères susceptibles d'être de bons partenaires, puis les font connaître aux entreprises d'ici. Ils constituent aussi une mine d'informations sur diverses questions liées aux droits de douane, aux taxes ou aux changes étrangers.

Sous la rubrique des programmes d'aide fédéraux, l'exportateur découvrira notamment le Programme de développement des marchés d'exportation, le PDME, principal projet en la matière du ministère canadien des Affaires extérieures et du Commerce extérieur. Il finance jusqu'à la moitié des frais de participation à certaines foires commerciales, de création de bureaux de vente à l'étranger et d'activités diverses de marketing.

On peut aussi trouver une aide financière à l'exportation auprès de l'Agence canadienne de développement international (ACDI) et de la Société pour l'expansion des exportations (SEE). Le programme de coopération industrielle de l'ACDI s'adresse aux entreprises qui conçoivent des projets (vente, création d'entreprises mixtes, transferts technologiques) dans les pays en développement. Pour sa part, la SEE propose des services de financement, d'assurances et de garanties à l'exportation. L'assurance-crédit protège les exportateurs contre certains risques commerciaux et politiques. La SEE donne aussi des garanties aux institutions financières qui accordent des prêts au financement d'un crédit fournisseur. Elle finance enfin, le plus souvent sous forme de prêt, les acheteurs étrangers de biens et services canadiens.

Notons en terminant que la plupart des grands cabinets de vérification comptable fournissent une gamme complète de services-conseils en gestion aux candidats à l'exportation.

différence entre deux entreprises dont les produits sont comparables », affirme-t-on au Groupe Cerveau. L'approche doit être des plus minutieuses. Une fois bien définies les caractéristiques du produit, on veillera ainsi à recueillir le maximum d'informations sur le marché visé, notamment pour s'assurer qu'aucune barrière majeure ne se pose en matière, entre autres, de normes techniques, hygiéniques ou de sécurité. Il faut aussi connaître le mode de fonctionnement des réseaux de distribution, faute de quoi on pourra difficilement s'y insérer, même avec la meilleure volonté du monde.

À maîtriser également, certaines données simples mais fondamentales comme le nombre d'habitants, la superficie du pays, son climat, sa topographie, le revenu moyen de ses habitants, son étendue et la fiabilité de ses réseaux de transport et de communication.

La réussite de l'opération « cap sur le monde » exige l'engagement ferme et entier de la haute direction de l'entreprise. Car une fois confirmée la décision d'exporter, deux à cinq ans pourront s'écouler avant qu'on n'en récolte les premiers dividendes. Selon Monique Brosseau, directrice Europe de la firme de vérification comptable Raymond, Chabot, Martin, Paré, bien connaître les subtilités d'un marché est une démarche de longue haleine : « L'entrepreneur doit en faire lui-même l'analyse ou confier celle-ci à des experts, ce qui épargne du temps, mais en aucun cas il ne peut éviter de se rendre sur place. » Aucune étude de marché ne remplacera l'expérience concrète du pays.

Participer à des foires commerciales

D'autre part, les foires commerciales internationales constituent souvent une excellente porte d'entrée. Chaque semaine, à Montréal, Toronto, New York, Los Angeles, Paris, Rome, Mexico, Abidjan ou ailleurs, des salons sectoriels réunissent des acheteurs, des vendeurs, des agents manufacturiers et des distributeurs des quatre coins de la planète. C'est en participant à des foires internationales sectorielles que le Groupe Cerveau a pu dénicher des distributeurs ou des partenaires licenciés dans 12 régions du globe.

En plus de permettre aux entrepreneurs de comparer leurs produits et services à ceux des nombreux exposants, ces salons sont d'excellents lieux de rencontre. Ils foisonnent de partenaires potentiels et donnent souvent lieu à des négociations en vue d'ententes de coparticipation.

Dénicher le partenaire idéal

Les entreprises québécoises peuvent tout autant constituer de solides alliées pour les entreprises européennes qui cherchent à percer le marché nord-américain. Les PME d'ici sont tout indiquées pour leur servir d'intermédiaire et les initier à leur tour aux subtilités d'un marché qu'elles connaissent bien.

Et tout comme les entreprises québécoises rompues aux méthodes de gestion nord-américaines peuvent aider les Européens, ceux-ci peuvent jouer le même rôle pour les nôtres. Il suffit de dénicher le partenaire idéal. Et pour ce faire, il ne faut pas hésiter à s'ouvrir de ses intentions dès que l'occasion se présente, dans une foire internationale ou ailleurs. On peut aussi consulter les délégués commerciaux du Québec et du Canada en poste à l'étranger et dans les grandes villes canadiennes, qui peuvent servir de guide et même organiser une rencontre avec certains candidats soigneusement choisis.

S'unir pour percer les marchés

Au Québec même, rien n'interdit non plus aux entreprises qui partagent les mêmes objectifs de nouer des alliances. De la fusion complète à la mise en commun de certaines fonctions, en passant par le développement et la commercialisation d'un produit mis au point en collaboration, les formes d'entraide sont multiples.

Une politique de développement économique fondée sur le regroupement des entreprises d'un même secteur peut avoir un effet très stimulant, comme en fait foi la politique québécoise des grappes industrielles, qui a déjà suscité plusieurs collaborations. Ainsi la récente alliance conclue entre AMF et Forge CSW est-elle directement imputable à la formation de la grappe Équipements de transport terrestre. Cette entente permettra sous peu aux deux manufacturiers de proposer à des transporteurs ferroviaires canadiens et étrangers des roues montées sur essieu. Jusqu'à maintenant, AMF et CSW vendaient chacun de leur côté leurs essieux et leurs roues forgées. Les deux partenaires envisagent à présent d'unir leurs forces de vente pour remporter d'autres succès à l'étranger.

C'est notamment par une stratégie concertée de ce genre que des secteurs économiques comme l'énergie, les transports, l'aérospatiale et l'aéronautique, les pâtes et papiers, les nouveaux matériaux, le génie-conseil et les technologies de l'information pourront maintenir et accroître leur position sur les marchés internationaux.

Cap sur le monde

De nos jours, tous les continents sont à nos portes et aucun marché n'est hors de la portée des exportateurs. Pierre L. Lapointe, du cabinet d'avocats Lapointe Rosenstein, donne l'exemple d'un entrepreneur québécois qui a récemment entrepris de sonder le marché indien : « Je lui ai demandé pourquoi il avait choisi l'Inde, pays industriellement sous-développé, pour vendre un produit tout de même luxueux. Il m'a rappelé qu'une fraction des habitants de ce pays effectivement très pauvre avait néanmoins un revenu égal à la moyenne canadienne. Mais cette fraction représente 120 millions de personnes, soit cinq fois plus qu'au Canada. »

Au cours des prochaines années, la plupart des exportateurs, aguerris ou non, continueront cependant à lorgner vers les États-Unis, et sans doute de plus en plus vers le Mexique — ALENA oblige. Mais l'Europe devrait aussi attirer un nombre croissant d'entreprises. En vigueur depuis le 1ᵉʳ janvier dernier, le marché unique y a institué la libre circulation des biens, des services, des capitaux et des personnes. On achève d'ailleurs le difficile exercice d'harmonisation des normes des 12 États de la CEE.

Ainsi d'immenses marchés prennent-ils forme un peu partout à travers le monde, de vastes ensembles qui, toutefois, rassemblent des consommateurs dont les habitudes varient énormément. Pourquoi alors choisir une région du globe plutôt qu'une autre ? Si les entreprises d'ici s'en tiennent généralement à l'Amérique du Nord, continent familier et très peuplé, on a vu qu'il peut leur être très profitable d'élargir leurs horizons. Au sein même de leur entreprise, les gestionnaires peuvent trouver une inspiration auprès de leurs employés de diverses origines, qui sauront les renseigner sur l'économie et la culture d'un pays où ils songent à exporter. C'est une démarche toute simple, qui témoignent pourtant d'un esprit d'ouverture indispensable à tout entrepreneur désireux d'étendre son marché.

Annexes

Annexe 1

Liste des sigles

« Dès qu'on commence enfin à les connaître,
les structures changent et les sigles avec... »
Anonyme

ATR	Association touristique régionale	**CFP**	Commission de formation professionnelle
BFD	Banque fédérale de développement	**CIDEM**	Commission d'initiative et de développement économique de Montréal
BFDRQ	Bureau fédéral de développement régional (Québec)	**CMPDG**	Comité ministériel permanent du développement du Grand Montréal
CADC	Comité d'aide au développement des collectivités	**COMPADRE**	Comité ministériel permanent de l'aménagement et du développement régional
CAE	Comité d'aide aux entreprises	**CRC**	Conseil régional de la culture
CAMO	Comité d'adaptation de la main-d'œuvre	**CRD**	Conseil régional de développement
CAR	Conférence administrative régionale	**CRE**	Conseil régional de l'environnement
CCE	Commission de création d'emploi (lorsqu'il y a une SOLIDE)	**CRL**	Conseil régional de loisir
		CRSSS	Conseil régional de la santé et des services sociaux
CCR	Comité consultatif régional	**CSER**	Conférence (« sommet ») socio-économique régionale
CDC	Corporation de développement communautaire		
CDEC	Corporation de développement économique et communautaire	**CUR**	Coalition Urgence rurale
		EIC	Emploi et Immigration Canada
CEIC	Commission de l'emploi et de l'immigration du Canada	**ERC**	États régionaux de la coopération

FAE	Fonds d'aide aux entreprises (remplace le programme PRECEP)
FRD	Fonds régional de développement
FRE	Forum régional pour l'emploi
ISTC	Industrie, Science et Technologie Canada
MAPAQ	Ministère de l'Agriculture, des Pêcheries et de l'Alimentation du Québec
MEER	Ministère de l'Expansion économique régionale
MESS	Ministère de l'Enseignement supérieur et de la Science du Québec
MICT	Ministère de l'Industrie, du Commerce et de la Technologie du Québec
MMSRFP	Ministère de la Main-d'œuvre, de la Sécurité du revenu et de la Formation professionnelle du Québec
OPCA	Programme d'options d'achat d'actions de la SDI
OPDQ	Office de planification et de développement du Québec
ORCD	Organismes régionaux de concertation et de développement (comprend CRD, CRCD, CRCA, ACD, SRC)
ORSECC	Opération régionale Services aux entreprises, commerces et coopératives
PARI	Programme d'aide à la recherche industrielle du Conseil national de la recherche du Canada (CNRC)

PART	Programme d'aide à la recherche technologique
PATA	Programme d'adaptation pour les travailleurs âgés
PDIR	Programme de développement industriel et régional
PDME	Programme de développement des marchés d'exportation
PROCIM	Programme de coopération industrielle de Montréal
PRSI	Programme de prêt sans intérêt de la SDI
RPM	Programme de renforcement de la productivité manufacturière
SAJE	Service d'aide aux jeunes entrepreneurs
SAR	Secrétariat aux affaires régionales
SCR	Société à capital de risque
SDI	Société de développement industriel
SDMO	Société de développement de la main-d'œuvre
SEP	Sommet économique permanent
SOLIDE	Société locale de développement de l'emploi
SPEQ	Société de placement dans l'entreprise québécoise
SQDM	Société québécoise de développement de la main-d'œuvre
SRDMO	Société régionale de développement de la main-d'œuvre
UMQ	Union des municipalités du Québec
UMRCQ	Union des municipalités régionales de comté du Québec

Annexe 2
Glossaire

Automates programmables

Forme la plus simple de contrôle automatisé de la production, les automates peuvent effectuer un nombre restreint de tâches, définies par un programme. Les données numériques sont transmises à l'automate sur divers supports : bandes de papier, bandes magnétiques ou disquettes.

Conception assistée par ordinateur (CAO)

Ensemble de technologies faisant appel à des ordinateurs pour réaliser et contrôler diverses activités de conception et de planification en vue de la fabrication industrielle.

Compétitivité

Capacité de concevoir, de produire et de commercialiser des biens et services dont le prix et les diverses qualités forment un ensemble plus attrayant que celui proposé par la concurrence.

Contrôle statistique des procédés (CSP)

Méthode statistique pour évaluer l'effet sur la qualité d'un produit d'un changement à son procédé de fabrication. Permet d'identifier les problèmes, d'en découvrir les causes et de leur apporter des solutions.

Design

Étape qui précède la fabrication au cours de laquelle les ingénieurs, au moyens de calculs, de simulations, etc., définissent les composants d'un produit en voie de conception.

Économie d'échelle

Répartition des coûts fixes sur un nombre élevé d'unités produites. Aussi appelée économie de volume.

Économie de gamme

Capacité de fabriquer une gamme de produits variés au moindre coût en utilisant les mêmes composants, les mêmes équipements et le même personnel.

Fabrication assistée par ordinateur (FAO)

Ensemble des technologies qui permettent d'automatiser les différentes étapes de la fabrication d'un produit manufacturé.

Flexibilité

Capacité de déployer efficacement les ressources de production pour s'adapter rapidement aux changements de l'environnement technologique, industriel ou commercial.

Ingénierie simultanée

Approche systématique et multidisciplinaire visant à intégrer les différentes étapes de développement d'un produit, soit l'analyse des besoins du client, la conception du produit, le choix des moyens de production, la production et le service après vente.

Juste-à-temps

Mode de production qui permet à l'entreprise de répondre à la demande en achetant ou en produisant uniquement ce dont elle a besoin, au moment précis où elle en a besoin (fabriquer au moment opportun le produit voulu selon la quantité prévue).

Kanban

Système de suivi des commandes qui fait appel à des fiches de carton et à des contenants standard renfermant un nombre fixe de pièces. Les pièces se déplacent par petits lots d'une cellule à l'autre et l'employé passe lui-même sa commande au moment opportun.

Linéarisation du flux

Organisation de la production selon des gammes de produits plutôt que des fonctions (les chaînes de production sont généralement en forme de U).

MRPII

Système qui intègre le plus ancien modèle de planification des ressources de fabrication à l'ordonnancement de la production et à l'ensemble des modules de comptabilité connexes. Le MRPII contribue à la gestion des stocks en prévoyant leur utilisation par la décomposition des commandes et des bordereaux de matières. Il établit la période d'achat ou de fabrication des articles inscrits au bordereau de matières en conformité avec le calendrier de production du produit concerné.

Production de masse

Fabrication sur une large échelle de produits semblables destinés à des marchés homogènes.

Productivité

Mesure des extrants (produits finis) par rapport aux intrants. La productivité de la main-d'oeuvre se mesure en termes d'extrants par heure. La productivité totale se mesure en termes d'extrants par unités d'intrants combinées de main-d'oeuvre et de capital. La productivité est un moyen, non une fin.

Robot industriel : Manipulateur programmable à fonctions multiples, utilisé pour déplacer du matériel, des pièces ou des outils et pour effectuer diverses opérations par une série de mouvements programmés à cette fin.

Simplification

Ensemble des méthodes visant à simplifier le fonctionnement de l'usine et à préparer le terrain à une plus grande automatisation.

Smed

Mode de production permettant de réduire de façon considérable le temps de réglage des outils et des équipements.

Technologies de pointe

Ensemble des technologies, du matériel informatique, des logiciels et des dispositifs de télécommunications permettant aux employés d'exécuter leurs tâches avec plus d'efficacité et aux entreprises de produire à meilleur rendement. Comprend la conception et la fabrication assistées par ordinateur, la collecte de données par codes à barres, la commande numérique par calculateur, les robots et équipements semi-automatiques, etc.

Annexe 3

Lectures suggérées

L'organisation sans frontières

Volumes

Butera, Federico : *La métamorphose de l'organisation : du château au réseau*, Les Éditions d'organisation, 1991.

Dertouzos, Michael L.; Lester, Richard K.; Solow, Robert M. et le MIT Commission on Industrial Productivity, *Made in America : Regaining the Productive Edge*, Cambridge, Mass. MIT Press, 1990.

Drucker, Peter F. : *The New Realities*, Harper & Row, 1989.

Porter, Michael E. : *The Competitive Advantage of Nations*, The Free Press, 1990.

Reich, Robert B. : *The Work of Nations, Preparing Ourselves for 21st-Century Capitalism* , Alfred A. Knopf, 1991.

Sérieyx, Hervé : *Le big bang des organisations*, Calmann-Lévy, 1993.

Stewart, Hugh B. : *Recollecting the Future : A View of Business, Technology, and Innovation in the Next 30 Years*, Dow-Jones Irwin, 1989.

Toffler, Alvin : *La 3ème vague*, Denoël, 1980.

Wahlström, Bengt : *Management 2002*, Les Éditions d'organisation, 1991.

Sous la direction de Patrizio Bianchi, Francesca Pasquini, Maria Grazia Giordani et Gabriella Utili : *Le modèle italien : l'organisation industrielle et la production*, Institut Italien pour le Commerce Extérieur, 1988.

Sous la direction de Jac-André Boulet, Claude E. Forget, Jean-Pierre Langlois et Gilles Paquet : *Grands défis économiques de la fin du siècle*, Association des économistes québécois, 1991.

Sous la direction de Simon Langlois : *La société québécoise en tendances : 1960-1990*, Institut québécois de recherche sur la culture, 1991.

Sous la direction de Danielle Mazzonis, Giuseppe Lanzavecchia, Sergio Ferrari et Gian Felice Clemente : *La renaissance technologique de l'Italie*, Institut Italien pour le Commerce Extérieur, 1988.

Articles et documents

Bérard, Diane : *Sous-traitance, quand l'union fait la force,* PME, septembre 1992, pp. 27-30.

Byrne, John A. : *Paradigms for postmodern managers,* Business Week, janvier 1993, pp. 62-63.

Hatch, C. Richard : *Cooperation for competitiveness in a global economy,* Flexible Manufacturing Networks, 1988, pp. 1-27.

Hatch, C. Richard : *The Ties That Bind,* Entrepreneurial Economy Review, printemps 1991, pp. 13-18.

Howard, Robert : *Can Small Business Help Countries Compete?,* Harvard Business Review, novembre-décembre 1990, pp. 88-103.

Petrella, Riccardo : *Vers une nouvelle organisation de l'Europe,* Commission of the European Communities, Science Research and Development, mars 1991.

Porter, Michael E. : *Le Canada à la croisée des chemins : les nouvelles réalités concurrentielles,* Conseil canadien des chefs d'entreprises et Ministère des Approvisionnements et Services Canada, 1991.

Préel, B. : *L'Euroconsommateur dans l'archipel planétaire,* Commission of the European Communities, Science Research and Development vol. 3, Dossier Prospectif No 2 : « Globalisation de l'Économie et de la Technologie », octobre 1991.

Smart, Tim : *Why ignore 95% of the world's market?,* Business Week, janvier 1993, p. 64.

Tichy, Noel M. et Sherman, Stratford : *Jack Welch's lessons for success,* Fortune, janvier 1993, pp. 86-94.

Innovation in America : *The Challenge We Face, What Must Be Done,* Business Week, 1989 Special Issue.

La compétitivité mène à la prospérité, Gouvernement du Canada, 1991.

La libéralisation des échanges commerciaux entre le Canada, les États-Unis et le Mexique : les enjeux dans une perspective québécoise, Ministère des Affaires internationales, 1992.

21st Century Manufacturing Enterprise Strategy, An Industry-Led View, volume 1, novembre 1991.

L'entreprise à valeur ajoutée

Volumes

Beaudoin, Pierre : La gestion du changement, Libre Expression, collection stratégies d'entreprise, 1990.

Bennis, Warren et Nanus, Burt : Diriger, les secrets des meilleurs leaders, InterÉditions, 1985.

Besseyre des Horts, Charles-Henri : Vers une gestion stratégique des ressources humaines, Les Éditions d'organisation, 1988.

Best, Michael H. : The New Competition : Institutions of Industrial Restructuring, Cambridge, Mass. : Harvard University Press, 1990.

Bommensath, Maurice : Secrets de réussite de l'entreprise allemande : la synergie possible, Les Éditions d'organisation, 1991.

Clemmer, Jim et McNeil, Art : La stratégie V.I.P., Les Éditions du Trécarré, 1990.

Davis, Stan et Davidson, Bill : 2020 Vision : Transform your Business Today to Succeed in Tomorrow's Economy, New York : Simon et Schuster, 1991.

Davis, Stanley M. : Future Perfect, Reading, Mass. Addison-Wesley, 1987.

Florida, Richard et Kenney, Martin : The Breakthrough Illusion : Corporate America's Failure to move from Innovation to Mass Production, New York : Basic Books, 1990.

Jacoud, Romain et Metsch, Manuel : Diriger autrement : les cinq réflexes du leader, Les Éditions d'Organisation, 1991.

McNeil, Art : L'énergie collective dans l'entreprise, Eyrolles, 1989.

Mills, D. Quinn : Rebirth of the Corporation, New York : John Wiley, 1991.

Orgogozo, Isabelle : Les Paradoxes du management, Les Éditions d'Organisation, 1991.

Stalk Jr., George et Hout, Thomas M. : Competing Against Time, New York : Free Press, 1990.

Toffler, Alvin : S'adapter ou périr : l'entreprise face au choc du futur, Denoël, 1986.

Whitely, Richard C. : The Customer Driven Company : Moving from talk to action, Reading, Mass. Addison-Wesley, 1991.

Womack, James P.; Jones, Daniel T. et Roos, Daniel : The Machine that Changed the World, New York : Rawson Associates, 1990. Document-synthèse publié par l'Union internationale pour la conservation de la nature grâce à la coopération et à l'aide financière du Programme des Nations-Unies pour l'environnement et du Fonds mondial pour la nature.

Sous la direction de Gagné, Pierrette; Lefèvre, Michel : L'Atlas industriel du Québec, Publi-Relais, 1993.

La production à valeur ajoutée

Volumes

Harmion, Roy L. et Peterson, Leroy D. : *Reinventing the Factory : Productivity Breakthroughs in manufacturing Today*, New York : Free Press, 1990.

Lazonick, William : *Competitive Advantage on the Shop Floor*, Cambridge, Mass. : Harvard University Press, 1990.

Ohno, Taiichi : *Toyota Production System : Beyond Large-Scale Production*, Cambridge, Mass. : Productivity Press, 1988.

Pine II, B. Joseph : *Mass Customization, The New Frontier in Business Competition*, Boston : Harvard Business School Press, 1992.

Suzaki, Kiyoshi : *The New Manufacturing Challenge*, New York : Free Press, 1987.

21st Century Manufacturing Entreprise Strategy : An Industry – Led View, vol. 1, Bethlehem, Pa. : Iaccoca Institute, Lehigh University, 1991.

21st Century Manufacturing Entreprise Strategy : Infrastructure, vol. 2, Bethlehem, Pa. : Iaccoca Institute, Lehigh University, 1991.

Articles

Belley, Guylaine : *La production à valeur ajoutée*, Le Journal industriel du Québec, septembre 1992, pp. 10-12.

Gibbon, Ann : *Ding, dong, Avon smalling*, Globe and Mail, Report on Business Magazine, 18 août 1992, p. B18.

Nadeau, Jean Benoît : *L'ère des petites séries*, Commerce, janvier 1993, pp. 65-67.

Patenaude, Jean : *Les entreprises flexibles*, Automax, automne 1992, pp. 7-8.

Patenaude, Jean : *La production à valeur ajoutée*, Automax, été 1992, pp. 1-8.

Scott, D.B. : *Lean Machine*, Report on Business Magazine, novembre 1992, pp. 90-98.

Sherman, Stratford : *How to prosper in the value decade*, Fortune, 30 novembre 1992, pp. 96-103.

Stewart, Thomas A. : *Brace for Japan's Hot new Strategy*, Fortune, 21 septembre 1992, pp. 62-74.

Taylor III, Alex : *How Toyota Copes with Hard Times*, Fortune, 25 janvier 1993, pp. 78-81.

Tichy, Noël M. et Sherman, Stratford : *Jack Welch's lessons for success*, Fortune, janvier 1993, pp. 86-93.

Vesey, Joseph T. : *Meet the New Competitors : They Think Industrial Engineering, in terms of Speed-to-Market*, décembre 1990, pp. 20-26.

Youssef, Mohamed A. : *Agile Manufacturing : A Necessary Condition for Competing on Global Markets*, Industrial Engineering, décembre 1992, pp. 18-20.

Le projet d'entreprise

Volumes

Archier, Georges et Sérieyx, Hervé : *L'entreprise du troisième type*, Seuil, 1986.

Copeland, Lennie et Griggs, Lewis : *Going International : How to Make Friends and Deal Effectively in the Global Marketplace*, Plume, 1985.

Crosby, Philip B. : *Quality Is Free*, McGraw Hill, 1979.

Crosby Philip B. : *Quality without Tears*, McGraw Hill, 1984.

Dell'Aniello, Paul : *Faites dire oui à votre banquier*, Publications Transcontinental inc., 1991.

Deming W.E. : *Japanese Methods for Productivity and Quality*, George Washington University, 1981.

Feigenbaum, Armand V. : *Total Quality Control*, McGraw Hill, 1983.

Goldratt, Eliyahu M. et Cox, Jeff : *Le But : l'excellence en production*, Québec/Amérique, 1987.

Grant, E. L. : *Statistical Quality Control*, McGraw Hill, 1952.

Harrington, James H. : *Le coût de la non-qualité*, Eyrolles, 1989.

Harrington, James H. : *Objectif Qualité totale*, Publi-Relais et Publications Transcontinental inc., 1991.

Harrington, James H. : *Business Process Improvement*, McGraw Hill, 1991, la traduction française sera disponible dès l'automne 1993.

Ishikawa, Kaoru : *Guide to Quality Control*, Asian Productivity Organisation, 1984.

Juran, J. M. : *Quality Control Handbook*, McGraw Hill, 1979.

Juran, J. M., et Gryna, Frank M. : *Quality Planning and Analyst*, McGraw Hill, 1980.

Kélada, Joseph : *Comprendre et réaliser la qualité totale*, Éditions Quafec, 1991.

Molina, Joseph : *Évaluation des coûts de la qualité*, Ministère de l'Industrie, du Commerce et de la Technologie, Québec, 1989.

Molina, Joseph : *Guide d'implantation, la démarche d'une PME – secteur manufacturier*, Ministère de l'Industrie, du Commerce et de la Technologie, Gouvernement du Québec, 1991.

Ostrenga, Michael R.; Ozan, Terrence R.; Harwood, Marcus D. et McIlhattan, Robert D. : *The Ernst & Young Guide to Total Cost Management*, John Wiley & Sons, 1992.

Périgord, Michel : *Réussir la qualité totale*, Les Éditions d'Organisation, 1987.

Peters, Thomas J. et Waterman, Robert H. : *Le prix de l'excellence*, InterÉditions, 1983.

Raveleau, Gilbert : *Les cercles de qualité*, Entreprise moderne d'Éditions, 1985.

Root, Franklin R. : *Entry Strategies for International Markets*, Lexington Books, 1987.

Sérieyx, Hervé : *Le zéro mépris*, InterÉditions, 1989.

Squires, Frank H. : *Successful Quality Management*, Hitchcock Publications, 1980.

Un capital régional à exploiter

Volumes

Blanchet, Bertrand : *La Gaspésie a-t-elle un avenir?*, document de travail, 1991.

Côté, Charles : *Le sous-développement régional*, (vient tout juste de paraître, référence plus complète à trouver).

Dionne, Hughes : *De la région ressource à la région milieu de vie*, Collection développement régional, Groupe de recherche d'intervention régionale de l'Université du Québec à Rimouski.

Tremblay, Diane-Gabrielle et Van Schendel, Vincent : *Économie du Québec et de ses régions*, Télé-Université et Éditions Saint-Martin, 1991.

Bâtir le Québec des régions, Confédération des syndicats nationaux, 1992.

Deux Québec dans un, Agir ensemble et Un Québec solidaire, trois rapports sur le développement présentés par le Conseil des Affaires sociales du Québec et publiés, entre 1989 et 1992, chez Gaëtan Morin, éditeur.

La relance locale, Pour une approche communautaire du développement économique, rapport-synthèse, Conseil économique du Canada, 1990.

Le développement socio-économique régional : un choix à raffermir en éducation, Conseil supérieur de l'Éducation, juillet 1989.

Le modèle italien : l'organisation industrielle et la production, Institut Italien du Commerce Extérieur, 1988.

Un Québec solidaire, Rapport sur le développement, Conseil des Affaires sociales du Québec, Gaëtan Morin, éditeur, 2e trimestre 1992.

Le Forum pour l'emploi et l'Union des producteurs agricoles ont aussi publié des textes importants sur le sujet.

Articles et conférences

Dufour, Ghislain : *Conditions pour un développement économique durable*, président du Conseil du patronat du Québec devant la Chambre de commerce de Sainte-Foy, 8 décembre 1992.

Le développement technologique du Québec et le développement des régions du Québec, document de réflexion à l'intention des participants au colloque, Université de Sherbrooke, 10 et 11 mai 1989.

Un Québec cassé en deux, trois articles de la revue Relations publiés dans les numéros de novembre 1988, avril 1990 et avril 1992.

À surveiller

Prévost, Paul : *La transformation des MRC en milieu incubateur d'entreprises*, à paraître dans la collection « Entreprendre », publié par la Fondation de l'entrepreneurship et les Publications Transcontinental.

André-Julien, Pierre : *Régions et sous-développement économique, voies de solution*, à paraître dans Traité de pathologie sociale, Institut québécois de recherche sur la culture.

Annexe 4

Les partenaires de la croissance

Financement

Organismes de financement

Banque fédérale de développement
800, Place Victoria, C.P. 187
Montréal (Québec) H4Z 1C8
Tél. : (514) 496-7966
Sans frais : 1-800-361-2126

Équivalent fédéral de la SDI, cette importante société d'État canadienne (BFD) consent des prêts afin de favoriser la création et la croissance des PME.

Caisse de dépôt et placement du Québec
1981, av. McGill College
Montréal (Québec) H3A 3C7
Tél. : (514) 842-3261

Dotée d'actifs dépassant les 40 milliards de dollars provenant de fonds de retraite et de régimes publics d'assurances, la Caisse contribue à l'essor économique du Québec tout en s'assurant des meilleurs rendements sur ses investissements. Elle investit sous diverses formes dans les grandes et moyennes entreprises au Québec et à l'étranger.

Fonds de solidarité des travailleurs du Québec
1550, rue Metcalfe, bureau 1100
Montréal (Québec) H3A 1X6
Tél. : (514) 285-8700
Sans frais : 1-800-361-5017

Seule société de capital de risque émanant d'une centrale syndicale, ce fonds, doté d'un actif dépassant les 600 millions de dollars, investit stratégiquement dans des PME québécoises dans le but de maintenir ou de créer des emplois et participe à plusieurs fonds d'investissements régionaux.

Société de développement industriel du Québec
770, rue Sherbrooke ouest, 9e étage
Montréal (Québec) H3A 1G1
Tél. : (514) 873-4375

Bras financier du ministère de l'Industrie, du Commerce et de la Technologie, cette importante société d'État (SDI) offre du capital de développement et conseille les dirigeants de PME en matière de financement et de gestion, en plus de sensibiliser les milieux d'affaires aux nouveaux enjeux stratégiques de développement.

Société d'investissement Desjardins
(Gestion Desjardins, Capital Desjardins,
Tremplin 2000)
2, Complexe Desjardins
Bureau 1717
Montréal (Québec) H5B 1C2
Tél. : (514) 281-7348, 281-7131

*Cette société réunit les activités du
Mouvement Desjardins en matière de capital
de risque. Gestion Desjardins se concentre
dans les grandes et moyennes entreprises et
ne s'engage que dans des investissements de
10 millions de dollars ou plus. Capital
Desjardins s'intéresse à des PME établies dont
les besoins financiers sont de l'ordre de 1 à
10 millions de dollars. Enfin, Tremplin 2000
se voue aux PME qui traversent les phases
initiales de leur développement et qui
requièrent des investissements de 250 000
à 1 million de dollars.*

Société d'investissement Jeunesse
800, Place Victoria, bureau 2226
Montréal (Québec) H4Z 1J2
Tél. : (514) 875-8674
Sans frais : 1-800-361-4371

*Afin d'encourager l'entrepreneurship, cette
société apporte un soutien financier aux
jeunes qui veulent se lancer en affaires. La
taille des placements qu'elle consent varie
entre 10 000 $ et 150 000 $.*

**Société générale de
financement du Québec**
600, rue de La Gauchetière ouest
Bureau 1700
Montréal (Québec) H3B 4L8
Tél. : (514) 876-9290

*La SGF assume la gestion d'un groupe
industriel composé d'entreprises manufacturières de taille significative et assure la
planification et le développement des entreprises qu'elle contrôle sur la base de critères
de croissance et de rentabilité.*

Associations

Association des banquiers canadiens
1002, rue Sherbrooke ouest
Bureau 1000
Montréal (Québec) H3A 3M5
Tél. : (514) 282-9480

*Formée en 1891, cette association procure
des services d'information, de conseil et de
recherche à ses membres, les banques à charte
du Canada. L'ABC suit de près l'élaboration
des politiques gouvernementales en matière
d'institutions financières.*

Réseau Capital
11 971, rue Saint-Évariste
Montréal (Québec) H4J 2B4
Tél. : (514) 334-9688

*Ce réseau regroupe les principales sociétés
de capital de risque du Québec. Il entend
stimuler la participation d'investisseurs
privés dans des projets de démarrage,
d'expansion ou de redressement d'entreprises.*

Qualité — productivité

Association québécoise de la qualité
455, rue Saint-Antoine ouest
Bureau 600
Montréal (Québec) H2Z 1J1
Tél. : (514) 866-6696

Formée en 1981, cette association dispense une foule d'informations sur la qualité totale et fait la promotion de l'amélioration continue des produits et services québécois. Elle compte près de 2000 membres, répartis en 10 divisions régionales.

Association québécoise du service à la clientèle
7339, rue Baldwin
Montréal (Québec) H1K 3C9
Tél. : (514) 353-4612

Favorisant les échanges entre les entreprises, cette association fait la promotion de la qualité du service à la clientèle.

Le cercle des chefs mailleurs du Québec
300, rue Léo-Pariseau, 17e étage
C.P. 2000, succ. Place du Parc
Montréal (Québec) H2W 2S7
Tél. : (514) 286-8785

Ce groupe de chefs d'entreprises, parmi les plus importantes du Québec, s'est donné pour mission de favoriser l'implantation de la qualité totale dans les entreprises québécoises grâce au resserrement des liens entre les fournisseurs et leurs clients.

Conseil canadien des normes
45, rue O'Connor, bureau 1200
Ottawa (Ontario) K1P 6N7
Tél. : (613) 238-3222

Cet organisme fédéral chapeaute le système de normes nationales et la fédération des associations indépendantes chargées de la définition des normes volontaires. Le Conseil représente le Canada au sein de l'Organisation internationale de normalisation.

Groupement québécois de certification de la qualité
Bureau de normalisation du Québec (CRIQ)
70, rue Dalhousie, bureau 220
Sainte-Foy (Québec) G1K 4B2
Tél. : (418) 643-5813

Structuré pour rencontrer les exigences de la norme CAN-P-10 du Conseil canadien des normes, le GQCQ est un organisme qui effectue de façon indépendante l'enregistrement de systèmes de la qualité implantés au sein des entreprises québécoises.

Ministère de l'Industrie, du Commerce et de la Technologie
710, place d'Youville, 9e étage
Québec (Québec) G1R 4Y4
Groupe de concertation sur la qualité
Tél. : (418) 691-5950
et
770, rue Sherbrooke ouest, 10e étage
Montréal (Québec) H3A 1G1
Tél. : (514) 982-3023

Ce groupe encourage l'implantation de la qualité totale dans les entreprises privées et le secteur public au Québec. Chapeautant les activités du Mois de la qualité, il est responsable de la publication de la Charte québécoise de la qualité totale.

Exportation

Centres de recherche

Centre d'études en administration internationale
École des Hautes Études commerciales
5255, av. Decelles
Montréal (Québec) H3T 1V6
Tél. : (514) 340-6194

Touchant à la plupart des aspects de l'activité économique internationale, le CETAI mène plusieurs projets de recherche, notamment sur les télécommunications, la gestion du développement national, les swaps et le secteur pétrolier. Il œuvre également au développement et à la gestion de projets et de programmes internationaux.

Organismes de soutien

Affaires extérieures et Commerce extérieur Canada
Édifice Lester-B. Pearson
125, promenade Sussex
Ottawa (Ontario) K1A 0G2
Tél. : (613) 996-9134

Ce ministère du gouvernement fédéral assume la responsabilité des relations commerciales que tisse le Canada avec l'étranger et tire profit du réseau des ambassades, consulats et hauts commissariats du Canada.

Ligne Info-Export
Sans frais : 1-800-267-8376

Ce service téléphonique est une source d'informations concernant les divers programmes destinés aux exportateurs et permet d'établir des liens avec les délégués commerciaux en poste dans le monde entier.

Agence canadienne de développement international
200, promenade du Portage
5e étage
Hull (Québec) K1A 0G4
Coopération industrielle
Tél. : (819) 997-5456

Le Programme de coopération industrielle encourage le secteur privé canadien à participer aux efforts de développement des pays du Tiers monde en matière de croissance industrielle. L'ACDI a mis au point plusieurs mécanismes d'assistance visant à partager avec les entreprises canadiennes les coûts associés à la poursuite de possibilités d'affaires à long terme dans ces pays : investissements, services professionnels, transfert technologique.

Québec dans le monde
4120, boul. Chauveau, C.P. 8503
Bureau 210
Sainte-Foy (Québec) G1V 4N5
Tél. : (418) 877-2728

Cet organisme sans but lucratif publie une douzaine de répertoires sur les différents aspects de la société québécoise, notamment les associations du Québec, l'économie et les affaires, les sciences et la technologie, les médias et l'éducation. L'association a mis sur pied une banque de données comprenant une liste de 18 000 organismes œuvrant dans tous les champs d'activité au Québec.

Industrie, Sciences et Technologie Canada
800, Place Victoria, bureau 3800
Montréal (Québec) H4Z 1E8
Centre de service aux entreprises
Tél. : (514) 283-8185
Sans frais : 1-800-361-5367
Centre du commerce international
Tél. : (514) 283-6796

Ce centre organise des rencontres, des foires et des missions commerciales afin d'aider les entreprises québécoises à percer les marchés étrangers.

Centre de commerce mondial
413, rue Saint-Jacques, bureau 382
Montréal (Québec) H2Y 1N9
Tél. : (514) 849-1999

Le Centre est un réseau de contacts qui aide les entreprises à faire de l'international. Il organise des séminaires d'information, des cours, des déjeuners-causerie et veille à l'accueil et à l'organisation de missions commerciales à l'étranger.

Centre québécois de relations internationales
Université Laval
Pavillon De Koninck, bureau 5460
Sainte-Foy (Québec) G1K 7P4
Tél. : (418) 656-2462

Ce centre de recherche et d'information a publié plusieurs ouvrages et collections portant sur la défense et la sécurité internationale, l'analyse de la politique étrangère et les relations économiques internationales. Centre de documentation spécialisé en relations internationales et banque de données informatisée sur les relations extérieures du Canada et du Québec.

Douanes Canada
400, place d'Youville
Montréal (Québec) H2Y 2C2
Tél. : (514) 283-9900

Cet organisme du gouvernement fédéral est chargé de percevoir les droits de douanes et les taxes sur les biens importés et de contrôler l'entrée au pays des personnes en provenance de l'étranger.

Inforum Montréal
Centre de commerce mondial
380, rue Saint-Antoine ouest
Bureau 2100
Montréal (Québec) H2Y 3X7
Tél. : (514) 281-9616

Ce lieu d'échanges accueille les gens d'affaires en provenance de l'étranger tout en appuyant les PME québécoises dans leurs démarches pour percer les marchés internationaux.

Forum francophone des affaires
1253, av. McGill College, bureau 404
Montréal (Québec) H3B 2Y5
Tél. : (514) 393-3355

Tout en dispensant de l'information, cet organisme entend stimuler les relations entre les gens d'affaires de la francophonie.

Ministère des Affaires internationales du Québec
380, rue Saint-Antoine ouest
4e et 5e étages
Montréal (Québec) H2Y 3X7
Tél. : (514) 499-2171
et
Édifice Hector-Fabre
525, boul. René-Lévesque
Québec (Québec) G1R 5R9
Tél. : (418) 649-2300

Ce ministère coordonne les actions du gouvernement québécois à l'étranger, assure la promotion des produits et services d'ici sur les marchés mondiaux et cherche à attirer au Québec les investissements étrangers.

Société de développement industriel du Québec
1126, ch. Saint-Louis, bureau 500
Sillery (Québec) G1S 1E5
Branche exportation
Tél. : (418) 643-5172

Grâce à ce service, la SDI fournit une aide à l'exportation en finançant des projets d'implantation ou d'expansion à l'étranger dont la valeur atteint 100 000 $ ou plus. Elle finance également les dépenses reliées directement à ces projets et fournit des garanties allant jusqu'à 80 % de la valeur des biens et services vendus à l'extérieur du Québec.

Société pour l'expansion des exportations
800, Place Victoria, bureau 4520
Montréal (Québec) H4Z 1C3
Tél. : (514) 283-3013

Cette société d'État fédérale (SEE) offre aux exportateurs canadiens des services d'assurances contre les risques commerciaux et politiques ainsi que des garanties pour le financement de leurs exportations.

Associations professionnelles

Association canadienne des courtiers en douane
Division de Montréal
300, rue du Saint-Sacrement
Bureau G-7
Montréal (Québec) H2Y 1X4
Tél. : (514) 842-4975

Association des exportateurs canadiens
Centre de commerce mondial
380, rue Saint-Antoine ouest
5e étage
Montréal (Québec) H2Y 3X7
Tél. : (514) 499-2162

Association des maisons de commerce extérieur du Québec
666, rue Sherbrooke ouest
Bureau 201
Montréal (Québec) H3A 1E7
Tél. : (514) 286-1042

Association des transitaires internationaux canadiens
Division de l'Est
410, rue Saint-Nicolas, 3e étage
Montréal (Québec) H2Y 2P5
Tél. : (514) 285-1500

Environnement

Ministère de l'Environnement du Québec
3900, rue de Marly, 6e étage
Sainte-Foy (Québec) G1X 4E4
Tél. : (418) 643-6071
Sans frais : 1-800-561-1616

Ce ministère québécois est chargé de l'application de la réglementation environnementale émanant du gouvernement québécois. Doté d'une douzaine de bureaux régionaux, le MENVIQ élabore des programmes et diffuse de l'information relative à la protection de l'environnement.

Environnement Canada
1179, rue Bleury
Montréal (Québec) H3B 3H9
Protection de l'environnement
Tél. : (514) 283-4670
Sans frais : 1-800-463-4311

Ce ministère fédéral est chargé de l'application de la réglementation environnementale définie par le gouvernement canadien. Il est une source importante d'information en matière d'environnement.

Fondation québécoise en environnement
800, boul. de Maisonneuve est
2e étage
Montréal (Québec) H2L 4L8
Tél. : (514) 849-3323
Sans frais : 1-800-361-2503

Ce groupe de pression vise à provoquer le changement des habitudes et des attitudes des Québécois à l'égard de l'environnement. Il prodigue de l'information, contribue à des recherches et apporte son soutien aux divers groupes environnementaux.

Association des entrepreneurs de services en environnement du Québec
1400, rue Sauvé ouest, bureau 232
Montréal (Québec) H4N 1C5
Tél. : (514) 745-3580

Association canadienne des industries de l'environnement
60, rue Queen, 14e étage
Ottawa (Ontario) K1P 5Y7
Tél. : (613) 238-5678

Association des récupérateurs du Québec
422, rue Caron
Québec (Québec) G1K 5W7
Tél. : (418) 529-6001

**Association québécoise
des techniques de l'eau**
407, boul. Saint-Laurent, bureau 500
Montréal (Québec) H2Y 2Y5
Tél. : (514) 874-3700

**Association pour la prévention de
la contamination de l'air et du sol**
Section Québec (APCAS - Québec)
2549, boul. Rosemont, bureau 101
Montréal (Québec) H1Y 1K5
Tél. : (514) 376-7447

**Association québécoise pour
la maîtrise de l'énergie**
5, Place Ville-Marie, bureau 903
Montréal (Québec) H3B 2G2
Tél. : (514) 866-5584

**Association québécoise
pour l'évaluation d'impacts**
C.P. 785, succ. place d'Armes
Montréal (Québec) H2Y 3J2
Tél. : (514) 879-8588

Gestion

Centre de gestion des coopératives
3535, ch. de la Reine-Marie
Bureau 508
Montréal (Québec) H3V 1H8
Tél. : (514) 340-6011

*Ce centre se penche sur l'évolution du
mouvement coopératif au Québec, la pratique de gestion, les principes coopératifs et
les effets de la participation des travailleurs
à la gestion de l'entreprise, notamment dans
les secteurs de l'épargne-crédit, de l'agro-
alimentaire, de l'habitation et du travail. Il
dispose également d'une banque de données
sur les coopératives.*

Centre de recherche en gestion
Université du Québec à Montréal
Case postale 8888, succ. A
Montréal (Québec) H3C 3P8
Tél. : (514) 987-7089

*Se limitant aux entreprises canadiennes,
le CRG se penche sur la gestion de la qualité
et de la productivité dans les entreprises,
en particulier la gestion des services, des
transports et de la technologie.*

**Centre de recherche sur
les sciences de gestion**
Université McGill
Faculté de gestion
1001, rue Sherbrooke ouest
Montréal (Québec) H3A 1G5
Tél. : (514) 398-4049

*Ce centre encadre des recherches scientifiques
interdisciplinaires de nature appliquée
ou théorique dans tous les domaines de la
gestion et des sciences administratives.*

**Centre d'études stratégiques
dans les entreprises**
Université McGill
Faculté de gestion
1001, rue Sherbrooke ouest
Montréal (Québec) H3A 1G5
Tél. : (514) 398-4017

*Ce centre universitaire se voue entièrement à
la recherche sur la gestion stratégique et la
théorie des entreprises.*

Centre d'études sur les petites entreprises et l'entreprenariat
Université Concordia
Département de gestion
1455, boul. de Maisonneuve ouest
Montréal (Québec) H3G 1M8
Tél. : (514) 848-2925

Ce centre s'intéresse à tous les aspects du fonctionnement des petites entreprises : marketing, planification stratégique, gestion du personnel et gestion financière.

Chaire en marketing John-Labatt
Université du Québec à Montréal
Case postale 8888, succ. A
Montréal (Québec) H3C 3P8
Tél. : (514) 987-4232

Les activités de cette chaire en marketing s'adressent tant au milieu universitaire qu'au monde des affaires. En plus d'effectuer de la recherche, elle organise des conférences auxquelles sont invités de grands maîtres du marketing provenant du monde entier.

Groupe de recherche en économie et gestion des petites et moyennes entreprises
Université du Québec à Trois-Rivières
Département d'administration et d'économique
3351, boul. des Forges
Trois-Rivières (Québec) G9A 5H7
Tél. : (819) 376-5080

Le GREPME est un groupe universitaire qui concentre ses recherches en sciences économiques et administratives sur les PME et l'entreprenariat.

Groupe Femmes, Gestion et Entreprises
École des Hautes Études commerciales
5255, av. Decelles
Montréal (Québec) H3T 1V6
Tél. : (514) 340-6630

Ce groupe de recherche a pour principal objet d'étude les femmes gestionnaires des secteurs privé et public, ainsi que leur apport à la culture des organisations.

Innovation et technologie

Centres de recherche

Centre canadien d'innovation industrielle de Montréal
75, rue de Port-Royal est
Bureau 600
Montréal (Québec) H3L 3T1
Tél. : (514) 383-7712

Le CCIIM contribue à la conception de nouveaux produits et à l'amélioration des procédés de fabrication. Il réalise des études de marché pour des innovations et évalue le potentiel commercial de nouvelles technologies.

Centre de recherche en développement industriel et technologique
Université du Québec à Montréal
Case postale 8888, succ. A
Montréal (Québec) H3C 3P8
Tél. : (514) 987-8392

Regroupant des chercheurs en économie, en sociologie et en sciences politiques, le CRÉDIT étudie les structures industrielles ainsi que le rôle de l'État dans la promotion industrielle et technologique.

Centre de recherche industrielle du Québec
8475, rue Christophe-Colomb
Montréal (Québec) H2M 2N9
Tél. : (514) 383-1550
Sans frais : 1-800-667-4570
et
333, rue Franquet
Sainte-Foy (Québec) G1V 4C7
Tél. : (418) 659-1550
Sans frais : 1-800-667-2386

Le CRIQ collabore avec les PME manufacturières québécoises sur une base contractuelle, afin de concevoir et mettre au point des produits, des appareils et des procédés de fabrication novateurs, tout en colligeant et en diffusant de l'information industrielle et technologique.

Centre d'initiative technologique de Montréal
710, rue Saint-Germain
Saint-Laurent (Québec) H4L 3R5
Tél. : (514) 744-7312

Centre régional de développement d'entreprises de Québec
Place Saint-Malo
840, rue Sainte-Thérèse
Québec (Québec) G1N 1S7
Tél. : (418) 682-6627
et
Parc technologique
360, rue Franquet, bureau 10
Sainte-Foy (Québec) G1P 4N9
Tél. : (418) 650-2783

Le CREDEQ se définit comme un incubateur pour les entreprises de haute technologie et leur apporte encadrement et formation en période de démarrage.

Chaire Hydro-Québec de recherche en gestion de la technologie
Université du Québec à Montréal
Case postale 8888, succ. A
Montréal (Québec) H3C 3P8
Tél. : (514) 987-4256

Se voulant au fait des nouvelles tendances en matière de gestion de la technologie, cette chaire a orienté ses recherches dans quatre champs : la technologie et les stratégies d'entreprises, la gestion du changement organisationnel, les processus administratifs de l'innovation et les relations avec les fournisseurs de technologie.

Conseil national de la recherche du Canada
Programme d'aide à la recherche industrielle (PARI)
8475, rue Christophe-Colomb
Bureau E-58
Montréal (Québec) H2M 2N9
Tél. : (514) 283-8231

Grâce à ce programme auquel participe une quarantaine de ses conseillers au Québec, le CNRC apporte un soutien technique et financier aux PME qui souhaitent assurer leur développement technologique.

Organismes de soutien

Association canadienne des technologies de pointe
Section Montréal
8400, boul. Décarie
Ville Mont-Royal (Québec) H4P 2N2
Tél. : (514) 345-2704

L'ACTP est une association sectorielle qui regroupe de 350 à 400 membres à travers le Canada, dont 50 au Québec. Sa mission est de favoriser le développement de ces entreprises dans les domaines de la fiscalité et du financement. Elle fait du lobbying auprès des gouvernements et a formé un réseau pour favoriser les interactions entre ses membres.

Association canadienne-française pour l'avancement des sciences
425, rue de la Gauchetière est
Montréal (Québec) H2L 2M7
Tél. : (514) 849-0045

L'ACFAS est la plus importante association francophone de scientifiques en Amérique du Nord. Réunissant près de 7 000 chercheurs, laboratoires et instituts relevant des universités ou des secteurs public et privé, l'association tient un congrès annuel couvrant 65 disciplines et publie cinq fois l'an la revue Interface.

Association des organisations provinciales de recherche du Canada
280, rue Albert, bureau 800-A
Ottawa (Ontario) K1P 5G8
Tél. : (613) 567-2993

Se qualifiant de « réseau technologique du Canada », cette association regroupe tous les centres provinciaux de recherche appliquée comme le Centre de recherche industrielle du Québec (CRIQ). Avec leurs 2 000 chercheurs, technologues et employés de soutien, ces 11 organisations ont mené en 1991 des projets de recherche évalués à 170 millions de dollars.

Fonds de développement technologique
Ministère du Conseil exécutif
875, rue Grande-Allée est
Édifice H, 3e étage
Québec (Québec) G1R 4Y8
Tél. : (418) 643-9256

Fer de lance du gouvernement québécois en matière de développement technologique, ce fonds apporte une aide financière directe à des projets de recherche qui s'appuient sur la collaboration entre les entreprises, les universités et les centres de recherche.

Inno-Centre
4900, rue Jean-Talon ouest
Bureau 220
Montréal (Québec) H4P 1W9
Tél. : (514) 737-0550

Ce centre encourage le maillage entre les
PME spécialisées en innovation technologique
et les grandes entreprises, tout en prodiguant
des conseils.

Invention Québec
4101, rue Jarry est, bureau 307
Montréal (Québec) H1Z 2H4
Tél. : (514) 728-4561

Spécialisé dans l'obtention de brevets et
de licences pour des produits ou procédés
novateurs, cet organisme défend les intérêts
des PME innovatrices et des inventeurs
indépendants et les aide à obtenir toute la
protection intellectuelle voulue.

Forum des intervenants en transfert
technologique du Québec
11 266, rue Arthur-Buies
Montréal-Nord (Québec) H1G 4M6
Tél. : (514) 328-6058

Fondé en 1990, cet organisme entend établir
un réseau favorisant les transferts techno-
logiques. Il organise des rencontres mensuelles
et publie un bulletin bimestriel.

Société pour la promotion de
la science et de la technologie
454, place Jacques-Cartier
5e étage
Montréal (Québec) H2Y 3B3
Tél. : (514) 873-1544

Visant à mieux faire connaître au grand
public le rôle que jouent le Québec et le
Canada en matière de recherche, cette
société sans but lucratif (SPST) organise la
Quinzaine des sciences, un événement
annuel, en plus de mener des activités de
« parrainage scientifique » d'étudiants du
secondaire et des cégeps en collaboration
avec la grande et moyenne entreprise.

Associations professionnelles

Association des directeurs de recherche
industrielle du Québec
425, rue de La Gauchetière est
Bureau 100
Montréal (Québec) H2L 2M7
Tél. : (514) 847-7570

Association des ingénieurs-
conseils du Québec
2050, rue Mansfield, bureau 1200
Montréal (Québec) H3A 1Y9
Tél. : (514) 288-2032

Corporation professionnelle
des technologues des sciences
appliquées du Québec
1265, rue Berri, bureau 720
Montréal (Québec) H2L 4X4
Tél. : (514) 845-3247

Ordre des ingénieurs du Québec
2020, rue Université, 18e étage
Montréal (Québec) H3A 2A5
Tél. : (514) 845-6141

Formation

Fédération des commissions scolaires du Québec
1001, rue Bégon
Case postale 490
Sainte-Foy (Québec) G1V 4C7
Tél. : (418) 651-3220

Commission des écoles catholiques de Montréal
3737, rue Sherbrooke est
Montréal (Québec) H1X 3B3
Tél. : (514) 596-6000

Association des collèges privés du Québec
1940, boul. Henri-Bourassa est
Montréal (Québec) H2B 1S2
Tél. : (514) 381-8891

Mouvement de l'enseignement privé
1940, boul. Henri-Bourassa est
Montréal (Québec) H2B 1S2
Tél. : (514) 381-8891

Fédération des cégeps
500, rue Crémazie est
Montréal (Québec) H2P 1E7
Tél. : (514) 381-8631

Le regroupement des collèges du Montréal métropolitain
5701, rue Christophe-Colomb
Montréal (Québec) H2S 2E9
Tél. : (514) 271-5508

Ce regroupement dispense de l'information sur les programmes destinés aux adultes et aux entreprises par les 11 cégeps du Montréal métropolitain.

Niveau universitaire

Centre de la PME
Université du Québec à Hull
283, boul. Alexandre-Taché
Hull (Québec) J8X 3X7
Tél. : (819) 595-2271

Ce centre met à la disposition des PME de la région outaouaise les ressources universitaires pour le démarrage et le redressement d'entreprises. Participant à la Fondation de l'entrepreneurship, il mène en outre des recherches sur l'entreprise familiale et sur les immigrants entrepreneurs.

Centre d'entreprises de l'Université de Sherbrooke
Faculté d'administration
2500, boul. de l'Université
Sherbrooke (Québec) J1K 2R1
Tél. : (819) 821-7363

Ce centre offre des services de gestion aux PME et de la formation en administration aux entrepreneurs. Il coordonne également des projets de coopération internationale.

Chaire d'entrepreneurship Maclean Hunter
École des Hautes Études commerciales
5255, av. Decelles
Montréal (Québec) H3T 1V6
Tél. : (514) 340-6380

Vouée à l'entrepreneurship, cette chaire universitaire se penche sur la création d'entreprises par les immigrants et par les moins de 30 ans, ainsi que sur les nouvelles entreprises à fort contenu technologique.

Service de formation sur mesure
Université du Québec à Montréal
Case postale 8888, succ. A
Montréal (Québec) H3C 3P8
Tél. : (514) 987-4068

Ce service offre aux employés des sessions de perfectionnement en gestion et élabore des programmes de formation sur mesure en fonction des besoins particuliers du secteur privé.

Ministères

Ministère de l'Éducation
Édifice Marie-Guyard
1035, rue de la Chevrotière
15e étage
Québec (Québec) G1R 5A5
Tél. : (418) 643-3636
et
600, rue Fullum, 9e étage
Montréal (Québec) H2K 4L1
Tél. : (514) 873-4792

**Ministère de la Main-d'œuvre,
de la Sécurité du Revenu
et de la Formation professionnelle**
625, rue Saint-Amable, 4ᵉ étage
Québec (Québec) G1R 2G5
**Direction générale de la main-d'œuvre
et de la Formation professionnelle**
Tél. : (418) 528-0476

*Ce ministère offre des services aux entreprises
qui cherchent à combler leurs besoins en
main-d'œuvre et gère des programmes destinés à favoriser le marché du travail et la
pleine utilisation des ressources humaines.*

**Ministère des Communautés culturelles
et de l'Immigration**
1031, rue de la Chevrotière
Complexe G, 30ᵉ étage
Québec (Québec) G1R 5E9
Tél. : (418) 643-0505
et
360, rue McGill, 4ᵉ étage
Montréal (Québec) H2Y 2E9
Tél. : (514) 873-4136

**Ministère de l'Enseignement supérieur et
de la Science**
1031, rue de la Chevrotière
Complexe G, 7ᵉ étage
Québec (Québec) G1R 5E9
Tél. : (418) 644-0664

Organismes de soutien

Accès-cible
Tél. : (514) 271-4143

*Ce service téléphonique donne de l'informa-
tion sur les cours dispensés aux adultes par
les commissions scolaires et les cégeps de l'Île
de Montréal et de Laval.*

Banque fédérale de développement
800, Place Victoria
Montréal (Québec) H4Z 1C8
Tél. : (514) 878-9571
Sans frais : 1-800-361-2126

*La BFD offre une foule d'activités de formation
destinées aux entrepreneurs ou à tous ceux
que l'entrepreneurship intéresse. Gestion,
ressources humaines, marketing, finance,
comptabilité et informatique sont autant
de disciplines abordées lors des sessions de
formation prodiguées par la BFD.*

Centres d'emploi du Canada
(Emploi et Immigration Canada)

*Ces centres apportent leur appui aux entre-
prises dans la planification et la formation
de leurs ressources humaines.*

**Société québecoise de développement
de la main-d'oeuvre**
625, rue Saint-Amable
Québec (Québec) G1R 2G5
Tél. : (418) 528-2106

*Composée d'un nombre égal de représen-
tants de divers milieux patronal, syndical,
gouvernemental, scolaire, la Société a le
mandat d'analyser les besoins en matière de
main-d'oeuvre et d'apporter un soutien actif
au développement de l'emploi. Les sociétés
régionales de développement de la main-
d'oeuvre (SRDMO) relevant de la SQDM
assurent les mêmes responsabilités en
région.*

**Institut national de développement
de l'entrepreneurship**
3601, rue Saint-Jacques, bureau 230
Montréal (Québec) H4C 3N4
Tél. : (514) 937-2228
Sans frais : 1-800-361-1649

*S'appuyant sur le dynamisme des régions,
cet institut cherche à donner une dimension
nationale à l'entrepreneurship en dispensant de l'information et en alimentant des
débats sur ce thème.*

Emploi et Immigration Canada
Service d'aide à l'adaptation de l'industrie
305, boul. René-Lévesque ouest, 9ᵉ étage
Montréal (Québec) H3C 4M3
Tél. : (514) 283-2294
et
2014, boul. Charest ouest, bureau 201
Sainte-Foy (Québec) G1N 4N6
Tél. : (418) 648-3760

*Ces services fédéraux encouragent employés
et employeurs à collaborer afin qu'ils puissent
faire face aux changements technologiques
ou aux bouleversements des marchés.*

Soutien manufacturier

Association des manufacturiers du Québec
1080, côte du Beaver Hall
Bureau 904
Montréal (Québec) H2Z 1S8
Tél. : (514) 866-7774
Sans frais : 1-800-363-0226

Principal organisme de représentation des entreprises de fabrication du Québec, cette association défend les intérêts des manufacturiers auprès des gouvernements.

Groupement québécois d'entreprises
1375, rue Rocheleau
Drummondville (Québec) J2C 7J9
Tél. : (819) 477-7535

Rassemblant des chefs de PME du secteur manufacturier, cette association souhaite encourager ceux-ci à partager leurs expériences et à s'entraider.

Sous-traitance industrielle du Québec
1200, av. McGill College
Bureau 1500
Montréal (Québec) H3B 4G7
Tél. : (514) 875-8789

Cet organisme tente de rapprocher l'offre et la demande dans le domaine de la sous-traitance industrielle.

Organismes de soutien

Bureau de la statistique du Québec
Centre d'information
et de documentation
117, rue Saint-André, 1er étage
Québec (Québec) G1K 3Y3
Tél. : (418) 691-2401
Sans frais : 1-800-463-4090

Cet organisme de l'État québécois collige et diffuse les statistiques pertinentes sur toute matière de compétence provinciale.

Statistique Canada
Bureau du Québec
Complexe Guy-Favreau, Tour est
Bureau 408
200, boul. René-Lévesque ouest
Montréal (Québec) H2Z 1X4
Centre de services-conseils
Tél. : (514) 283-5725
Sans frais : 1-800-361-2831

Puisant à même les multiples données de Statistique Canada, cette division de l'agence fédérale offre des services de renseignements, d'analyse et de recherche.

Ministères

Industrie, Sciences et Technologie Canada
800, Place Victoria, 38e étage
Montréal (Québec) H4Z 1E8
Centre de services aux entreprises
Tél. : (514) 283-8185
Sans frais : 1-800-361-5367

Ce ministère fédéral fait la promotion de l'excellence industrielle et cherche à stimuler l'innovation et la R-D au sein des entreprises canadiennes.

Ministère de l'Industrie, du Commerce et de la Technologie
710, place d'Youville, 9e étage
Québec (Québec) G1R 4Y4
Direction des communications
Tél. : (418) 691-5950

Ce ministère québécois a pour mandat de soutenir et d'accélérer le développement économique du Québec par l'accroissement de la compétitivité, la conquête des marchés ainsi que la modernisation et la diversification de la structure industrielle dans le respect de l'environnement. Il se veut le maître d'œuvre de la stratégie des grappes industrielles et de l'implantation des principes de qualité totale dans l'entreprise québécoise.

Organismes d'affaires

Associations d'affaires

Association des femmes d'affaires du Québec
3702, rue Saint-Denis
Montréal (Québec) H2X 3L7
Tél. : (514) 845-4281

Cette association a tissé un réseau de relations et d'échanges au bénéfice des entreprises dirigées par des femmes. Elle offre également des services et des ressources répondant aux besoins professionnels des femmes d'affaires.

Association nationale des femmes entrepreneures
5100, boul. Cousineau, bureau 101
Saint-Hubert (Québec) J3Y 7G5
Tél. : (514) 676-2261

Ce regroupement organise conférences, colloques et autres activités à l'intention des femmes d'affaires du Québec et leur apporte l'aide et le support dont elles ont besoin.

Chambre de commerce du Québec
500, place d'Armes, bureau 3030
Montréal (Québec) H2Y 2W2
Tél. : (514) 844-9571

Association qui chapeaute l'ensemble des chambres de commerce locales et régionales du Québec, la Chambre entend favoriser le progrès du secteur privé québécois grâce à son réseau de gens d'affaires et à son lobby auprès des gouvernements. Elle offre également des services à des entreprises membres à travers le Québec.

Conseil du patronat du Québec
2075, rue Université, bureau 606
Montréal (Québec) H3A 2L1
Tél. : (514) 288-5161

Organisme qui représente les chefs d'entreprises du secteur privé québécois, le CPQ conseille et informe ses membres sur les questions économiques et sociales tout en exerçant un lobby de poids auprès des gouvernements.

Fédération canadienne de l'entreprise indépendante
2020, rue Université, bureau 1010
Montréal (Québec) H3A 2A5
Tél. : (514) 842-4321

Ce groupe entend défendre les intérêts des dirigeants de PME auprès des gouvernements.

Fondation de l'entrepreneurship
160, 76e Rue est, bureau 250
Charlesbourg (Québec) G1H 7H6
Tél. : (418) 646-1994

Réseau de soutien voué aux entrepreneurs, cette fondation vise à développer la culture entreprenariale. Son but est de favoriser la création de nouvelles entreprises et de fournir de l'information aux entrepreneurs.

Société canadienne des directeurs d'association
Section du Québec
1100, av. Beaumont, bureau 506
Ville Mont-Royal (Québec) H3P 3E5
Tél. : (514) 344-1883

Cette association regroupe quelques 2 000 membres à travers le Canada dont environ 1 300 cadres d'associations. Elle publie des bulletins, tient des rencontres d'information et assure la formation relative au titre de cadre d'association émérite (C.A.E.).

Associations professionnelles

**Conseil interprofessionnel
du Québec**
393, rue Saint-Jacques ouest
Bureau 378
Montréal (Québec) H2Y 1N9
Tél. : (514) 288-3574

**Association des professionnels en
ressources humaines du Québec**
1253, av. McGill College, bureau 820
Montréal (Québec) H3B 2Y5
Tél. : (514) 879-1636

**Corporation professionnelle des
administrateurs agréés du Québec**
680, rue Sherbrooke ouest
Bureau 640
Montréal (Québec) H3A 2M7
Tél. : (514) 499-0880

**Corporation professionnelle des
comptables en management accrédités
du Québec**
715, Carré Victoria, 3e étage
Montréal (Québec) H2Y 2H7
Tél. : (514) 849-1155

**Corporation professionnelle des
comptables généraux licenciés du Québec**
445, boul. Saint-Laurent, bureau 450
Montréal (Québec) H2Y 2Y7
Tél. : (514) 861-1823

**Corporation professionnelle des
conseillers en relations industrielles
du Québec**
1100, av. Beaumont, bureau 503
Ville Mont-Royal (Québec) H3P 3E5
Tél. : (514) 344-1609

Office des professions du Québec
276, rue Saint-Jacques ouest
Bureau 728
Montréal (Québec) H2Y 1N3
Tél. : (514) 873-4057

**Ordre des comptables
agréés du Québec**
680, rue Sherbrooke ouest, 7e étage
Montréal (Québec) H3A 2S3
Tél. : (514) 288-3256

Société des relationnistes du Québec
407, boul. Saint-Laurent, bureau 500
Montréal (Québec) H2Y 2Y5
Tél. : (514) 874-3705

Bureaux de liaison entreprises- universités

**Université du Québec en Abitibi-
Témiscamingue**
Liaison entreprises-université
42, rue Mgr Rhéaume est
Rouyn-Noranda (Québec) J0X 5J5
Tél. : (819) 797-9290
Téléc. : (819) 797-9291

Université du Québec à Rimouski
Vice-rectorat au financement externe
300, av. des Ursulines
Rimouski (Québec) G5L 3A1
Tél. : (418) 724-1488
Téléc. : (418) 724-1525

Université de Sherbrooke
Bureau de liaison entreprises-université
(BLEU)
Pavillon central
2500, boul. de l'Université
Sherbrooke (Québec) J1K 2R1
Tél. : (819) 821-7840
Téléc. : (819) 821-7880

Université du Québec à Trois-Rivières
Bureau de liaison université-milieu
5551, boul. des Forges
Trois-Rivières (Québec) G8Z 4M5
Tél. : (819) 376-5000 (poste 2104)
Téléc. : (819) 376-5029

École des Hautes Études commerciales
Direction de la recherche
5255, av. Decelles
Montréal (Québec) H3T 1V6
Tél. : (514) 340-0255
Téléc. : (514) 340-5655

École de Technologie Supérieure
Direction des relations avec l'industrie
4750, rue Henri-Julien
Montréal (Québec) H2T 2C8
Tél. : (514) 289-8808
Téléc. : (514) 289-8950

École Polytechnique
Centre de développement technologique
Case postale 6079, succ. A
Montréal (Québec) H3C 3A7
Tél. : (514) 340-4720
Téléc. : (514) 340-4019

Institut Armand-Frappier
Direction scientifique
531, boul. des Prairies
Laval (Québec) H7V 1B7
Tél. : (514) 687-5010, poste 278
Téléc. : (514) 686-5601

Université Concordia
Bureau de liaison entreprises-université
1455, boul. de Maisonneuve ouest
Bureau BC-221
Montréal (Québec) H3G 1M8
Tél. : (514) 848-4874
Téléc. : (514) 848-8765

Université de Montréal
Bureau de liaison entreprises-université
Case postale 6128, succ. A
Montréal (Québec) H3C 3J7
Tél. : (514) 343-6786
Téléc. : (514) 283-4769

Université du Québec à Montréal
Bureau de liaison pour la recherche
et le développement
Case postale 8888, succ. A
Montréal (Québec) H3C 5P8
Tél. : (514) 987-3032
Téléc. : (514) 987-4328

Université McGill
Bureau de la recherche industrielle
3550, rue Université
Montréal (Québec) H3A 2A7
Tél. : (514) 398-4201, 398-4200
Téléc. : (514) 398-8479

Université du Québec à Hull
Décanat des études avancées
et de la recherche
170, rue Hôtel de Ville
Hull (Québec) J8X 4C2
Tél. : (819) 595-3940
Téléc. : (819) 595-3924

École Nationale d'Administration Publique
Direction de l'enseignement
et de la recherche
945, rue Wolfe
Sainte-Foy (Québec) G1V 3J9
Tél. : (418) 657-2485
Téléc. : (418) 657-2558

Institut National de la Recherche Scientifique
Service des études avancées et de la recherche
2635, rue Hochelaga, 6e étage
Sainte-Foy (Québec) G1V 4C7
Tél. : (418) 654-2517
Téléc. : (418) 654-2525

Université du Québec (siège social)
Service des études avancées et de la recherche
2875, boul. Laurier
Sainte-Foy (Québec) G1V 2M3
Tél. : (418) 657-3551, poste 2920
Téléc. : (418) 657-2132

Université Laval
Bureau de valorisation des applications
de la recherche (BVAR)
Pavillon des sciences de l'éducation
Bureau 1430
Sainte-Foy (Québec) G1K 7P4
Tél. : (418) 656-5623 (Université),
    (418) 650-2829 (Parc)
Téléc. : (418) 656-3300 (Université),
    (418) 649-6184 (Parc)

Université du Québec à Chicoutimi
Bureau de liaison entreprises-université
555, boul. de l'Université
Chicoutimi (Québec) G7H 2B1
Tél. : (418) 545-5011, poste 3227
Téléc. : (418) 545-5519

Achevé d'imprimer au Canada
sur les presses de l'imprimerie Gagné Ltée
Louiseville (Québec)